RALF HEIMANN

DIE TOTE KUH

KOMMT MORGEN REIN

Ein Reporter muss aufs Land

SCHERZ

2. Auflage: November 2013

Originalausgabe
Erschienen bei FISCHER Scherz

© S. Fischer Verlag GmbH, Frankfurt am Main 2013
Satz: Fotosatz Amann, Aichstetten
Druck und Bindung: CPI books GmbH, Leck
Printed in Germany
ISBN 978-3-651-00056-8

INHALT

- - - - -

Impressum _____ 6

Dorkovs Anruf _____ 7
Die Prunksitzung _____ 21
Heinis Weihnachtsfeier _____ 33
Die gelbe Liste _____ 55
Bei Helga _____ 77
Das Parkplatzproblem _____ 95
Der 500. Preisflug _____ 113
Radio-Therapie _____ 131
Kirmes und Krawall _____ 144
Auf dem Schützenfest _____ 157
Helga singt wieder _____ 174
Die Bildungsoffensive _____ 188
Der Live-Ticker _____ 200
Der Kuhdampfer _____ 218
Kneipensterben _____ 233
Die Mondzyklen _____ 250
Ärger mit Wolle _____ 264
Die Schneekatastrophe _____ 279
Der Adventskalender _____ 301
Abschied aus Borkendorf _____ 317

Nachwort _____ 328
Danke _____ 329

IMPRESSUM

- - - - - -

Anton Dorkov *(Chefredakteur)*
Anja Hagen *(Leitende Redakteurin Politik)*
Werner Hecker *(Nachrichtenredakteur)*
Gerd Ottmann *(Kulturredakteur)*
Friedbert Brohmschulte *(Leiter der Lokalredaktion)*
Dalia Bauer *(stellv. Leiterin der Lokalredaktion)*
Carsten Börner *(Lokalredakteur)*
Rita Hemberger *(Lokalredakteurin)*
Norbert Nadrup *(Lokalredakteur)*
Frank Pohlmann *(Lokalredakteur)*
Karin Steffens *(Lokalredakteurin)*
Karl Weiß *(Lokalredakteur)*
Günter Bocklund *(Lokalsport)*
Franjo Heinzen *(Foto)*
Silke Neuhaus *(Redaktionsassistenz)*
Christoph Röhrbein *(Volontär)*
Hermann Noltenhans *(freier Mitarbeiter)*

DORKOVS ANRUF

- - - - - - - - - - - - -

Es war ein kalter Montag im Januar, kurz nach neun. Ich stand vor dem Getränkeautomaten im Raucherraum und sah meinem Kaffee dabei zu, wie er in einem dicken Strahl in den Ausguss floss. Ich hatte vergessen, einen Becher in den Schacht zu stellen und fand so schnell auch keinen. Der Strahl versiegte mit einem Zischen. Auf dem Display stand: fertig. Und hinter mir sagte irgendwer, dass Karin Steffens ja jetzt schwanger sei.

Ich hatte meinen letzten Euro in diesem Automaten versenkt und war gerade so sehr mit meinem Ärger beschäftigt, dass ich nicht weiter hinhörte. In der Telefonkonferenz am Mittag erfuhr ich es zum zweiten Mal. Als schon fast alles gesagt war, schaltete sich überraschend die Lokalredaktion Borkendorf zu. Ein Kollege, den ich nicht kannte, sagte, er habe noch eine gute Nachricht. »Karin Steffens bekommt einen Sohn.« Er sang es fast. Dann folgte eine Pause.

Karin Steffens? Ja, wer war das noch gleich? Die mit dem Raucherhusten? Nee, zu alt. Ich glaubte, mich zu erinnern, dass es die mit der Fistelstimme war, die in der Konferenz egal auf welche Frage mit dem Satz antwortete. »Weiß ich grad leider nicht ganz genau, hör ich aber gleich mal nach.«

»Ja, äh, das ist toll. Da gratulieren wir natürlich alle ganz herzlich. Auch im Namen der Chefredaktion«, sagte Dorkov. Für das, was er sagte, klang es relativ gleichgültig. »Gibt's sonst noch was?«, fragte er. Als sich Schweigen einstellte, beendete er die Konferenz.

Ich ahnte nicht, dass Karin Steffens' Kinderglück eine Bedeutung für mein Leben bekommen könnte. Auch am Nachmittag nicht, als Dorkov in einer E-Mail an alle schrieb, dass er jemanden suche, »der Frau Steffens in Borkendorf für einige Monate vertritt«. Natürlich auf freiwilliger Basis. Dorkov schrieb oft E-Mails an alle. Meistens antworteten auch alle, weil keiner riskieren wollte, in den Verdacht zu geraten, er lese die Mails vom Chef nicht. Diesmal kam keine Antwort.

Beim Essen sprachen wir über die E-Mail. Die Meinungen schwankten zwischen »Auf keinen Fall« und »Nie im Leben«. Nur Anja, die Politikchefin, vertrat die Auffassung, dass es auf dem Land auch ganz schön sein könne. Ein Haus im Grünen, Arbeit ohne Stress, Redaktionsschluss um 17 Uhr. Dagegen sei ja erst mal nichts zu sagen. Otti aus der Kultur setzte die Aufzählung fort: Schützenfestorgien, Scheckübergaben, Rammlerschauen, Hausfrauenreporter, Idioten. Und das hatte Anja natürlich vergessen. »So gesehen«, sagte sie und nahm die Mehrheitsmeinung an. Das Thema war damit durch.

Na ja, und abends klingelte zu Hause das Telefon.

Ich stand im Wohnzimmer, goss den Ficus und entschied mich, nicht da zu sein, aber es klingelte so hartnäckig, dass ich neugierig wurde. Als ich abnahm, hörte ich Gemurmel.

»Hallo?«, fragte ich. Das Gemurmel verstummte.

»Guten Abend Herr Heimann, Dorkov hier. Ich hoffe, ich störe Sie nicht.«

Ich schreckte zusammen und ärgerte mich, dass ich es nicht hatte klingeln lassen.

»Nein, nein, überhaupt nicht«, sagte ich. »Was gibt's denn?«

»Keine Angst, Herr Heimann. Es geht nur um die E-Mail von heute Mittag. Hatten Sie die gelesen?«

»Ach, die mit der Vertretung. Ja, äh, die hatte ich gesehen.«

»Gut, ich will auch gar nicht lange um den heißen Brei rumreden. Herr Heimann, ich hatte heute Mittag gleich an Sie gedacht. Sie sind doch flexibel. Ich frag mal ganz direkt: Würden Sie's machen?«

Natürlich nicht, dachte ich und sagte: »Na ja, äh, da müsste ich überlegen.«

»Überlegen Sie«, sagte Dorkov. »Was spräche denn dagegen?«

»Dagegen? Ja, äh, nicht direkt dagegen. Aber es ist weit weg, und ich habe nie …« Mir fiel nichts ein. Es kam mir vor, als hätten sich alle guten Argumente mit einem Lachen davongemacht. »Die Leute auf dem Land sind einfach komisch«, konnte ich ja auch nicht sagen.

»Herr Heimann, die Fahrtkosten zahlen wir. Und eingearbeitet sind Sie in drei Tagen.«

»Ja, aber ich weiß nicht, ob ich da wirklich der Richtige bin.«

»Herr Heimann, Sie sind perfekt für diese Aufgabe. Also machen Sie's?«

Ich war ratlos und sagte ja. Er bedankte sich so überschwänglich, dass ich selbst das Bedürfnis verspürte, entgegenzuhalten, so schlimm sei es jetzt auch nicht – tat es dann aber doch nicht. Als ich aufgelegt hatte, beruhigte ich mich mit einer Flasche Bier und versuchte mir klarzumachen, was soeben passiert war.

Mit ausgebreiteten Armen lag ich auf dem Sofa und starrte an die Decke. Es war unbequem, aber ich verharrte wie erschossen in dieser Position, weil ich mich nicht von der Frage lösen konnte, warum er ausgerechnet mich angerufen hatte. Hatte er wirklich sofort an mich gedacht? Und wenn ja, warum überhaupt? Warum hatten sie nicht Werner Hecker gefragt? Der saß eh nur nutzlos rum, seit er vor anderthalb Jahren in die Nachrichtenredaktion versetzt worden war. Die Außenredaktion, in der er gearbeitet hatte, war dicht gemacht worden. Kündigen konnten sie ihm nicht, weil er im Betriebsrat war. So kam er zu uns, wo er nun allerlei Dinge machte, von denen er nichts verstand.

Mir fiel ein, dass Werner Hecker vor ein paar Wochen sein Auto verkauft hatte. Ohne Auto hätten sie ihn in Borkendorf nicht gebrauchen können. Aber das konnte Dorkov nicht wissen. Oder doch?

Ich fand eine neue Sitzposition, in der ich meinen Rücken wieder spüren konnte. Meine Beine baumelten über der Lehne. Ich überlegte, wer in der Redaktion sonst noch ein Auto hatte, aber mir fiel nur Anja ein. Als Politikchefin war die aber nicht ersetzbar. Ich als Wirtschaftsredakteur schon, denn davon gab es drei. Quatsch, dachte ich. Als ob Dorkov Journalisten danach aussucht, ob sie auch ohne Bus mobil sind. Ich verwarf den Gedanken.

Aber was sprach sonst für mich? Mein Talent zur Fotografie war, wenn man es freundlich formulieren wollte, nicht ganz so ausgeprägt. Und auf dem Land ist das nicht gut, denn da ist jeder Redakteur sein eigener Fotograf. Ich konnte mich auch nicht erinnern, in den sechs Jahren als Nachrichtenredakteur irgendwann als großer Fan des Lokalteils auffällig geworden zu sein. Ich las ihn nicht mal in der Ausgabe, die jeden Morgen in meinem Briefkasten lag. Vor allem aber war ich noch nie im Leben in Borkendorf gewesen.

Am behaglichsten erschien mir die Möglichkeit, dass ich auf einer langen Liste mit Telefonnummern weit hinten gestanden hatte und Dorkov auch jedem Kandidaten vor mir erzählt hatte, er habe gleich an ihn gedacht. Das hätte auch erklärt, warum er so spät anrief. Andererseits: Wen sollte er fragen, wenn die Voraussetzung ein Auto war?

Meine Mutter beendete die Grübelei mit einem Anruf. In einem Anfall von Leichtsinn erzählte ich ihr von der Karrierefallgrube. Sie war hellauf begeistert und beglückwünschte mich.

»Wenn die nicht zufrieden mit dir wären, hätten die dich nicht gefragt«, sagte sie.

Ich versuchte, sie vom Gegenteil zu überzeugen, scheiterte aber schon im Ansatz.

»Es gibt niemanden, der das machen will«, sagte ich.

»Jetzt red mal nicht alles gleich so schlecht. Die Landluft wird dir guttun«, sagte sie.

Über Nacht wurde ich krank. Ich lag vor dem Klo und kotzte. Ich glaube nicht, dass Borkendorf daran Schuld hatte, aber der Zeitpunkt war ungünstig.

Am nächsten Morgen schrieb Dorkov in einer E-Mail an alle, dass ich zugesagt hatte. Gleich darauf meldeten sich Kollegen, die vermuteten, ich sei gezwungen worden. Einer schrieb: »Das können die Arschlöcher nicht mit dir machen.« Er riet mir, mich an die Gewerkschaft zu wenden. Ein anderer schickte mir die Nummer von einem Schulfreund, der inzwischen Anwalt für Arbeitsrecht war. Als ich antwortete und erklärte, wie es wirklich gewesen war, hörte ich nichts mehr.

Bis zum Ende der Woche blieb ich krank. Am Samstag schrieb Dorkov, ich möge am Montag direkt nach Borkendorf fahren. Karin Steffens sei ab sofort zu Hause.

Am Sonntag trainierte ich mir Vorfreude an. Ich lag geschwächt auf meinem Sofa und träumte von Borkendorf. Mein Schreibtisch stand an einem großen Fenster mit Blick direkt in den Wald. Es war grün und idyllisch. Vögel zwitscherten. Ein Reh hüpfte vorbei. Ein wunderschöner Ort. Aber dann stapfte auf einmal der Förster ins Bild, klopfte mit seinem Gewehrlauf an die Scheibe und fragte, ob ich nicht mal eine Geschichte über ihn machen wolle. Ich wachte auf.

Als ich abends Zwiebeln in die Pfanne warf, stellte ich mir vor, wie ich mit einer Papiertüte voll frischem Gemüse über den Borkendorfer Wochenmarkt schlenderte und mir an einem Marktstand frische Weintrauben in den Mund schob. Ich fragte, wie viel die Trauben denn kosten sollten. Die alte Marktfrau antwortete: »Achtzig Zeilen mit Bild.«

Ich beschloss, nicht mehr an Borkendorf zu denken, bevor ich es gesehen hatte. Aber vielleicht war es auch einfach die Krankheit. Am Montagmorgen ging ich zum Arzt. Ganz gesund fühlte ich mich noch immer nicht.

Der bärtige Doktor leuchtete mir in die Augen, schaute mir ernst ins Gesicht und befand: »Ich schreibe Sie noch eine Woche krank. Gönnen Sie sich Ruhe und fahren Sie in die Natur.«

»Wenn das alles ist, schreiben Sie mich besser nicht krank«, sagte ich. Er war verwundert, aber nachdem ich es ihm erklärt hatte, folgte er meinem Rat.

– – – – – – – – –

Ich war jetzt Pendler. Borkendorf lag siebzig Kilometer entfernt, vierzig davon führten über die Autobahn. Gleich am ersten Tag fand ich heraus, dass es auch einen fünfundachtzig Kilometer langen Weg gab. Ich verpasste auf Anhieb die richtige Ausfahrt und kurvte über Landstraßen von der anderen Seite in die Stadt. Trotz des Umwegs kam ich viel zu früh an. Ich hatte eine Stunde eingeplant, um mir vor der

Arbeit die Stadt anzusehen. Jetzt blieben noch vierzig Minuten. Und nach meinem ersten Eindruck hätten wahrscheinlich auch zwanzig gereicht.

Ich fand sofort einen Parkplatz und nahm das als gutes Omen, obwohl wahrscheinlich nie die Gefahr bestanden hatte, keinen zu finden. Ich sah viel Grün, Fachwerkidylle, ein paar Läden und mittendrin eine Kirche. Die Stadt war nicht hässlich, aber es war klirrend kalt. So kalt, dass ich mich gleich wieder ins Auto setzte. Würde ich eh alles noch früh genug sehen, dachte ich, drehte die Heizung auf, lehnte mich zurück und wartete.

Auf dem Weg zur Redaktion lief ich an einem geschlossenen Versicherungsbüro, einem geschlossenen Blumenladen und einer grünen Dönerbude vorbei. In der Dönerbude lehnte ein Mann mit Schnauz lustlos auf seiner Theke. Er grüßte, als würde er mich kennen. Aber er schien nicht damit zu rechnen, dass ich in den Laden kommen könnte. Am Ende der Straße öffnete sich der Marktplatz, am Rand lag die Kirche, gegenüber die Redaktion. Ein schluffiger Typ im Kapuzenpulli stand vor dem Schaufenster und blies Rauchwolken in die Luft. Als er sah, dass ich auf ihn zusteuerte, ließ er die Zigarette fallen und zerquetschte sie mit der Schuhsohle.

»Scheiß Wetter«, sagte er.

Ich nickte ihm entgegen.

»Ralf Heimann.«

»Carsten Börner. Freut mich. Dich hat's also getroffen.«

Ich schüttelte seine kalte Hand.

»Na ja, was heißt getroffen …«

»Wirste gleich sehen«, sagte er, drückte die Tür auf und wies mir den Weg hinein. Drinnen klickten Tastaturen. Ein Telefon klingelte, aber niemand hob ab. In der Mitte stützte eine gelbe Säule den Raum. Drumherum reihten sich Tische aneinander. Es sah aus wie beim Scrabble. Am Rand stand ein Quader mit hohen Scheiben, in dem ein dicker Mann saß und rauchte. »Warte kurz«, sagte Carsten. Er lief rüber, klopfte an die Scheibe und winkte den dicken Mann heraus. Der erhob sich schwerfällig und winkte seinerseits. Ich sollte kommen.

»Das ist Friedbert Brohmschulte, der Chef«, sagte Carsten.

»Alles klar, wir kennen uns schon vom Telefon.«

Ich betrat einen Raum aus Qualm. Auf dem Schreibtisch stapelten sich Akten.

»Setzen Sie sich«, sagte Brohmschulte, aber es war nirgendwo Platz. Er schichtete einen Berg Ordner um. Darunter kam ein Stuhl zum Vorschein. »Sie wollen also für uns arbeiten«, sagte er, starrte auf seinen Bildschirm und griff mit der rechten Hand eine Zigarette.

»Ja, äh, gern«, sagte ich. Die Frage verunsicherte mich. Er konnte sich ja denken, dass ich nicht wirklich scharf auf den Job war.

»Haben Sie denn schon mal für eine Zeitung geschrieben?«, fragte er.

»Sechs Jahre als Nachrichtenredakteur beim Westkurier.«

Er drehte sich überrascht um, aber die Verwunderung verklang, als er mich sah.

»Heimann, ich hab Sie gar nicht erkannt.«

»Kein Problem. Wir sehen uns ja jetzt öfter.«

»Haben Sie schon 'nen Schreibtisch?«

»Nee, ich komm gerade erst zur Tür rein.«

»Dann lassense sich von Börner mal alles erklären. Das meiste kennense ja eh. Und nehmense das hier mit. Da könnense gleich mal anrufen, wennse sich nützlich machen wollen.«

Er gab mir einen zerknitterten Zettel mit einem Namen und einer Nummer.

»Worum geht's da?«

»Sagense, dasse die Nummer von mir haben. Dann erklärt er Ihnen alles.«

Dann wandte er sich wieder dem Bildschirm zu und tippte mit zwei Fingern. Seine Hände bewegten sich wie Körner pickende Hühner.

»Ich mach mich dann mal an die Arbeit«, sagte ich. Brohmschulte antwortete mit einem Grummeln. Ich schloss die Tür, schaute hilflos durch den Raum. Das Telefon klingelte immer noch, vielleicht auch schon wieder. Ich hatte meinen ersten Auftrag, aber noch keinen Schreibtisch.

»Hier ist übrigens dein Platz«, sagte Carsten und zeigte auf einen Computertisch. Der Tisch selbst war nur unwesentlich größer als die Tastatur darauf. Er stand direkt neben der Tür zu den Toiletten. Und damit war auch die Frage beantwortet, warum er noch frei war.

Ich setzte mich, nahm einen Stift und wählte die Nummer auf dem Zettel. Es tutete lange. Ich wollte gerade wieder auflegen, da schnauzte ein Mann seinen Namen in den Hörer.

»Dennsmann!«

»Tschuldigung, Heimann vom Borkendorfer Boten. Friedbert Brohmschulte hatte mich …«

»Endlich.«

»Ich hab gerade erst …«

»Hat er Ihnen alles erzählt? Dann können wir's schnell machen.«

»Nee, ich weiß noch gar nichts. Er hat mir gerade erst …«

»Also, morgen Abend 19 Uhr in der Realschule. Das machen wir jetzt doch. Hatte ich ja gesagt. Das war alles 'n bisschen zu kurzfristig. Ließ sich auf die Schnelle nicht mehr ändern. Is aber in Ordnung so. Dann hamwer alles klar, nech?«

»Tschuldigung, können Sie vielleicht noch mal kurz sagen, worum's geht? Ich hatte gerade erst von …«

»Realschule, 19 Uhr. Alles wie gehabt. Schreibense sich's auf. Nich, dat dat wieder schiefgeht.«

Er legte auf, ohne sich zu verabschieden. Viel schlauer war ich noch immer nicht.

»Sag mal Carsten, morgen 19 Uhr in der Realschule – was könnte da sein?«

»Prunksitzung«, sagte Carsten.

»Ahhh!«, sagte ich und versuchte, freudig überrascht zu klingen.

»Du sollst da hin?«

»Brohmschulte hat gesagt, ich soll da anrufen.«

»Dann sieh zu, dass du 'nen Fotografen kriegst. Sonst kannst du morgen die scheiß Bilder für die Sonderseite selbst machen.«

Irgendwer schlug einen Gong. Ich schaute auf die Uhr. Es war zehn. Brohmschulte strich in seiner Qualmwolke ein paar Zettel zusammen. Carsten trank noch schnell einen Schluck Kaffee. Dann trotteten sie alle zur Treppe. »Konferenz«, sagte Carsten. Ich schloss mich an, er schlurfte voran. Von hinten sah er mit seinem Kapuzenpulli und den zerwetzten Jeans aus wie ein Bummelstudent, von vorn eher wie der Vater eines Bummelstudenten.

Oben an der Treppe registrierten sie mich zum ersten Mal. Allerdings nur, weil ich die Tür zum Konferenzraum blockierte. Ich schüttelte ein paar Hände und setzte mich neben Brohmschulte an den ovalen Tisch. Er roch wie ein Nikotin-Duftbaum.

»Morgen«, grummelte er. Zeitungen raschelten, keiner sagte etwas.

Am Tisch saß bereits eine ältere Frau, knapp sechzig, schwarze kurze Haare, braunes Halstuch. Sie schaute in die Runde, als wolle sie mit ihrem Blick jemanden bestrafen, schien aber niemanden zu finden. Das musste wohl Dalia Bauer sein, Brohmschultes Stellvertreterin. In der Nachrichtenredaktion galt sie als eingebildet. Anja hatte mal gesagt, sie führe sich auf wie eine Pulitzer-Preisträgerin im preußischen Staatsdienst.

Ihr gegenüber kaute ein Typ in einem grauen Pullover an seinem Kuli. Er war vielleicht Mitte vierzig. Am Halsausschnitt schaute ein weißes Hemd heraus. Er sah aus, als hätte ihm seine Mutter die Sachen rausgelegt. Das war Frank Pohlmann, berüchtigt für seine bizarren Beiträge in den Telefonkonferenzen. Wenn er sich meldete, schalteten alle anderen auf lautlos, damit ihr Prusten ungehört blieb. In der Nachrichtenredaktion riefen sie oft sogar Kollegen herbei, wenn sich abzeichnete, dass Pohlmann etwas sagen würde. Dann lagen alle gemeinsam gackernd über der Telefonspinne, während Pohlmann Dinge kritisierte, die außer ihm, sagen wir, wenige interessierten. Zum Beispiel, dass der Zeilenabstand im Fernsehprogramm nicht stimmte. Käme ihm jedenfalls so vor. Vorgestellt hatte ich ihn mir anders. Unseriöser. Der graue Pulli gab ihm etwas Lehrerhaftes.

Der gescheitelte Typ daneben erinnerte an einen Finanzbeamten. Er hieß Karl Weiß. Ich hatte nie mit ihm gesprochen und konnte mich nicht erinnern, je was von ihm gelesen zu haben. Und dann saß noch Carsten da. Unrasiert. Er sah schläfrig aus. Alle anderen waren krank, im Urlaub oder unterwegs.

»Erst mal eine Personalie«, sagte Brohmschulte. »Ralf

Heimann wird bis Ende des Jahres Karin vertreten. Heimann, vielleicht sagen Sie selbst ein paar Sätze über sich.«

»Na klar, wie gesagt, ich bin Ralf Heimann, seit sechs Jahren in der Nachrichtenredaktion. Die nächsten Monate hier. Ich freue mich und bin gespannt, was mich hier erwartet«, log ich. Dann fiel mir nichts mehr ein. Ich schaute in gelangweilte Gesichter.

Pohlmann drückte ein Lächeln raus. Carsten nickte. Karl Weiß sagte: »Willkommen!« Aber es klang eher wie ein mäßig interessiertes »Aha«.

Danach begann die Blattkritik. Auf dem Tisch lag der Lokalteil. Sie fanden, dass sie alles gut gemacht hatten. Zu einer Geschichte, die nur im Konkurrenzblatt, dem Borkendorfer Anzeiger, stand, sagte Pohlmann: »Kann man machen, muss man aber nicht.« Und er war der Meinung, dass sie sich vor der Ausgabe der Konkurrenz auf keinen Fall verstecken müssten.

»Was hamwer zu morgen?«, fragte Brohmschulte. Sein Blick streifte von Gesicht zu Gesicht und blieb an Karl Weiß hängen, der etwas ratlos schien, aber dann tatsächlich etwas sagte.

»Äh, ja, der Wirt vielleicht.«

»Welcher Wirt?«

»Der Hagenbrock von der Alten Ziege. Hamwer doch letzte Woche drüber gesprochen.«

»War ich nich da.«

»Der hat das Dach vom Wintergarten abgerissen, um das Rauchverbot zu umgehen.«

»Wie? Und die Leute sitzen da jetzt im Freien?«

»Nee, das ist ja der Clou. Übers Dach kommt ein Carport. Offiziell sitzen die Leute dann draußen, in Wirklichkeit aber drinnen!«

Brohmschulte hob kritisch die Augenbrauen. Er stellte seinen Kuli mit der Spitze auf den Tisch und glitt mit Daumen und Zeigefinger am Kunststoff hinab auf die Tischplatte.

»Hagenbrock ist doch der, der uns damals die Geschichte mit der Pissrinne erzählt hat, oder?«

»Ja, das stimmt. Die Geschichte war Mist. Aber die Serie danach war doch super.«

»Die wir machen *mussten*.« Brohmschulte schüttelte verständnislos den Kopf, sah mich an und erklärte: »Wir haben letztes Jahr über die letzte Pissrinne im Münsterland berichtet. Und am nächsten Tag riefen im Minutentakt Kneipenwirte an, die sauer waren, weil es in ihrer Kneipe auch noch eine gab.«

Auch Karl Weiß wandte sich mir zu: »Und dann haben wir eine Serie gemacht, die super ankam: die zwanzig schönsten Pissrinnen der Region«, sagte er – offensichtlich stolz.

Brohmschulte schien den Ärger über die Peinlichkeit noch immer nicht ganz verdaut zu haben. »Und dem sollen wir das jetzt glauben?«, fragte er.

Karl Weiß zog die Schultern hoch. »Am Telefon hat er gesagt: Diesmal stimmt's wirklich.«

»Aha, diesmal stimmt's wirklich, sagt er. Dann sagense ihm, wenn's nicht stimmt, dann schreiben wir übermorgen, dass seine Kneipe die einzige im Münsterland ist, in der es kein Bier mehr gibt.«

»Mach ich, aber ein Problem gäb's noch.«

»Was?«

»Das müsste wer anders machen. Ich schaff das heut nicht.«

Brohmschulte war genervt. Sein Blick schwenkte ungeduldig durch die Runde. »Pohlmann? Könnse da anrufen?«

Pohlmann richtete sich auf wie eingeschaltet. »Ich, äh, muss noch drei Geschichten, äh, also ich habe noch zwei, und eine, die …«

»Das schaffen Sie. Gibt's sonst noch was?«

Es war wieder still. Ich hob in Brusthöhe den Zeigefinger. Brohmschulte erteilte mir das Wort.

»Sie hatten mir ja den Zettel gegeben. Soll ich da morgen Abend auch hingehen?«, fragte ich in der Hoffnung, er würde nein sagen.

Brohmschulte nickte. »Das hatte ich mir eigentlich so gedacht. Da könnse dann gleich mal Ihr Talent zeigen«, sagte er. Ich meinte, etwas Spott zu hören.

»Vielleicht 'ne dumme Frage, aber worum geht's denn überhaupt? Karneval, das hab ich verstanden. Aber was genau?«

»Lassense sich einfach überraschen«, sagte Brohmschulte.

DIE PRUNKSITZUNG

Dass ich noch dem Fotografen Bescheid sagen wollte, fiel mir am nächsten Morgen ein, aber da war es schon zu spät. Er hatte andere Termine. Ich steckte selbst eine Kamera ein und dachte: So schlimm wird's schon nicht werden. Die Vermutung stimmte nicht ganz.

Die Turnhalle der Realschule war nicht schwer zu finden. Sie hatten den öden grauen Klotz mitten in die Stadt gewürfelt. Betonarchitektur der Siebziger. Ein trostloses Gebäude. Allerdings würde der hässliche Kasten innerhalb der nächsten halben Stunde eine Art Blitzmetamorphose hinlegen und sich in die Hochburg der Freude verwandeln – wenn es stimmte, was in dem Artikel vom letzten Jahr stand, den Carsten mir netterweise ausgedruckt hatte. Der Text klang wie ein Zwischenbericht von der karnevalistischen Ostfront. Der Autor schrieb von einem »Aufstand der Massen«: Das Narrenvolk habe die Bühne belagert, es war von Lachsalven die Rede, und die Halle sei aus allen Nähten geplatzt.

Inzwischen sah wieder alles ganz ordentlich aus. Schlachtspuren waren jedenfalls nicht mehr zu sehen. Vor der Tür standen zwei alte Männer und rauchten.

»'n Abend, wer macht denn bei euch die Presse?«, fragte ich. Sie schauten mich wortlos an. Einer deutete mit der rauchenden Hand ins Gebäude. Ich ging hinein.

Auf dem blassen Steinfußboden hüpften sich die Tanzgarden-Mädchen warm. Vom Band lief Jürgen Drews. Er sang, er sei der König von Mallorca. Ich hatte das nie für ein Karnevalslied gehalten, doch daran schien sich außer mir niemand zu stören. Noch war es leer, aber die Zapfanlagen waren schon gut ausgelastet.

Irgendwer tippte mir von hinten auf die Schulter. Ein mickriger Mann mit Narrenkappe und viel zu vielen Orden am Revers fragte: »Presse?«

»Ja, 'n Abend, Heimann.«

»Wir haben gestern telefoniert.«

Ich gab ihm die Hand. Er drückte so fest zu, dass ich »Aua« sagte.

»Geh'n wer kurz dahinten rein?«

Er winkte mich an einer Palme vorbei in einen kleinen Raum mit einem Tisch. Aus der Innenseite seiner Jacke zog er einen gefalteten Zettel. »Ich hab hier schon mal was vorbereitet. Da steht alles drin«, sagte er, leckte an seinen Fingern und entfaltete das Papier. »So, wir ham dat allet schon durchgesprochen«, sagte er, verschwieg aber, mit wem. Draußen polterte Marschmusik.

»Ich erklär dat noch mal schnell. Nich, dat noch wat schiefgeht«, sagte er und las vor: »Wie in jedem Jahr konnte die Narrengarde Unterschlossholz 09 in diesem Jahr viele Gäste zu ihrer beeindruckenden Prunksitzung einladen. Dat kannste allet so übernehmen.«

Es war ungefähr das, was in dem Text stand, den Carsten mir gegeben hatte. Dennsmann fand, das sei doch schon ein super Anfang.

»Mehr als vierhundert begeisterte Gäste tanzten auf den Tischen ...«

»Vierhundert?«, fragte ich.

»Schreib ma ruich vierhundert.«

»Aber da draußen sind keine vierhundert Leute.«

»Dat lass ma einfach so.«

Ich ließ es so und hörte mir gelangweilt den Rest an. Das Superprogramm, von dem er auf seinem Waschzettel schrieb, bestand aus DJ Steffen Schindler, dem Komiker Hans, der nervösen Mädchengarde, die sich vor der Tür eintanzte und dem Duo Killekille, was auch immer das sein mochte.

»Alles klar, der Rest steht ja auf dem Zettel«, sagte ich.

Ach, und auf keinen Fall dürfe ich die Wimmerländer Brauerei vergessen. Die müsse unbedingt in den Text. Das sei sehr wichtig, sagte er und wiederholte noch mal: sehr wichtig.

»Wennde Fragen hast, rufste an. Aber nich vor elf«, sagte er, drückte mir das zerknitterte Blatt in die Hand und schob mich zur Tür raus. »So, und jetz trinkenwer ersmal 'n Pils«, befahl Dennsmann. Er hob zwei Gläser vom Tablett einer Kellnerin, die mit dem Bier neben der Tür stand, als hätte sie dort auf uns gewartet.

Noch immer trudelten Gäste ein, aber es wurde nicht voll. Sobald die Leute ihre Mäntel an der provisorischen Garderobe abgegeben hatten, verschwanden sie in den Gängen der Turnhalle.

Ich prostete Dennsmann zu und nahm das Bier in kleinen Schlucken. Aus den Boxen dudelte ein Karnevalsmarsch. Um den Bierstand herum drängten sich Karnevalisten in blauen Uniformen. Die Männer trugen gelbrote Narrenmützen, die Frauen fast alle die gleiche Frisur. Silberhelme.

»Is nich viel los dies Jahr«, sagte Dennsmann so laut, dass sich Leute am Stehtisch neben uns umdrehten. Er klang enttäuscht, und ich konnte ihn verstehen bei der drögen Party.

Dennsmann reichte mir ein neues Bier, diesmal noch ein Pinnchen Korn dazu. Ich bemerkte erst jetzt, dass er schon ganz gut einen im Tee hatte. Die Hälfe des Pinnchens vergoss er. Dann schüttete er mir sein Herz aus.

»Ach, et is vielleicht dat letzte Jahr«, sagte er mit seiner lauten Stimme seltsam leise.

»Warum?«, fragte ich arglos.

»Siehste ja. Nix mehr los. Wenn uns die Wimmerländer jetzt auch noch als Sponsor abspringt, is nächstes Jahr Schluss.«

Ich sagte, es sei natürlich nicht schön, wenn man sich so viel Mühe gebe und dann komme nichts dabei rum.

»Dreihundert Karten sind noch da. Und das bei dem Programm«, sagte Dennsmann.

»Das ist echt ärgerlich.«

Dennsmann hob zwei Finger, um zwei Bier zu bestellen. »Wir wissen nich mehr weiter«, klagte er. Ich hatte etwas Mitleid und versprach, die Wimmerländer Brauerei auf jeden Fall im Text zu erwähnen. »Du bis 'n guter Kerl«, sagte Dennsmann und gab mir einen Schlag auf den Rücken, der wohl freundschaftlich gemeint sein sollte.

Mit dem Narrhallamarsch füllten sich die orangefarbenen Holzbänke in der Halle. Sie hatten alles mit grauem Teppich ausgelegt und die Tische mit Konfetti berieseln lassen, um Karnevalsstimmung zu verbreiten, was nicht so richtig gelungen war. Die Musikanlage fiepte. Dann wurde es dunkel, und Dennsmann stolperte auf die Bühne. Er kündigte einen Spitzenhumoristen und großen Freund des Karnevals an, der schon seit vielen Jahren dabei sei.

»Ich freue mich, ihn heute Abend wie in jedem Jahr hier bei uns begrüßen zu dürfen«, sagte er, ließ eine kleine Pause und rief dann überraschend einfach nur: »Hans!«

Ein Mann mit grauem Bart zog sich am Geländer auf die Bühne. Auf seinem schwarzen Hut klebten zwei Plastikvögel. »Vielen Dank, vielen, vielen Dank«, rief er in den plätschernden Applaus. Dann brachte er eine Zote nach der nächsten. Dass kaum jemand lachte, schien ihm überhaupt nichts auszumachen. Als ihm doch mal ein Lacher gelang, rief er wieder: »Vielen Dank, vielen, vielen Dank.«

Die Gags waren vom Kaliber: »Meine Frau macht drei Diäten gleichzeitig. ›Von einer werd' ich nicht satt‹, sagt sie.« Und das war schon der Witz, für den es den Applaus gab.

Ich schlich mich rechts an den Tischen vorbei nach vorn. Als Hans die Kamera erblickte, sagte er: »Ahhh, die Presse!« Er unterbrach sein Programm, um sich auf der Bühne schräg runter zu mir in Pose zu werfen. Wenn die alten Leute auf den Bänken gerade noch kurz davor waren wegzunicken, jetzt regten sie sich. Es wurde unruhig. Alle schauten auf mich.

»Alles okay! Machen Sie ruhig weiter«, rief ich hoch. Er fror sein Grinsen ein. Ich drückte einmal auf den Auslöser. Es blitzte.

»Die Presse soll ja auch was von mir haben«, blökte Hans.

Ich schlich beschämt zurück in die letzte Reihe und knipste den Rest der Bilder von dort. Im Nachhinein war das keine allzu gute Idee, denn auf fast allen Fotos waren nur Köpfe von hinten zu sehen. Den Hintergrund hatte die Kamera schwarz geblitzt. Das erklärte mir unser Fotograf Franjo später, als wir versuchten, aus den ganzen fotografischen Unfällen eine Sonderseite zu bauen. Es gelang schließlich mithilfe von Archivaufnahmen.

Vom Duo Killekille, das ziemlich zum Ende hin auftrat, fanden wir leider kein Foto. Das war ziemlich schade, denn die beiden Stimmenimitatoren waren auch für mich der Höhepunkt des Abends. Als ihre Show begann, konnten die meisten Leute in den letzten Reihen schon nicht mehr bis zur Bühne schauen. Dummerweise hatten die beiden Künstler selbst auch schon so viel getrunken, dass es ihnen entweder nicht mehr gelang, Frank Sinatra, Elvis oder Wolfgang Petry zu imitieren – oder sie hatten es nie gekonnt. Ich hielt die zweite Möglichkeit für wahrscheinlicher.

Ich musste lachen und fiel so zum zweiten Mal an diesem Abend auf, denn ausgerechnet dieser Programmpunkt kam überhaupt nicht an. Das Publikum in den vorderen Reihen buhte, was die Besoffenen ganz hinten allerdings auch nicht verstanden. Sie grölten, um auf die Buh-Rufe zu reagieren. Es endete alles in einem ziemlichen Chaos.

Dann kam noch Dr. Mabusen. Eigentlich hatte niemand mit einem weiteren Auftritt gerechnet. Dr. Mabusen stand nicht auf meinem Zettel, und es wurde auch später nicht klar, ob man ihn einfach nur vergessen hatte, er kurzfristig eingesprungen oder hier einfach falsch war.

Er trug einen angegilbten Arztkittel, um den Hals ein Stethoskop und auf dem Kopf eine weiße Haube. Dazu grüne Turnschuhe – ich war mir nicht sicher, ob aus Absicht oder weil er diesen Teil des Kostüms vergessen hatte. Auch er schwankte leicht.

Mabusen polterte auf die Bühne, als das Duo Killekille gerade, so gut es noch konnte, in der Garderobe verschwunden war. Auf seiner Mütze stand sein Name in Buchstaben, so groß, dass man sie unter normalen Umständen auch in den letzten Reihen hätte lesen können. Aber da war es still geworden.

»Liebe Freunde, ich erlebe in meiner Praxis ja viel«, rief Mabusen – leider etwas zu früh, so dass der Tusch ihm den Satz abschnitt.

Tättää! Tättää! Tättää!

Mabusen nickte, als sei das alles so geplant gewesen.

Dann setzte er neu an: »Liebe Freunde, ich erlebe in meiner Praxis ja viel, aber neulich, da is mir was passiert, das glaubt ihr nicht. Da kommt ein Mann zu mir und fragt: ›Herr Doktor, kann ich mit Durchfall baden?‹ Ich sach: ›Klar, wennse die Wanne damit voll kriegen.‹«

Tättää! Tättää! Tättää!

In den Tusch ebbte etwas Applaus. Der Büttenarzt grinste. Ich hatte das Gefühl, er war ganz zufrieden mit der Resonanz. So ging es ein paar Minuten. Dann wandte sich ein Vierergrüppchen behelmter Frauen an einem Tisch vor der Bühne ab, um wieder zu plaudern. Nach zehn Minuten glänzte Mabusens Gesicht vor Schweiß. Sein Kugelbauch spannte den Kittel. Er sprach übers Abnehmen.

»Der Knaller ist die China-Diät. Es gibt nur Suppe, gegessen wird mit Stäbchen«, rief er.

Tättää! Tättää! Tättää!

Sein Lachen schepperte durch den stillen Saal. Das Niveau rutschte weiter ab. Eine Viertelstunde später waren die Pointen gerade noch durch den darauf folgenden Tusch auszumachen. Dann schwenkte Mabusen zu einem neuen Thema über: Ehefrauen. Eigentlich ein dankbarer Büttenstoff vor beduseltem Landvolk, aber schon die erste Pointe offenbarte, dass irgendetwas nicht stimmte.

»Was haben ein Magnet und eine schöne Frau gemeinsam?«, fragte Mabusen.

Von der Biertheke rief ein stämmiger Mann zurück: »Beide sind anziehend und arbeiten nicht. Den kennwer schon.«

Tättää! Tättää! Tättää!

Mabusen lachte. »Dann nehmwer doch den hier«, rief er, als der planmäßige Tusch verhallt war: »Welche Wirkung hat Viagra auf Frauen?«

»Noch mehr Kopfschmerzen! Denn kennwer auch schon.« Der stämmige Mann lehnte mit dem rechten Arm auf der Theke, mit dem linken nahm er einen Schluck aus dem Humpen. Dann knallte er das Glas auf die Theke, lachte und brüllte mit einer herausfordernden Geste: »Los, noch einen!«

Mabusen lachte nicht mehr. Er war erst spät gekommen und konnte nicht wissen, dass der Komiker Hans seine Witze wohl auf der gleichen Internetseite gefunden hatte. Mabusen glotzte verlegen an der Theke vorbei, wo sie dem Dicken auf die Schulter schlugen. Hinten im Saal regte sich wieder was. Jetzt buhten sie mit letzter Kraft.

»Aber den hier kennter noch nicht: Sacht der Witwer zum Pfarrer: ›Ich möchte meine Frau auf dem Bauch …‹«

»›… liegend begraben lassen‹«, grölte der Dicke, »›dann buddeltse nach unten, wennse scheintot ist.«

Jetzt johlten sie neben ihm und protestierten sich zu. Selbst die Frauen mit den silbernen Helmen lachten. Der erste satte Applaus an diesem Abend war für einen dicken Mann an der Theke gedacht. Mabusen sagte nichts. DJ Steffen Schindler erlöste ihn mit dem Narrhallamarsch. Müde winkend schwankte der erledigte Spaßdoktor in Richtung Garderobe.

Genau in diesem Moment trat ich einem Mann auf den Fuß, ohne es zu merken. Er war nicht dick wie der Biertrinker, der gerade die Show beendet hatte. Er war fett. Aber der Stoß, den er mir mit dem Ellenbogen in die Rippen gab, kam überraschend flink.

»Du stehs auf meim Fuß«, schnaubte er.

»Ich bin, ähm, von der Presse«, stammelte ich etwas wirr vor Schmerz.

»Dat is schön für dich. Trotzdem runter von meim Fuß!«

»Äh, ja, Tschuldigung, äh, tut mir leid.«

Als ich den Fuß zur Seite setzte, beruhigte er sich.

»Ich bin Horst«, sagte er. Plötzlich war er ganz freundlich.

»Ich, ähm, Ralf.«

»Na, dat ist doch mal wat. Darauf nehmwer einen, wa? Komma mit. Ich hol uns 'nen Kurzen«, sagte er.

Horst hatte anscheinend nur darauf gewartet, dass ihm irgendwer auf den Fuß tritt, damit er ihn zur Theke zerren konnte. Mit seinen breiten Armen baggerte er eine Gasse frei. Hinter seinem Rücken entstand eine Schneise, durch die ich ihm bequem folgen konnte.

»Machse zwei Große und zwei Lütte!«, rief er über die Schultern zweier Gestalten, die er nicht zur Seite räumen konnte, weil sie sich an der Theke festklammerten. Auch sie schienen auf Getränke zu warten, aber sie protestierten nicht. Sie reichten die Bierhumpen und die Pinnchen sogar freundlich nach hinten durch, als die Frau am Zapfhahn sie auf die Theke knallte.

»Proouust!«, sagte Horst.

Ich nippte am Pinnchen. Horst kippte den Wacholder runter und löschte mit Bier nach. Der Schaum verfing sich in seinem Vollbart.

»So, nu erzähl ma. Und du bis vonne Zeitung?«

»Joa.«

»Intresssannnt. Den Fred kenn ich ja auch ganz gut.«

»Friedbert Brohmschulte? Mein Chef? Ah ja, ich werd's ihm ausrichten. Der freut sich.«

»Nee, nee, lass ma ruhig. Den, äh, seh ich selbst noch die Woche«, sagte Horst, tätschelte mir die Schulter und rief rüber zur Theke: »Machs uns zwei Wacholder!« Dann wandte er sich wieder mir zu.

»Und wie findset hier? Karneval is doch 'ne feine Sache, wa?«

»Ja, is schön hier. Witzig. Und super Stimmung.«

»Siehse, dat mein ich doch.« Er gab mir wieder einen Klaps auf die Schulter und lachte jovial. Dann sagte er unvermittelt:»Hömma, wenn du ma 'ne gute Story machen wills, dann kannse ma über meinen Laden schreiben. Wir ham grad 'n neues Lager gebaut. Dat is 'n feines Ding.«

»Ja, äh, ich bin ehrlich gesagt erst seit heute da. Aber ich werd's mal in unserer Konferenz vorschlagen.«

»Ach, nix inne Konferenz. Dat machen wir zwei nächste Woche. Komms mal vorbei. Dann zeich ich dir dat.«

Er griff in seine Innentasche und steckte mir seine Karte zu.»Höllermann Beton. Horst Höllermann. Geschäftsführer«, las ich.

»Ich schreib mal meine Handynummer drauf. Rufse mich Montach mal an«, sagte er und kritzelte die Nummer auf die Rückseite.

»Werd' ich machen. Und schönen Dank«, sagte ich, drehte mich um, winkte und peilte den Ausgang an.

Unterwegs traf ich Dennsmann, der so sehr schwankte, dass er sich an der Wand festhalten musste. Er sagte, es sei dann doch alles noch ganz schön geworden. Jedenfalls glaubte ich, das verstanden zu haben.»Fand ich auch«, sagte ich. Dummerweise ging mir der Satz beim Schreiben später nicht mehr aus dem Kopf.

- - - - - - - - -

Die Sonderseite sah ungefähr so aus: Über dem Text hing das Foto vom grinsenden Hans mit den Vögeln auf seiner Mütze, daneben drei Bilder mit Hinterköpfen auf schwarzem Grund, Archivbildern von der Mädchengarde und dem DJ Steffen Schindler, der auf dem Foto so rote Augen hatte, dass er aussah wie der Teufel.

In den Text schrieb ich, dass vierhundert Leute ziemlich gut gefeiert hätten und die Stimmung ganz ordentlich gewesen sei. Es war gelogen, aber es war ein Kompromiss.

Ich dachte lange nach, wie ich Dennsmanns Formulierungen vom Waschzettel so ändern konnte, dass sich zumindest Schnittmengen mit der Realität ergaben. Aber es gab kaum eine Möglichkeit. Dennsmann hatte vorgeschlagen: »Der Komiker Hans versetzte das Publikum mit seinen Showeinlagen ins Staunen. Das begeisterte Narrenvolk belohnte ihn mit Raketenbeifall und einem Scha-la-la-la-Liedchen.« Ich schrieb Hansens besten Gag auf und schenkte ihm das Wörtchen »viel«. So stand später im Artikel, er habe viel Applaus bekommen.

Trotzdem hatte ich kein gutes Gefühl. Es klang alles bei weitem nicht so euphorisch wie der Text aus dem Jahr davor. Das versuchte ich damit aufzufangen, dass ich am Ende noch die Brauerei Wimmerländer erwähnte, die alles bezahlt hatte.

Brohmschulte änderte die Überschrift kurz vor Redaktionsschluss in »*Borkendorf völlig närrisch*«. Das war zwar ungefähr das Gegenteil von dem, was ich gesehen hatte, aber es kam so gut an, dass der übel verkaterte Dennsmann am nächsten Tag sogar anrief und sich zu mir durchstellen ließ. »Sensationelle Überschrift«, sagte er. Aber die Fotoseite – die sei wirklich noch besser.

In der Konferenz fragte ich, ob schon mal irgendwer über die neue Lagerhalle vom Betonwerk Höllermann geschrieben habe.

»Höllermann?«, fragte Brohmschulte. Dalia Bauer verdrehte die Augen. Karl lächelte wissend. Carsten kramte in seiner Hemdtasche und winkte grinsend mit Horsts Karte.

»Neu ist in dem Fall relativ«, sagte er, »die steht jetzt seit zwei Jahren da, ist aber auch kaum größer als eine Garage – also eher nichts für die Zeitung«.

»Aber er versucht's immer wieder«, sagte Karl. Brohmschulte nickte.

HEINIS WEIHNACHTSFEIER

Immer dienstags nach der Morgenkonferenz saß Heini Rehers auf dem Stuhl neben dem Eingang. Auf dem Schoß seinen Cordhut, auf dem Hut seine Hände. Rehers kam immer so rechtzeitig, dass er auf uns warten musste. Und wenn sich gegen kurz nach zehn die Tür zum Konferenzraum öffnete, stand er auf, um einem von uns den Zettel mit den Terminen seiner Laufsportgruppe auszuhändigen, den er jeden Dienstag mitbrachte. Die Termine schrieb er mit Bleistift auf ein Blatt, das auf der einen Seite schon bedruckt war. Auf die andere kritzelte er Zeit und Treffpunkt, ein paar Eckdaten der Route, die Länge der Strecke sowie eine Telefonnummer für die Anmeldung. Sie liefen immer donnerstags und samstags, deswegen war es wichtig, dass die Termine am Mittwoch in der Zeitung standen. Allerdings fiel mir schon nach wenigen Wochen auf, dass der Treffpunkt und die Zeit sich eigentlich nie änderten.

Meistens nahm Norbert das Blatt entgegen. Er saß in der Konferenz oft neben der Tür und kam als Erster heraus. Außerdem musste er die Meldung später schreiben, denn sie stand auf seiner Seite sieben – auch wenn er sie da nicht haben wollte. Norbert kannte die Laufsportfreunde. Daher wusste er, dass sie nicht liefen, sondern gingen, dass sie meistens nur zu dritt unterwegs waren, und vor allem: dass sich auf die Ankündigung in der Zeitung noch nie jemand bei ihnen gemeldet hatte.

Rehers fragte Norbert öfter, ob er nicht Lust hätte, mal mitzukommen. Aber der hatte kein Interesse. Norbert lehnte jede Form von Sport ab, ganz besonders »Langlauf ohne Skier«. Er fand die Stöcke, die sie neben sich herschleiften, lächerlich. Und er sprach von »Saufsport-Freunden«, weil er wusste, dass der eigentliche Zweck des Treffens der Umtrunk danach war. Saufsport-Freunde sagte er allerdings erst, wenn Heini Rehers wieder verschwunden war. Und das konnte dauern. Als Rentner hatte er ja Zeit und in der Redaktion auch Gesellschaft. Manchmal blieb er bis Mittag.

Heini Rehers konnte einem mächtig auf die Nerven gehen, obwohl er gar nicht viel machte. Er war nur da, aber auch wenn er nichts sagte, fühlte man sich von seinen Blicken verfolgt. Manchmal waren wir kurz davor, ihn rauszuwerfen. Aber das war nicht möglich, denn Heini Rehers organisierte einmal im Jahr unsere Weihnachtsfeier.

Warum das so war, konnte mir keiner erklären. Es war schon immer so gewesen. Oder jedenfalls so lange, dass keiner mehr wusste, wer ihm den Auftrag gegeben hatte. Natürlich war die Weihnachtsfeier auch ein Grund dafür, dass wir seine Laufsport-Meldungen in die Zeitung setzten, obwohl sie dort eigentlich nicht gebraucht wurden. In diesem Jahr allerdings war etwas passiert, das den gewohnten Ablauf in Gefahr brachte. Es gab ein Terminproblem.

Anfang Februar hatte Carsten in der Konferenz gefragt, ob einer mal was von der Weihnachtsfeier gehört hätte. Hatte aber keiner. Ich war trotzdem überrascht, dass sie so vorausschauend Dinge planten, die noch zehn Monate in der Zukunft lagen. Irgendwie war ich auch begeistert, denn das kannte ich gar nicht aus Redaktionen. Bis ich begriff, dass es noch immer um die letzte Weihnachtsfeier ging. Wir hatten Anfang März. Ein Termin war noch immer nicht in Sicht.

Es war ein Dienstag, deswegen wartete nach der Konferenz Heini Rehers vor der Tür. Carsten fragte: »Heini, gibt's schon was Neues wegen der Feier?« Heini antwortete mit einer Geste, die wohl so viel bedeuten sollte wie: Hör mir bloß auf damit.

Dabei war eigentlich nicht viel zu tun. Rehers musste sich lediglich mit dem Kinderheim verständigen, wann wir dort in den Keller konnten. Der Leiter war ein alter Freund von ihm. Ohne Heini hätten wir den Keller nicht mieten können.

Das Kinderheim war in einer alten Kaserne untergebracht. Die Kegelbahn im Keller, ein Relikt aus Wehrmachtszeiten, wurde das Jahr über kaum gebraucht. Alle paar Wochen feierte ein Kind dort seinen Geburtstag. Nur um die Weihnachtszeit herum war es schwer, die Bahn zu bekommen, weil der Kinderheimleiter viele Freunde hatte, die dort alle gerne feierten.

Das Kinderheim hatte den Nachteil, dass es weit draußen im Wald lag, so dass man später mit dem Taxi zurückfahren musste. Aber es gab auch Vorteile, und die überwogen ganz eindeutig. Einer der größten Vorteile war, dass die Zivildienstleistenden in der Großküche Grünkohl für uns kochten und abends die Theke machten. Das war sehr bequem, weil so niemand zum Zapfen abgestellt werden musste, was eh nicht geklappt hätte. Außerdem war es deutlich billiger als in irgendeiner Kneipe. Und die Zivis freuten sich über das üppige Zubrot, denn wenn die Redakteure betrunken waren, gaben sie reichlich Trinkgeld.

Zwei Wochen später hatten wir noch immer keinen Termin. Carsten vermutete, dass der Verzug auch damit zu tun hatte, dass Heini mittlerweile auf die achtzig zuging. Er war etwas tüdelig geworden. »Wir können dem das hier ruhig sagen. Wenn der zu Hause ist, hat der das wieder vergessen«, sagte Carsten. Und ganz falsch lag er wohl nicht, denn es war nicht davon auszugehen, dass der Kinderheimleiter inzwischen so viele Freunde hatte, dass deren Weihnachtsfeiern die komplette erste Jahreshälfte ausfüllten.

Ein paar Tage darauf rief Carsten Heini zu Hause an. »Heini, für die Weihnachtsfeier ist's ja nun schon 'n bisschen spät. Wir hatten überlegt, ob wir vielleicht dies Jahr 'ne Radtour machen«, sagte er. Dann hörte ich, wie Carsten »Alles klar« sagte und auflegte. Noch am gleichen Nachmittag stand Heini in der Redaktion. Er trug ein gelbes Sportdress, weil er auf dem Weg zum Laufen war. Das Leibchen schlackerte vor seinem Bauch wie eine Gardine vor einem offenen Fenster. Er stand immer etwas gebückt. Man konnte sich kaum vorstellen, dass dieser Mann noch in der Lage war, Sport zu treiben. Aber es schien zu gehen.

Heini war in Eile. »Wir wär's diesen Freitag?«, fragte er.

Carsten brauchte einen Moment, um zu verstehen, worum es ging, dann strich er sich über den Kopf und sagte: »Das is jetzt aber arg kurzfristig.« Er überlegte und kam zu dem Schluss, dass er erst die anderen fragen müsse.

»Ihr müsst et wissen. Freitag würd's gehen«, sagte Heini und war schon wieder auf dem Weg nach draußen.

Carsten verschränkte die Hände hinter seinem Kopf und blies die Wangen auf. Bis Freitag. Das waren zwei Tage. Unwahrscheinlich, dass sich die schwerfällige Truppe zu so was Kurzfristigem überreden ließ. Und genauso war es. Dalia tippte sich an die Stirn und sagte »Flötepiepen«. Pohlmann schüttelte den Kopf und sagte: »Auf keinen Fall«. Noch nie vorher hatte er so klar eine Meinung formuliert. Als ich auch noch Rita Hemberger aus ihrer Ecke »Nee, nee, nee« meckern hörte, hielt ich das Vorhaben für gescheitert. Aber als Carsten am nächsten Morgen in großer Runde einwandte, dass ja auch der Zuschuss vom Verlag verloren ginge, wenn die Weihnachtsfeier ausfiele, sagte erst Dalia: »Wenn's gar nicht anders geht, müssen wir's eben doch Freitag machen.« Dann schlug auch die Meinung der anderen um. Am Ende waren alle dafür. Nur Franjo, der Fotograf, sagte ab.

Es gab aber noch ein Problem, und das war vor allem Norberts Problem. In den Jahren davor hatte er die Werbegeschenke besorgt, die nach dem Kegeln als Preise verteilt wurden. Den ganzen Kram zu beschaffen, war offenbar gar nicht so schwer – jedenfalls nicht, wenn man für die Zeitung anrief. Aber die Firmen brauchten Wochen, um überhaupt zu reagieren.

»Zur Not gibt's dann halt Kugelschreiber«, sagte Norbert.

Und Karl frotzelte: »Du kannst dich ja ausnahmsweise mal anstrengen.«

Für Norbert war damit immerhin schon mal klar, dass er in diesem Jahr ein Geschenk weniger besorgen musste.

Als Brohmschulte von dem Problem hörte, sagte er: »Wartet mal, ich hab da auch noch was.«

Wir dachten an Büroartikel, Krimskrams, vielleicht eine Flasche Wein. Aber dann stellte er uns einen Stapel ungeöffneter Postpakete auf den Tisch. Wir fanden darin unter anderem einen Mixer, eine Digitalkamera und in einem Brief von einer Versicherung zwei Karten für das Fußballspiel Gladbach gegen Bremen. Auf die Frage, wo das denn alles her sei, sagte Brohmschulte, das habe ihm irgendwer zugeschickt. Es war allerdings wohl schon etwas länger her. Die Eintrittskarten waren zwei Jahre alt.

Keiner wollte Norbert sagen, dass seine Dienste in diesem Jahr nicht gebraucht wurden. Am Freitagmorgen klapperte er ein paar Firmen ab, obwohl die Korruptionsartikel in

Brohmschultes Kartons allein für mindestens zwei Weihnachtsfeiern gereicht hätten. Zum Glück kam bei Norberts Streifzug nicht viel zusammen. Er war erleichtert, dass wir Ersatz hatten.

Am frühen Abend erlebten wir ein Phänomen, das wir schon kannten, für das aber keiner eine Erklärung hatte. Immer stöhnten alle, dass so wahnsinnig viel zu tun sei. Und immer hatten alle auch wahnsinnig viel zu tun – jedenfalls sah es für die anderen so aus. Aber wenn wir um 17 Uhr fertig sein mussten wie an diesem Tag, waren alle bis auf Pohlmann schon um 16 Uhr fertig und wussten nicht, was sie mit dem Rest der Zeit anstellen sollten. Pohlmann war nur dann eine Stunde früher fertig, wenn alle anderen viel zu tun hatten. Auch dafür gab es keine Erklärung.

Um kurz vor fünf hupte das Großraumtaxi vor der Tür. Es sah nicht so aus, als sei mit Pohlmann noch zu rechnen. Er starrte auf ein großes weißes Textfeld unter einer Überschrift. Die hatte er immerhin schon geschrieben. Carsten und Dalia nahmen ihre Jacken vom Haken. Das Taxi hupte ein zweites Mal.

»Ich glaub, ich schaff's heut nicht«, sagte Pohlmann.

Karl geriet in Rage: »Seit zwei Tagen weiß der, dass er heute pünktlich sein muss, und jetzt sitzt er da und hat noch nicht mal die Hälfte fertig«, schnaubte er. Dann stampfte er kopfschüttelnd raus und schwang sich durch die Seitentür ins Taxi. Pohlmann tat, als hätte er nichts gehört.

Dalia blieb ausnahmsweise ruhig. Sie überlegte, wie man Pohlmann helfen könnte. Aber die beste Idee hatte Norbert: »Mach das Bild drüber größer. Dann wird der Text kleiner«, sagte er. Wir lachten. Pohlmann lachte nicht. Er zog die Bildbox so groß, dass sich der Artikel darunter mit seinen paar Absätzen fast vollständig füllte. »Ich sachs ja, 'n großes

Bild ist schnell geschrieben«, sagte Norbert. Vom Vorstand des Schützenvereins war nicht mehr so viel zu sehen, weil das Foto nicht mehr ins Format passte. Aber das war egal. Das Taxi wartete mit laufendem Motor vor der Tür. Dalia und Norbert wollten los.

Ich bot an, zu warten und Pohlmann mitzunehmen. Das war kein Problem, weil ich später ja noch mit dem Auto nach Hause musste. Da konnte ich den Wagen auch gleich mitnehmen. Dalia und Norbert war das recht. Wenn ich gewusst hätte, dass Pohlmann für den Rest seines Textes noch fast eine Stunde brauchen würde, hätte ich mir das Angebot allerdings noch mal überlegt. Er schrieb ein Wort, dann löschte er es. Dann schrieb er es wieder hin. Dann löschte er es wieder. Es war ein Wunder, dass wir noch rechtzeitig zum Essen kamen.

Als wir auf den Hof des Kinderheims fuhren, stand Rita vor der Tür und klingelte. In der Kälte wippte sie von einem Bein aufs andere. Sie grüßte, wartete aber nicht auf uns, so dass kurz darauf auch wir in der Kälte standen, bis der Zivi es wieder zur Tür schaffte. Wir folgten ihm in den Keller und durch einen langen Gang zum alten Offizierscasino. Die anderen saßen schon. Ein Zivi stellte gerade eine Schüssel Grünkohl auf den Tisch.

Vom alten Ambiente des Raums war nicht mehr viel übrig. Das sah man auf den ersten Blick. Die gemauerte Theke ließ sich offenbar nur schwer zerstören. Bei allen übrigen Einrichtungsgegenständen hatten die Jugendlichen es zumindest versucht. Den Barhockern fehlten die Sitzflächen, der Vitrine gegenüber vom Eingang die Glasscheibe und eine Seitenwand. In der Mitte des Raumes verstaubte eine Discokugel an der Decke. Darunter hatten sie vier Tische zusammengestellt.

Pohlmann ließ seine Jacke auf den Stuhl neben Carsten fallen. So blieb mir nur der Platz zwischen Rita und Dalia. Und der war wohl nicht ganz zufällig noch frei. Mit Dalia war es nicht leicht. Sie nahm alles ernst. Sogar das Wetter. Das machte eine nette Unterhaltung schwer.

Dass auf der anderen Seite Rita saß, war kein großer Trost. Über sie wusste ich nach acht Wochen Borkendorf nur, dass sie gackern konnte wie ein hysterisches Huhn. Und das hatte mich noch nicht so sehr begeistert, dass ich den Wunsch verspürt hätte, sie näher kennenzulernen.

Neben Silke Neuhaus zum Beispiel hätte ich lieber gesessen. Silke war Mitte zwanzig, gerade fertig mit dem Deutschstudium, und weil sie beim Vorstellungsgespräch durchgefallen war, hatte man ihr angeboten, erst mal für ein Jahr als Sekretärin anzufangen. Wahrscheinlich war sie auch deshalb durchgefallen, weil in Borkendorf gerade eine Sekretärin gebraucht wurde. Aber das war nur Karls Vermutung. Silke hatte so oder so keine Lust auf den Job. In der Redaktion war sie trotz ihrer permanenten Missstimmung nicht unbeliebt. Das lag einerseits daran, dass ihre Arbeit keinen Grund zur Klage ließ. Andererseits aber wohl auch an ihrer Figur, an der vor allem Karl und Carsten großes Gefallen gefunden hatten. Karl sagte, Silkes Körper erinnere ihn an eine Sinuskurve. Das war natürlich Quatsch. Kein Mensch sieht aus wie eine Sinuskurve.

Jetzt saßen Karl links und Carsten rechts von Silke. Wahrscheinlich sollte es aussehen, als sei das zufällig passiert, aber das war nicht so richtig gelungen. Beide unterhielten sich so angestrengt mit ihren Sitznachbarn auf der jeweils anderen Seite, dass Silke immer wieder fragend nach links und rechts schaute.

Carsten beugte sich zu Pohlmann. Karl plauderte mit

Günter Bocklund, der als großes Arschloch galt, mich aber immer noch mehr interessierte als Rita.

Ein Gesicht am Tisch hatte ich noch nie gesehen: ein älterer Mann mit ziemlich viel Platz zwischen den Schneidezähnen, dessen Stimme ich vom Telefon kannte. Er hieß Hermann Noltenhans und war schon seit Ewigkeiten freier Mitarbeiter. Carsten hatte mich vor seiner Rechtschreibschwäche gewarnt und davor, dass man ihn am Telefon nicht los wurde. Beides schien hier keine Gefahr zu sein. Hermann war der Letzte, der sich Grünkohl auf den Teller schaufelte. Danach verstummte die Runde. Wir stocherten in der trüben Suppe. Keiner sagte ein Wort. Es war, als müssten wir nach dem Essen schnell wieder zurück an den Schreibtisch. Löffel schabten über Porzellan. Brohmschulte schmatzte. Dann brach Rita das Schweigen.

»Und, wie gefällt's dir hier in Borkendorf?«, fragte sie.

»Gut«, sagte ich, »wirklich gut.« Keiner reagierte. Ich sagte noch mal »Echt gut« und nickte.

Brohmschulte tunkte ein Stück Mettwurst in den Senftopf. Rita sagte mäßig interessiert: »Aha!« Es war wieder still. Die Löffel klimperten auf den Tellern wie ein verstimmtes Glockenspiel. Ich hatte das Gefühl, auch etwas fragen zu müssen. Weil mir nichts einfiel, sagte ich: »Und ihr feiert jedes Jahr hier?«

»Ja, ja, seit Jahren schon«, sagte Karl.

»Normalerweise aber 'n bisschen früher«, sagte Norbert.

»Ist ja auch nicht schlecht hier«, sagte Carsten.

»Stimmt«, sagte Rita.

Als der Zivi wissen wollte, ob noch genug Bier da sei, empfand ich das als wohltuend auflockernd. Die Unterhaltung war so zäh, dass ich aufschreckte, als sich Dalia die Nase putzte. Ich begann, über eine Ausrede nachzudenken, mit der ich direkt nach dem Essen wieder verschwinden konnte. Ich wollte mich anrufen lassen und es wie einen Notfall aussehen lassen. Dann fragte Dalia Pohlmann nach der Senfschale. Pohlmann griff mit einer Hand die Schale, reichte sie über den Tisch, und einen winzigen Moment, bevor Dalia sie annehmen konnte, ließ er sie los. Der Senf fiel mitten in die Grünkohlschüssel. Der Kohl suppte gleichmäßig in alle Richtungen. Er besprenkelte Dalias Bluse, verteilte sich auf Ritas Locken, ein Fladen landete an Karls Schläfe, Günter Bocklund parierte eine ganze Pfütze, mein T-Shirt wurde lauwarm, aber so richtig in Aufregung geriet nur Pohlmann. »Oh nein!«, schrie er, schnappte sich eine Serviette und rubbelte auf seinem befleckten Hemd herum. Zu seinem Unglück war das Tuch auch noch schmutzig. Die Flecken wurden braun und größer. Als Pohlmann das sah, rieb er noch schneller. Karl jubilierte: »Er kann sich also doch beeilen!« Von seiner Wange tropfte Grünkohl.

Dann passierte etwas Unerwartetes: Dalia brach in Gelächter aus. Rita gackerte hysterisch, Bocklund klopfte sich auf den Oberschenkel, Karl feixte: »Wenn seine Geschichten doch auch nur so treffsicher wären.« Norbert kippte mit seinem Stuhl um. Alle lachten. Nur Pohlmann lachte nicht. Er brummelte: »Ha, ha, ha – wahnsinnig witzig.«

Das Gelächter klang erst ab, als der Zivi die Tür aufriss und wissen wollte, ob alles in Ordnung sei. Pohlmann nutzte die Stille, um noch mal darauf hinzuweisen, dass herumspritzender Grünkohl ja so witzig jetzt auch nicht sei. Dalia prustete wieder los, die anderen auch. Ich verwarf den Plan, nach dem Essen zu fahren.

Der Zivi stellte ein neues Tablett Bier auf die Tischkante. Wir erhoben die Gläser. Karl rief: »Auf Pohlmanns neues Batik-Hemd!« Pohlmann konnte darüber noch immer nicht lachen. Karl wischte sich den Grünkohl von der Wange. Brohmschulte nahm einen Zug an seiner Zigarette. Er war auch im Keller der Einzige, der zum Rauchen nicht vor die Tür ging.

Mein Plan, bei der Weihnachtsfeier nichts zu trinken kam nicht so gut an. Norbert fragte, ob ich krank sei. Als ich erzählte, dass ich mit dem Auto nach Hause müsse, sagte er: »Ach komm, ein Pilz kannste doch wohl.« Ich lehnte ab. Später stellte er mir ein Bier auf den Tisch. Als ich es zur Seite schob, tat er, als sei das keine Absicht gewesen, fragte aber vorsichtshalber noch mal nach, ob ich das eine nicht doch trinken wolle. Und weil er mir mit der Fragerei so auf den Senkel ging, sagte ich schließlich: »Ich trink jetzt eins. Aber dann ist's auch gut.« Ich trank das Bier. Danach begann Norbert zu fragen, ob ich den Wagen nicht stehen lassen wolle – jetzt, wo ich Bier getrunken hätte.

Etwas später erhob sich Norbert, die Fingerspitzen auf den Tisch gestützt. Erst sah es aus, als wolle er eine Rede halten. Aber dann fragte er nur, ob es nicht langsam an der Zeit sei, auf die Kegelbahn umzuziehen. »Langsam an«, sagte Brohmschulte. Auch die anderen fanden, dass keine Eile geboten sei. Norbert setzte sich und trank weiter.

Irgendwann klopfte es. Wir drehten die Köpfe zur Tür. Norbert rief: »Herein!« Um die Ecke kam Heini Rehers. Als Norbert sah, wen er hereingebeten hatte, murmelte er: »Nicht schon wieder der.« Heini hob die Hand zum Gruß. Er grinste.

»Ich wollte nur mal schauen, ob alles geklappt hat«, sagte er. Heini trug ein Regencape und eine Regenhose, aber es schien gar nicht zu regnen. Er war trocken.

»Bist du mit 'm Rad?«, fragte Norbert.

»Och, für die paar Kilometer lohnt's nich, den Wagen aus 'er Garage zu holen«, sagte Heini.

Er war sicher eine halbe Stunde durch die Kälte geradelt. Und es war klar, dass er das nicht getan hatte, um gleich wieder nach Hause zu fahren.

»Hat alles super geklappt«, sagte Karl.

»Toll!«, rief Heini. Er stand mitten im Raum, und es war nicht schwer zu erahnen, was er hören wollte. Aber keiner sagte es.

»Vielen Dank noch mal, dass du uns den Raum besorgt hast. Echt super«, sagte Karl.

»Ach, dafür nich«, sagte Heini.

»Wir machen auch nich mehr so lang.«

»Ach, könnter ruhig.«

»Nee, nee, wir machen hier früh Schluss.«

»Ach, wenn ihr gleich erst mal am Kegeln seid.«

»Wir kucken mal.«

»Ja genau, kuckt mal einfach. Dann sehter's ja.«

»So machen wer's.«

»Joa, und ich würd sagen, ich mach mich dann auch mal wieder so langsam – wenn das hier alles geklappt hat …«

»Heini, besten Dank noch mal. Dann komm gut nach Hause«, rief Karl.

Und Heini sagte: »Ach wisster wat, kommt, einen trink ich mit«, streifte das Regencape ab und setzte sich.

Die Zivis brachten Bier und Korn. Norbert riet mir zu Korn. Er sagte, auf einem Bein könne man nicht stehen. Um nicht wieder diskutieren zu müssen, trank ich einen Korn. Heini orderte sofort die nächste Runde. Norbert sagte, ein Bier und ein Kurzer, das sei ja wirklich kein Problem. So kam ich zu meinem zweiten Bier. Norbert riet mir, langsam zu trinken. Dann würde das schon gehen. Rita setzte sich zu uns. Wir unterhielten uns. Es ging ums Wetter, und es war überhaupt nicht langweilig. Ich war überrascht.

»Wenn's bis Ende der Woche noch so kalt bleibt, ist's auch langsam gut«, sagte sie. Der Meinung war ich auch.

»Wir ham ja auch schon fast April«, sagte ich. Sie konnte sich erinnern, dass es in manchen Jahren schon im April so warm gewesen war wie sonst nur im Mai. Norbert brachte Bier. »Das ist zu viel«, sagte ich. Jetzt hatte plötzlich auch Norbert Zweifel, ob die Grenze nicht eh schon überschritten sei. Aber inzwischen war es mir egal. Ich trank das Bier. Norbert entschuldigte sich. Ich sagte, er solle sich lieber noch mal um Schnaps bemühen. Hinter ihm sah ich Heini Rehers den Zivi herbeiwinken. Es war nicht bei dem einen Bier geblieben, das er mit uns trinken wollte. Auch nicht beim zweiten. Er hatte uns mindestens eingeholt.

Der Weg zum Klo führte über einen langen Gang, an dessen Ende drei Türen zur Auswahl standen. Zwei führten in dunkle Räume. Dort landete ich jedes Mal, bevor ich das Klo fand. Der lange Gang wurde von Stunde zu Stunde länger. Immer, wenn ich zurückkam, hatte Heinis Bierglas sich wie von Geisterhand wieder gefüllt. Und Brohmschulte rauchte an einer Zigarette, die er sich gerade erst angesteckt hatte.

Mir war aufgefallen, dass er nicht auf Zigarettenmarken festgelegt war. Er rauchte, was er in die Finger bekam. Ich setzte mich zu ihm. Vor ihm auf dem Tisch lag eine hellblaue Schachtel »American Spirit«. Ich sagte, es sei ja ungewöhnlich für einen Raucher, die Zigarettenmarke ständig zu wechseln. Brohmschulte nahm die Schachtel auf, drehte sie in seiner Hand und sagte: »Wenn ich die hier bekommen kann, nehm ich immer die.«

»Warum gerade die?«, fragte ich. Er blies Qualm in die Luft und überlegte lange. Dann sagte er: »Keine Zusatzstoffe. Ist gesünder, und man wird nicht so schnell abhängig.«

»Stimmt, das ist nicht schlecht«, sagte ich.

Von der Seite schaltete sich Dalia ein. Sie stützte sich auf ihren Ellenbogen und erzählte, sie habe auch mal geraucht.

»Aha«, sagte ich.

»Lange her«, sagte sie.

Brohmschulte lehnte sich zurück und rauchte freihändig. Er griff in seine Jacketttasche. Es raschelte. Die Tasche schien voll zu sein mit irgendwelchem Kram. Dalia berichtete von ihren zahllosen Versuchen, mit dem Rauchen aufzuhören. Brohmschulte hörte nicht hin. Er schien die Geschichte zu kennen.

»Ja, und dann hab ich mir diesen Ratgeber gekauft«, sagte Dalia. Ich versuchte, interessiert zu wirken, aber es fiel mir sehr schwer. Ich fragte mich, wie lange im Voraus man ein Taxi bestellen musste. Dalia tippte energisch mit dem Finger auf den Tisch und sagte: »Man muss es wirklich wollen.«

»Ja, das stimmt«, sagte ich.

Während Dalia von vergeblichen Vorsätzen, Versprechen und Nikotinpflastern erzählte, nestelte Brohmschulte immer noch mit der rechten Hand in seiner Jacketttasche herum.

»Und plötzlich ging's. Seit zwei Jahren bin ich rauchfrei«, sagte Dalia.

In diesem Moment nahm Brohmschulte die Hand aus der Tasche und stellte eine Figur auf den Tisch, die er einhändig aus der Folie der Zigarettenpackung geformt hatte. Sie sah aus wie eine Giraffe. Dalia sah die Figur an, dann Brohmschulte, aber der erwiderte ihren Blick nicht. Er griff wieder in seine Tasche, holte ein Feuerzeug heraus und zündete sich die nächste Zigarette an. Dalia sah wieder zu mir und sagte: »Tja, so war das jedenfalls.« Ich nickte. Als ich zum Klo ging, kam es mir vor, als sei der Weg doppelt so lang wie beim letzten Mal. Auf dem Rückweg torkelte Heini Rehers mir entgegen. Er war schwer angeschlagen, und er blieb stehen, um mir etwas mitzuteilen: »Wir geh'n jetzt Kegeln«, sagte er.

Dann kam die Stunde von Günter Bocklund. Als Rita und Pohlmann noch über ihre Sitzplätze lamentierten, stand Bocklund schon auf der Bahn und kontrollierte die Kugeln. Er trug weiße Turnschuhe. Ihm war egal, wo er saß. Er wollte kegeln. Professionell hob er eine Kugel vor seine Brust, umfasste sie mit der anderen Hand, visierte die Kegel an, trat einen Schritt zurück, nahm Anlauf und warf. Danach ließ er die Bewegung ausklingen und erstarrte. Den rechten Arm nach vorn gestreckt verfolgte er, wie die Kugel den linken Bahnrand streifte, vom Drall wieder in die Mitte gezogen wurde und schräg von der Seite einschlug. Acht Kegel fielen sofort um. Nur am Rand blieb einer stehen. Bocklund löste sich aus seiner Starre, drehte sich lässig um und schien dabei sehr bemüht, den Treffer selbstverständlich aussehen zu lassen. Auf der Schiene neben der Kegelbahn schoss die Kugel zurück. Sie verschwand in einem Kasten am Ende, es rummste, und sie kam deutlich verlangsamt oben heraus. Die Kugel war groß und grün, sie klackte gegen drei kleine rote Kugeln. Bocklund nahm wieder die grüne. Diesmal gab er ihr noch mehr Effet. Sie flog fast aus der Bahn, änderte aber im letzten Moment ihre Richtung und fegte den letzten Kegel aus dem Bild. Bocklund sah den Treffer nicht mehr. Gleich nach dem Wurf war er abgedreht, als hätte er den Ball ins leere Tor geschoben. Er stand da wie der Schütze des Siegtreffers. Aber niemand jubelte. »Biste jetzt fertig?«, rief Karl. Bocklund verließ die Bahn.

Wir spielten hohe Hausnummer. Das erste Problem war, mir das Spiel zu erklären. »Jeder hat drei Würfe. Die höchste

Zahl gewinnt«, sagte Norbert. Ich warf die Kugel in die Rille neben der Bahn. Norbert sagte: »Ne Null. Würd ich nach hinten tun.«

»Nach hinten?«, fragte ich. Er erklärte mir alles noch mal. Danach hatte ich das Spiel immerhin so gut verstanden, dass ich nach dem nächsten Wurf sagen konnte: »Wieder 'ne Null. Die kommt in die Mitte.« Norbert nickte. Am Ende sollte aus allen drei Würfen eine dreistellige Zahl entstehen.

Mit der dritten Kugel war ich vorsichtiger. Ich rollte sie langsam, allerdings so langsam, dass Karl aufsprang, auf die Bahn rannte und ihr hinterherstürzte, um sie einzuholen. Es wäre ihm sogar fast gelungen, aber weil er stolperte, kullerte die Kugel doch noch in die Formation und drückte mit letzter Kraft zwei Kegel um. Ich fragte, was denn passiert wäre, wenn Karl die Kugel noch erwischt hätte. »Dann hättste null Punkte«, sagte Karl. Rita sagte, sie fände es besser, wenn wir »ohne Hinterherlaufen machen«. Weil die anderen das auch fanden, einigten wir uns darauf.

Eigentlich war es viel zu spät zum Kegeln. Erkennen konnte man das zum Beispiel an Karls Augen. Sie ähnelten inzwischen den kleinen roten Kugeln, die auf der Ablage vor den großen grünen lagen. Brohmschulte war nach dem Essen gegangen. Er hatte gesagt, er sei müde. Das war schade, aber es hatte den Vorteil, dass man jetzt atmen konnte.

Bocklund kritzelte nach jedem Wurf die Trefferzahl auf die Tafel. Außer ihm gelang es kaum noch jemandem, halbwegs gerade zu werfen. Rita gehört zu den wenigen. Sie hielt die Kugel mit beiden Armen, schwenkte sie zwischen ihren Beinen und gab ihr so viel Schwung, dass sie es immerhin bis knapp über die Hälfte der Bahn schaffte – allerdings nicht ganz bis zu den Kegeln. »Roll, roll, roll, roll, roll!«, rief sie.

Aber die Kugel erhörte sie nicht. Die zweite warf sie so fest, dass sie das Ende der Bahn erreichte – allerdings in der Rille am Rand.

Das erste Spiel gewann Günter Bocklund mit der Hausnummer 887. Ich selbst wurde mit der 200 nicht mal Letzter. Noch schlechter schnitten Rita und Pohlmann ab. Pohlmann warf drei Pumpen.

»Und jetzt in die Vollen?«, rief Bocklund. Gemurmel. Keiner antwortete. Bocklunds Eifer bremste das nicht. Er wischte die Zahlen von der Tafel. Die erste Kugel warf er selbst. Und während die Kegel reihenweise von der Bahn kippten, wurde die Runde noch etwas größer. Norbert lud die Zivis ein, einen mit uns zu trinken. Sie schienen schon darauf gewartet zu haben und ließen sich nicht lange bitten. Bocklund schaffte vierundzwanzig Kegel mit drei Würfen, Norbert in der gleichen Zeit zwei Bier und drei Korn.

Auf der anderen Seite des Tisches dozierte Karl über Westafrika. »Und deshalb funktioniert der Sozialismus da auch besser«, sagte er und führte das noch weiter aus. Dalia nickte voller Überzeugung. Karl sagte, er wisse jetzt auch endlich, wie man die Probleme des Kontinents lösen könnte. Bocklund schrieb seine Trefferzahl an die Tafel.

»Leute, kommt, der Nächste«, rief er. Aber niemand stand auf. Als Norbert und Carsten sich dann noch zuprosteten, wurde Bocklund muffig. »Seid ihr zum Kegeln hier oder zum Saufen?«, rief er.

Die Antwort hätte er sich natürlich denken können. Ihm blieb nichts anderes übrig, als sich dazuzusetzen. Von da an ging es abwärts. Auch mit Günter Bocklund, der jetzt nicht mehr zum Kegeln aufstehen musste und es irgendwann auch nicht mehr gekonnt hätte. Auf dem Flur überholte ich Heini Rehers, obwohl ich selbst einen sehr unkonventionellen und kurvenreichen Weg wählte. Heini tastete sich an der Wand entlang. »Alles klar, Heini?«, fragte ich. Heini antwortete irgendwas wie: »Dsssssssssssss.« Ich gab ihm einen Klaps auf die Schulter. Dann nahm ich wieder die falsche Tür zum Klo.

Es dauerte lange, bis Heini wieder zurück war. Als ich sah, wie er den Türrahmen umarmte, um in den Raum zu finden, freute ich mich. Ich spürte eine starke Zuneigung. Nicht nur ihm, auch den anderen gegenüber. Ich wollte das gerne mitteilen. Carsten hatte als Erster das Glück. Er saß rechts neben mir. Ich ließ mich auf seine Schulter fallen. Er verschüttete einen großen Schluck Bier.

»Ich wollt dir schon länger mal sagen, dass ich dich total gern mag. Echt«, lallte ich.

Als er sein Glas wieder unter Kontrolle hatte, nahm auch er mich in den Arm und lallte seinerseits: »Das wollte ich dir auch schon länger sagen.« Dann klopfte er mir etwas zu fest auf den Rücken. Wir umarmten uns. Ich hing an seiner Schulter.

Als ich die Augen wieder öffnete, sah ich in Dalias Dekolleté. Sie und Karl unterbrachen ihre Afrika-Konferenz für einen Moment, um uns ihre Aufmerksamkeit zu widmen. Und weil der Moment mir günstig erschien, lallte ich auch ihnen zu: »'s richtich schön mit euch.«

Karl hob sein Glas und sagte bierselig: »Prost!«

Ich löste mich von Carsten, denn ich fand es sei Zeit für ein paar ehrliche Worte. Ich stand auf, bat um Ruhe und sagte: »Ich habe mich geirrt. Borkendorf is' wunderschön.«

- - - - - - - - -

Ich wachte auf, sah an die Decke und stellte fest, dass ich im Kofferraum meines Kombis lag. Es stank wie im Reptilienhaus. Szenen vom Vorabend huschten vorbei. Ich erinnerte mich, wie ich lange nach meinem Bekenntnis eine halbe Ewigkeit zum Klo gelaufen war und im Dunkeln Dalia beim Rauchen erwischt hatte. Sie hatte die Zigarette vor Schreck fallen lassen und so getan, als suche sie etwas.

Und da war noch was mit Bocklund gewesen. Irgendwas mit den Werbegeschenken. Ach ja, Bocklund war sauer geworden, weil Pohlmann sich die Digitalkamera genommen hatte. Er lag ja in Führung und Pohlmann war Letzter. Aber Pohlmann sagte, wir hätten nicht zu Ende gespielt. Und Norbert gab ihm recht.

Pohlmann bot trotzdem an, gegen Bocklund um die Digitalkamera zu kegeln, was keiner verstehen konnte. In der ersten Runde hatte er ja nur Pumpen geworfen. »Ist der beknackt?«, fragte Carsten. Doch dann sah er genauso erstaunt wie alle anderen dabei zu, wie Pohlmann mit drei Würfen einundzwanzig Kegel erledigte. Der Alkohol hatte ihm gut getan, bei Günter Bocklund war das nicht der Fall. Er fuhr sich durch den lichten Schopf, schwankte gegen die Wand, stützte sich ab, berührte beim Werfen das Gummiband mit der Klingel. Die Kugel rollte parallel zur Bahn über den Teppich gegen die Wand. Er konnte nicht mehr gewinnen. Das war für ihn sehr ärgerlich. Er tobte, und er beschuldigte Pohlmann, geschummelt zu haben. Aber außer Bocklund konnte das keiner erkennen. Pohlmann gab ihm noch eine Chance: »Wennde mit zwei Würfen achzehn schaffst, kriegste die Kamera trotzdem«, sagte er.

Bocklund nahm murrend die große grüne Kugel, hob sie vor seine Brust, umgriff sie mit der anderen Hand und zielte. Er schwankte, die Kugel rollte über seine Handfläche und fiel mit einem dumpfen Geräusch auf seinen Fuß. Bocklund hüpfte auf einem Bein über die Kegelbahn und jaulte wie ein läufiger Hund. Für ihn war der Abend gelaufen. Die Kamera konnte er sich abschminken. Pohlmann stand mit der Hand vor dem offenen Mund hinter ihm und sagte immer wieder: »Das wollt' ich nich. Das wollt' ich nich.«

Dann verließ mich mein Gedächtnis. Ich wälzte mich auf die andere Seite und versuchte, mir die Szene wieder in Erinnerung zu rufen. Bocklund hatte geflucht. Und dann? Mir fiel ein, dass Heini Rehers sich übergeben hatte. Er war erst ganz fahl geworden. Dann hatte er sich zur Seite gebeugt und einen Druckstrahl aus Herrengedecken auf die roten Fliesen gespien. Langsam kam die Erinnerung zurück. Ich sah alles vor mir. Wie der Zivi aufsprang und losrannte, um einen Eimer zu holen. Wie die flüssige Kotze sich zwischen den Stuhlbeinen verteilte. Und wie Heini Rehers sich kurz darauf wieder blendend fühlte. Sogar so blendend, dass er anbot, mich nach Hause zu fahren. Ich schreckte auf. Aus dem Kofferraumfenster sah ich die Giebel des Kinderheims. Ich war beruhigt und schloss die Augen. Dann hörte ich ein Stöhnen. Ich richtete mich auf, drehte mich um und sah auf dem Fahrersitz Heini Rehers liegen. Er hing über dem Lenkrad, als wäre er gegen eine Mauer gefahren. Der Schlüssel steckte.

»Heini«, rief ich. Er stöhnte ein weiteres Mal. Ich rüttelte an ihm. Er kam langsam zu sich, drehte den Kopf und fragte: »Was machst du denn hier?«

»Das ist mein Auto. Was ist passiert?«, fragte ich.

»Keine Ahnung«, sagte er, sah aus dem Fenster und fragte: »Wie kommwer denn hier hin?«

»Wir sind wohl ausm Keller und dann ins Auto gestiegen«, sagte ich.

»Aber wir sind doch durch 'n Wald gefahren.«

»*Was* sind wir?«

»Durch 'n Wald gefahren. Gestern Nacht. Ich glaub, wir war'n schon fast in Borkendorf«, sagte Heini.

Ich schluckte. »Aber dann wär'n wir doch jetzt nicht hier!«

Heini knibbelte an seiner Unterlippe. »Ich glaub …«, sagte er, »ich glaub, wir hatten was vergessen.« Er versuchte, sich zu erinnern, aber um was es ging, fiel ihm nicht ein. Er stützte seine Stirn mit der Hand ab und sagte: »Ich glaub, ich hatte was vergessen.«

»Außer dem Fahrrad hattest du doch gar nichts dabei«, sagte ich.

»Das Fahrrad. Genau. Das Fahrrad«, sagte Heini.

Ich war perplex. Heini erleichtert. Er kletterte aus dem Auto und wankte in Richtung Kinderheim, wo er sein Rad vermutete. Ich saß halb angezogen im Kofferraum meines Autos. Ein Mann in einer grünen Latzhose schob einen Rasenmäher vorbei. Er sah mich mitleidig an. Ich wollte nie wieder einem meiner Kollegen begegnen, doch der Wunsch erledigte sich bereits auf der Rückfahrt, als mir einfiel, dass meine Tasche noch auf meinem Schreibtisch stand. Ich fuhr einen Umweg über Borkendorf. In der Redaktion wäre ich fast über Carsten gestolpert. Er kauerte auf dem Boden. Als ich ihn mit dem Fuß anstieß, wachte er auf und freute sich wie ein Schiffbrüchiger.

»Wir haben euch gesucht«, sagte er.

»Wie gesucht?«

»Ihr wart auf einmal verschwunden.«

»Wieso wir?«

»Na, du und Heini Rehers.«

»Ja, und was habt ihr gedacht?«

»Gute Frage. Ich weiß nicht. Ihr wart weg. Da haben wir gerufen. Und irgendwann stand der Kinderheimleiter im Schlafanzug auf dem Hof.«

»Und der hat auch beim Suchen geholfen?«

»Nee, der hat uns vom Hof gejagt und uns hinterhergerufen, wir bräuchten uns nie wieder blicken lassen.«

»Weil ihr gerufen habt?«

»Nee, weil alles nach Heinis Kotze stank.«

Ich kochte Kaffee. Durch die offene Küchentür erzählte ich, wie ich im Kofferraum aufgewacht war, auf dem Fahrersitz Rehers gefunden und von ihm erfahren hatte, dass wir nachts noch mit dem Wagen in Borkendorf gewesen waren.

»Und dann seid ihr wieder zurück zum Kinderheim?«, fragte Carsten.

»Offenbar. Ich weiß es ja nicht«, sagte ich und stellte zwei Tassen Kaffee auf den Tisch.

Carsten trank einen Schluck, setzte die Tasse ab und fragte: »Wo ist der denn jetzt?«

»Keine Ahnung. Ich schätze, mit dem Rad nach Hause.«

»Na ja, spätestens Dienstag werden wir's eh erfahren.«

DIE GELBE LISTE

Die Weihnachtsfeier war schnell vergessen, und das war wohl im Sinne aller. Auf Brohmschultes Frage, wie es denn noch gewesen sei, sagte Norbert: »Wir ham noch gekegelt.« Brohmschulte fragte nicht weiter nach. Es wunderte sich auch keiner darüber, dass Günter Bocklund fehlte. Und als Heini Rehers am Dienstag nicht kam, brachte das niemand mit der Weihnachtsfeier in Verbindung. Mir war das sehr recht, aber trotzdem wunderte ich mich.

Ich fragte die anderen nach dem Vorfall mit dem Kinderheimleiter. »Ach, halb so wild«, sagte Norbert. Der Mann sei eben wütend gewesen, und das müsse man ja wohl auch verstehen. Er habe sich aber schnell wieder beruhigt. Es sei alles in Ordnung. Mit dem, was Carsten erzählt hatte, deckte sich das nicht – und auch nicht damit, dass am Mittwoch niemand dazu zu bewegen war, zum Pressegespräch ins Kinderheim zu gehen. Brohmschulte fragte, ob das irgendwas mit der Weihnachtsfeier zu tun habe. »Nein, auf keinen Fall«, sagte Karl. Brohmschulte glaubte ihm und schickte einen freien Mitarbeiter.

Am Donnerstag humpelte Günter Bocklund in die Redaktion und sagte: »Mittelfußbruch.« Wir hatten schon so etwas vermutet. Aber keiner hatte engen Kontakt zu ihm. Daher hatte niemand angerufen und gefragt, wie es ihm geht. Als Pohlmann den Gipsfuß sah, sagte er: »Scheiße« und versicherte ein weiteres Mal, dass er das nicht gewollt habe. Das Mitleid der anderen hielt sich in Grenzen. Bocklund quälte sich die Treppe hoch und verschwand in seinem

Büro. Brohmschulte wurde misstrauisch. Er fragte, warum ihm keiner von dem Unfall erzählt habe. Norbert sagte, wir hätten einfach nicht dran gedacht, entschuldigte sich und gab zu, dass es ein Fehler gewesen sei. Brohmschulte nahm die Entschuldigung an und beließ es dabei.

Als Heini Rehers den zweiten Dienstag in Folge nicht erschien und wieder keiner eine Erklärung hatte, schloss Brohmschulte die Glastür zu seinem Büro und telefonierte. Für den Rest des Tages verlor er kein Wort über das Gespräch. Erst abends bat er alle, am nächsten Tag an der Morgenkonferenz teilzunehmen.

Carsten hatte eine schlimme Vorahnung, aber die wurde locker übertroffen. Brohmschulte saß vor seiner offenen Mappe, die Arme auf dem Tisch. Ausnahmsweise beschäftigte sich keiner mit einer Zeitung, seinem Telefon oder dem Sitznachbarn. Brohmschulte sagte: »Es ist ja nun schon 'n paar Tage her, aber ich will noch 'n paar Worte zur Weihnachtsfeier loswerden.« Er erzählte, er habe mit dem Leiter des Kinderheims gesprochen. Und er sagte: »Ich bin ganz ehrlich. Die Sache fällt für euch nicht so gut aus.«

Der Chef des Kinderheims hieß Egbert Krohn und war kein Freund großer Sauforgien. Heini hatte das nie erwähnt. Er hatte auch kein Wort darüber verloren, dass es schon im Jahr davor so viel Ärger gegeben hatte, dass die Weihnachtsfeier auf der Kippe stand. Das war auch der Grund für die Verzögerungen gewesen. Heini hatte Krohn sein Ehrenwort gegeben, dass alles gesittet zugehen würde – und um das zu beaufsichtigen, war er vorbeigekommen. Krohn war irgendwann von einem lauten Knall wach geworden. Wahrscheinlich Bocklunds Malheur mit der Kugel. Das anschließende Gejaule sei ihm vorgekommen, als würde jemand geopfert, hatte Krohn zu Brohmschulte am Telefon gesagt. Aber das hätte man noch irgendwie entschuldigen können. Es war ein Unfall, und Bocklund hatte schlimme Schmerzen. Was danach passiert war, ließ sich schwerer erklären.

Als Krohn im Keller die Tür zur Küche öffnete, sah er den Eimer mit Heinis Kotze. Daneben schlief ein Zivi. Der andere kam ihm auf dem Flur entgegen. Er sagte, es sei eine »geile Feier«. Krohn fand das nicht. Er holte einen Wischmop, doch zum Wischen kam er nicht, denn im Hof hörte er die besoffenen Journalisten. Sie riefen nach Ralf und Heidi. Jedenfalls verstand er das. Krohn vermutete Unsittliches. Er war empört.

Die Journalisten verteilten sich über den ganzen Hof. Krohn hatte keine Chance, sie einzufangen. Er rief seinerseits. Nach und nach wurden immer mehr Kinder wach. Sie knipsten in ihren Zimmern das Licht an, hängten sich aus den Fenstern und unterstützten die irrlichternden Redakteure bei der Suche, indem sie von oben »heiß« oder »kalt« riefen, was natürlich überhaupt nicht half – höchstens dabei, die restlichen Kinder auch noch zu wecken. Irgendwann jagte der entnervte Kinderheimleiter in seinem Furor alle vom Hof und rief ihnen hinterher, was Carsten mir erzählte hatte. Jetzt wollte er gern wissen, wer ihm den Keller vollgekotzt hatte.

»Kann mir das einer von euch sagen?«, fragte Brohmschulte.

Schweigen. Niemand wollte Heini verpfeifen. »Keiner?«, fragte Brohmschulte. Er sagte, er sei enttäuscht. Und dann ging es doch ganz schnell.

»Heini war's«, sagte Pohlmann.

Brohmschulte hielt das für einen Scherz. Erst reagierte er nicht, dann fragte er ungläubig: »Stimmt das?« Wir nickten. Brohmschulte lachte. »Heini Rehers hat den Keller vom Kinderheim vollgekotzt?«

»Und dann ist er verschwunden«, sagte Karl.

»Mit meinem Auto nach Borkendorf«, sagte ich.

»Und wieder zurück«, sagte Carsten.

Brohmschulte hörte auf zu lachen. »Warum habt ihr mir davon kein Wort gesagt?«, fragte er.

So richtig konnte es keiner erklären. »Das war nix gegen dich«, sagte Norbert, betonte aber damit nur das Gegenteil. Wir hatten ihn nicht eingeweiht. Wir hatten ihn beim Kinderheimleiter dastehen lassen, als sei ihm die Rasselbande mal wieder durchgegangen. Im Nachhinein verstand allerdings kaum noch jemand, warum das passiert war. Die einzige mögliche Erklärung lautete, dass der verunglückte Abend allen Beteiligten so peinlich gewesen war, dass sie gehofft hatten, man könnte durch kollektives Schweigen im Nachhinein den Verlauf vielleicht noch ändern.

Heinis Kotzerei war Brohmschulte völlig egal. Ihn kränkte der Vertrauensbruch. Wir hatten das unterschätzt. Unser Verhältnis fror für Wochen ein. Brohmschulte war nicht unfreundlich, aber distanziert. Zwischen uns erhob sich ein Wall aus Qualm. Er schloss die Tür zu seinem Kabuff. Wenn man sie öffnete, weil man etwas von ihm wollte, entwich der Rauch wie aus einem Ofen.

- - - - - - - - -

Dass sich etwas verändert hatte, wurde mir klar, als Brohmschulte eines morgens in der Konferenz grundlos eine Arbeitsgruppe einteilte. Ohne nach unserer Meinung zu fragen, sagte er: »Wir werden die Konferenz reformieren.« Den Ablauf hatte er sich überlegt. Norbert, Karl, Carsten und ich erhielten den Auftrag, Vorschläge zu erarbeiten. Auf die Frage, ob er auch teilnehmen würde, sagte Brohmschulte: »Nein.« Er gab uns vier Wochen Zeit.

Mir war nicht klar, was das sollte, aber beim ersten Treffen der Task Force erfuhr ich, dass die Ordnung der Konferenz immer wieder mal umgeworfen wurde. Nur bislang hatte das nie viel gebracht. Nach zwei bis drei Wochen waren die Ergebnisse wieder vergessen. Man kehrte zurück zu den alten Gewohnheiten. Deswegen hatten Karl, Norbert und Carsten auch diesmal keine große Hoffnung. Brohmschultes Dekret sahen sie nicht gerade als Ansporn.

Der große Vorteil der Blattkritik in ihrer aktuellen Form war, dass man morgens vierzig Minuten Zeit hatte, sich mit Kaffee wachzutrinken. Gleichzeitig war das auch ihr größter Nachteil, denn sinnvolle Ergebnisse förderte das Treffen kaum zu Tage.

»Wir können ja mal wieder 'ne Liste machen«, sagte Norbert.

»Wir können auch einfach die alte nehmen«, sagte Karl.

Ich selbst war nicht ganz so missmutig. Ich hielt es zumindest für möglich, dass man Kleinigkeiten ändern konnte. Daher wollte ich in den Tagen darauf beobachten, was nicht so gut lief. Es fand sich eine Menge, aber vor allem fiel mir auf, dass der Ablauf einer fast zwanghaften Ordnung folgte. Es fing damit an, dass Brohmschulte in seinem Raum morgens um zehn pünktlich aufstand, sich seine Mappe unter den Arm klemmte und losmarschierte. Pohlmann folgte ihm. Karl kam erst nach, wenn alle schon saßen.

Brohmschulte hatte immer den gleichen Platz. Dalia nahm den Stuhl links neben ihm. Alle anderen verteilten sich um den runden Tisch, wie es gerade ging. Brohmschulte fragte: »Könnwer?«

War irgendwas schiefgelaufen, kam das als Erstes zur Sprache. Meistens schilderte Brohmschulte, was passiert war. Sehr nüchtern und dadurch besonders vernichtend.

Dabei hielt er die Zeitungsseite mit dem Gegenstand der Kritik in seiner linken Hand, damit alle das Problem sehen konnten. Ging es um Pohlmanns Verfehlungen, was oft der Fall war, sah man Pohlmann auf der anderen Seite des Tisches immer weiter in sich zusammensinken. Und hätte Brohmschulte irgendwann einen Fehler gefunden, der sich nicht so schnell erklären ließ, wäre Pohlmann wahrscheinlich langsam unter dem Tisch verschwunden. Aber das passierte auch deshalb nicht, weil Dalia Brohmschulte meistens ins Wort fiel und Pohlmann fragte: »Was hast du dir denn dabei gedacht?«

Dann richtete Pohlmann sich wieder auf, und es gab zwei mögliche Antworten: »Keine Ahnung!«, wenn es nicht ganz so schlimm war, und in kritischen Fällen: »Ich hab's echt nicht gesehen!«

Jetzt kam Karls Auftritt. Er lehnte sich zurück, verschränkte die Arme und weidete den Fehler genüsslich aus. Meistens schoss er dabei so sehr übers Ziel hinaus, dass die Stimmung umschlug und Norbert sich veranlasst fühlte, darauf hinzuweisen, dass Fehler absolut menschlich seien. Rita stimmte immer zu, denn oft ging es zu Beginn der Konferenz auch um ihre Missgeschicke. Dalia verharrte in ihrer Empörung. Brohmschulte sagte: »Über Fehler muss man reden, aber ich möchte euch bitten, sachlich zu bleiben.«

Anschließend bat er um die Blattkritik. Und weil sich nie jemand freiwillig meldete, wählte Brohmschulte irgendwen aus, der ein paar Worte zur aktuellen Ausgabe sagen musste. Meistens hatte der, den es traf, die Zeitung nicht gelesen. Das machte die Kritik schwer, aber nicht unmöglich. Norbert zum Beispiel behalf sich mit Sätzen, die eine Bewertung gut simulieren konnten. So gelang es ihm, eine Kritik zu formulieren, ohne auch nur einen Satz gelesen zu haben.

»Also, die Blattkritik«, sagte er, klappte die Zeitung auf, legte sie so auf den Tisch, dass er Seite für Seite durchblättern konnte. Und was er sagte, klang ungefähr so:

»Die Eins ist sehr schön. Schöne Bilder. Schöner Aufmacher. Gefällt mir gut. Das Bild hätte ich vielleicht noch etwas größer gemacht. Aber sonst sehr gut. Auf der Zwei: schönes Lesestück. Interessantes Thema. Die Bilder find ich sehr schön. Gut aufbereitet. Die Grafik ist sehr übersichtlich. Leserfreundlich. Das ist sehr ansprechend. Auf der Drei fehlt mir ein bisschen der Halt. Das Bild ist zu klein. Das ist alles sehr bleilastig. Da hätte ich mir im Text auch noch mehr Absätze gewünscht. Aber ansonsten: Gut, dass wir das Thema haben. Sehr schön auch die Vier. Vor allem optisch. Tolle Überschrift. Nicht ganz so gut gefällt mir das Bild. Aber großes Lob an Carsten. Schöne Reporte. Hab ich gern gelesen. Dann noch die Fünf. Ja, was soll ich sagen: Die Fünf ist die Fünf. Gute Themen. Alles übersichtlich. Da fehlt nichts, soweit ich das sehe. Und noch schnell ein Blick in die Konkurrenz. Der Aufmacher auf der Eins. Ja, kann man machen, muss man aber nicht. Ansonsten nichts, was wir nicht auch haben. Alles in allem würde ich sagen: Wir haben eine gute Ausgabe gemacht.«

Nachfragen gab es so gut wie nie. Jeder war froh, nicht erwähnt zu werden. Norbert beherrschte diese Technik nahezu perfekt, aber in Grundzügen hatte sie sich jeder angeeignet. Dass man nach seiner Meinung gefragt wurde, konnte ja immer passieren. Und wenn man dann zum Beispiel antworten konnte: »Tolles Lesestück, aber optisch fehlt mir ein bisschen der Halt«, war das schon ganz gut. Es klang nach Fachvokabular und wurde als Meinung akzeptiert. Norbert war sogar in der Lage, mit seiner Methode Texte zu verreißen, ohne sie zu kennen. »Der Texteinstieg ist lieblos. Da fehlen mir ein paar Zwischenüberschriften. Das ist wahrlich kein Lesegold«, sagte er dann. Das war gefährlich. Theoretisch konnte es ja sein, dass irgendwer widersprach oder sich wehrte – zum Beispiel der Autor. Aber nach ein paar Wochen verstand ich, dass Gegenwehr nur von Dalia, Carsten und manchmal von Karl zu erwarten war. Und man musste ja nicht ausgerechnet deren Texte verreißen. Auf die Idee kam Norbert auch nicht. Wenn er bei ihnen »großes Lob« sagte, machte er nichts falsch.

Bei anderen lag er mit einem Verriss immer richtig. Hermann Noltenhans – der von der Weihnachtsfeier – war so ein Kandidat. Er arbeitete seit Jahrzehnten für die Zeitung. Als ich einmal ein Foto vom Bau der Volksbank am Stadtwall suchte, fand ich es in einer alten Ausgabe unter einem Artikel, den Hermann Noltenhans über die Dorfkirmes geschrieben hatte. Im Jahr 1976.

Norbert sagte, Texte mit dem Kürzel HNO (das stand für Hermann Noltenhans) seien wie das Salz in der Suppe. Zu viel davon vertrage auf Dauer keine Zeitung. Ich fand, ein Vergleich mit saurer Milch hätte es besser getroffen, denn davon verträgt die Suppe auch den ein oder anderen Schluck, aber man kommt auch ganz gut ohne aus.

Die Zeitung war seit Jahren durchsetzt mit HNO-Artikeln. Für den, der die Texte lesen musste, war das keine große Freude, denn Hermann Noltenhans hatte die dreißig Jahre im Zeitungsdienst leider nicht dazu genutzt, sich so etwas wie Basiswissen anzueignen. Mir kam es vor, als hätte er irgendwann mal ein dickes Standardwerk über Journalismus gelesen und alles genau falsch herum verstanden.

Noltenhans war in der Lage, aus den immer gleichen Textbausteinen Artikel zu jedem denkbaren Thema zusammenzuschludern. Und von diesen Texten schrieb er locker acht bis zehn an einem Wochenende. Das war der Grund dafür, dass eine Kündigung nicht in Frage kam. Es gab niemanden, der ihn ersetzen konnte.

HNO-Texte nahmen in der Konferenz viel Raum ein, weil jeder, der die Zeitung kritisieren musste, auch etwas fundiert Kritisches sagen wollte. Noltenhans bot sich da an. Ein typischer Text von ihm begann zum Beispiel mit der Frage: »Wer kennt das nicht?« Dann erklärte er irgendeinen gewöhnlichen Zusammenhang. Schließlich kam heraus, dass im vorliegenden Fall alles anders war. Als die Freibäder eröffneten, die Sonne aber weiter auf sich warten ließ, schrieb er: »*Wer kennt das nicht? Kaum ist der Sommer da, lockt die Sonne die Kinder und natürlich auch ihre Eltern ins Freibad. Aber der Wettergott war in diesem Jahr erneut nicht gnädig.*«

Zu den Wer-kennt-das-nicht-Texten raffte Noltenhans sich allerdings nur auf, wenn man ihn vorher bat, sich mal was Nettes einfallen zu lassen. Niemand rechnete damit, dass er das wirklich machen würde. Nur, sagte man es nicht, schrieb er Gestern-trafen-sich-Texte. Eine berüchtigte Gattung, die Noltenhans zwar nicht selbst erfunden, aber doch maßgeblich geprägt hatte. Gestern-trafen-sich-Texte waren noch schlimmer als die Wer-kennt-das-nicht-Variante. Möglich waren sie immer, wenn Noltenhans es mit mehr als einer Person zu tun hatte. Das konnte der Landfrauenverband sein, der Anglerverein oder die CDU-Fraktion im Stadtrat. Wenn sie etwas veranstalteten, mussten sie sich notwendigerweise auch treffen. Und schon passte die Formulierung. Es gab aber noch eine Besonderheit. Hatte etwas schon mehr als zwei Mal stattgefunden, versah Noltenhans es mit dem Adjektiv »traditionell«. Im zweiten Satz stand immer ein Zitat. Allerdings keines im journalistischen

Sinne. Noltenhans schrieb das, was als Erstes gesagt worden war. Das konnte dann zum Beispiel so aussehen:

»Gestern traf sich der Borkendorfer Anglerverein von 1947 zu seiner traditionellen Generalversammlung. ›Ich begrüße Sie ganz herzlich und möchte direkt zum ersten Punkt der Tagesordnung überleiten‹, verkündete Karl-Heinz Kramer, Erster Vorsitzender. Im Anschluss erhoben sich die Angler, um der Toten zu gedenken.«

Mittendrin konnte praktisch alles stehen, was keinen Sinn ergab. Formalia, Ehrungen, Nonsens-Zitate. Was Noltenhans eben so aufgeschnappt hatte. Über das Ende ließ er nicht mit sich diskutieren. Schrieb er über eine Feier, wurde am Ende das Tanzbein geschwungen, oft platzte der Saal aus allen Nähten. In allen anderen Fällen ließen sie den Abend gemütlich ausklingen. Für das leibliche Wohl war immer gesorgt.

Der Versuch, Noltenhans diese Marotten auszutreiben, war schon oft gescheitert. Immer wenn in der Konferenz über seine Texte gesprochen wurde, sagte irgendwer: »Dann muss man dem einfach mal sagen, dass es so nicht geht.« Darauf erzählte Norbert dann jedes Mal die Geschichte vom letzten Versuch, mit ihm zu reden, der schon etwas länger zurücklag. Sie hatten Noltenhans vorsichtig erklären wollen, dass gewisse Absprachen nicht verzichtbar seien. Es ging nicht mal um inhaltliche Dinge, sondern um die Länge seiner Texte. Gab man Noltenhans den Auftrag, hundert Zeilen zu schreiben, sagte er: »Alles klar!« Und schickte dreihundert. Hieß es, fünfzig würden ausreichen, sagte er: »Mach ich!« Und schrieb trotzdem dreihundert. Ließ man den Text dann mit der Anmerkung zurückgehen, dass er deutlich zu lang sei, war Noltenhans sauer und antwortete, er mache so viel für uns – wir seien undankbar.

Der letzte Versuch, ihm seinen Wortdurchfall auszutreiben, hatte dazu geführt, dass er zwei Wochen lang keine Termine wahrnahm. Das tat weder ihm gut – ihm fehlte das Geld – noch uns, denn wir hatten den ganzen Ärger mit den Leuten, die anriefen und fragten, warum niemand gekommen sei. Die Geschichte mündete in dem Satz: »Deswegen bin ich froh, dass wir Hermann Noltenhans haben.« Das sagte meistens Rita. Und damit war auch klar, dass alles so weitergehen würde wie bisher. Dass Texte von Noltenhans immer noch besser seien als gar keine Texte, unterstrich sie gerne mit dem Satz: »Wir sind ja nicht die Süddeutsche.« Meistens bollerte dann Karl zurück, dass ja auch niemand preisverdächtige Texte erwarte, es aber schon gut wäre, wenn man wenigstens verstehen würde, worum es geht. Das unterstrich er gerne mit dem Satz: »Wir sind ja nicht die Bäckerblume.«

So vergingen schnell zwanzig Minuten. Und dann war noch immer nicht geklärt, was am Tag darauf in der Zeitung stehen sollte. Die Diskussion darüber leitete Brohmschulte mit der Frage ein: »Was hamwer zu morgen?« Sie kam oft unerwartet, weil Brohmschulte sie genau dann stellte, wenn er genug gehört hatte. Die Folge war: Schweigen. Brohmschulte tippte ungeduldig mit dem Kuli auf den Tisch. Wenn er auch damit niemanden zu einem Vorschlag bewegen konnte, sagte er selbst etwas. Mindestens einer dachte dann später: Hätte ich mal nur was vorgeschlagen! Das war der, der Brohmschultes Idee ausführen musste. Meistens Pohlmann. Wenn er den Auftrag bekam, war das Ergebnis schwer absehbar. Brohmschultes Ideen dagegen waren erwartbar. Typisches Beispiel: Vulkanausbruch in Indonesien. Dann kam die Frage: »Können wir das irgendwie lokal runterbrechen?« Übersetzt hieß das: »Wir brauchen einen

Indonesier, der ziemlich in der Scheiße sitzt.« Also musste Pohlmann lostigern und einen Indonesier finden. Dabei konnte eigentlich nicht viel schiefgehen. Ob es da jemanden gab, konnte Mahmud sagen, der Wirt vom Deutschen Jäger. Der kannte jeden Ausländer im Dorf, und er half immer gern, weil er ab und zu auch was von uns wollte.

Pohlmann überfuhr die Leute oft schon am Telefon. Vor allem, wenn es um Katastrophen ging, waren die meisten nicht begeistert, wenn er gleich mit der Tür ins Haus fiel und sagte: »Wir wollen da 'nen Aufmacher draus machen.« Wenn er dann auch noch erzählte, er wolle gerne vorbeikommen, weil er für seinen Aufmacher ein vierspaltiges Bild brauche, war oft nicht mehr viel zu machen. Die Leute wurden sauer. Allerdings gab es dann immer noch einen Ausweg: Pohlmann bot Geld. Und plötzlich war alles wieder ganz einfach. Pohlmann war der Einzige, der so vorging. Vor allem, weil der Verlag für diese Art von Recherchen keine Mittel zur Verfügung stellte. Geld war in den meisten Fällen aber auch gar nicht nötig – außer eben, man fiel mit der Tür ins Haus.

Pohlmann erreichte auf seine Weise einiges. Fast immer brachte er Geschenke mit: Feigen, Tee, Kaffee, Datteln, einmal eine Melone. Ein Nachteil seiner Methode war, dass Mahmud auch viele Leute kannte, die für fünfzig Euro bereit waren, jede Identität anzunehmen. Es war schon vorgekommen, dass sich der gleiche Indonesier später noch mal als Pakistani vermitteln ließ – und daran selbst gar nichts Schlechtes finden konnte, weil er dachte, Medien funktionierten eben so.

Das Geschäft für Mahmud lief gut, denn wenn Brohmschulte eine Weltnachricht interessant vorkam, wollte er sie lokal runterbrechen. Chile wählt einen neuen Präsidenten –

»Wen wählen unsere Chilenen?« Stammeskämpfe im Südsudan – »Wie friedlich sind unsere Afrikaner?«

Immer traf es Pohlmann, aber meistens tat er nicht das, was Brohmschulte sich vorgestellt hatte. Als er über die Afrikaner schreiben sollte, lieferte er einen Text ab, dem er den Titel »Zusammen feiern« gegeben hatte, und in dem es im Grunde nur darum ging, wie eine afrikanische Sippe von der Größe einer Fußballmannschaft sich am Wochenende den Magen mit irgendwelchen landestypischen Spezialitäten vollschlägt. Sie hatten Pohlmann eingeladen, er hatte mit ihnen diniert. Deswegen sollte er auch mit aufs Foto. Weil er mit seinem drögen Hemd aber so gar nicht ins Bild passte, legten sie ihm einen rot-gelb-grünen Umhang um. Und das sah richtig bescheuert aus.

»Was soll das denn sein?«, rief Brohmschulte wütend, als Pohlmann ihm den ausgedruckten Artikel auf den Tisch legte.

»Die Reporte über die Afrikaner. Sie hatten doch gesagt, ich soll …«

»Pohlmann, es sollte um den Krieg gehen! Nicht um die afrikanische Küche!«

»Ich habe aber geschrieben, dass bei denen zu Hause auch Krieg ist.«

»Und warum lachen die dann?«

Darauf hatte Pohlmann keine Antwort. Er stand mit verschränkten Armen vor Brohmschulte und zog die Schultern bis fast über den Kopf. Die Geschichte erschien am Wochenende etwas weiter hinten, um ein Loch zu stopfen.

Brohmschulte lernte nie aus seinen Misserfolgen. Gab es irgendwas zum Runterbrechen, bekam Pohlmann die Aufgabe. Karl war der Einzige, der ab und an protestierte. Ein paar schlimme Geschichten hatte er so schon verhindert.

Zum Beispiel die nach dem schweren Tauchunfall in der Karibik, als Brohmschulte testen lassen wollte, wie sicher die Tauchgrotte im Borkendorfer Erlebnisbad ist. Carsten war Karl für die Intervention sehr dankbar. Pohlmann auch, denn der musste nicht zur Tauchgrotte. Den anderen war es egal.

Waren die aktuellen Themen durch, begannen die Diskussionen. Am quälendsten waren die übers Wetter. Kaum zeichnete sich ab, dass es ein paar Grad wärmer werden würde, fand Rita, das sei doch eine Geschichte. Fielen Tropfen vom Himmel, schlug sie vor, man könnte mal den Wetterdienst fragen, ob das noch normal sei. Und wenn dann jemand dagegen war, sagte sie: »Das interessiert jeden. *Jeden!*«

Karl relativierte das sehr gerne mit dem Satz: »Das interessiert 'nen Toten.« Worauf Norbert einwandte: »Aber das lesen die Leute«, was niemand überprüfen konnte, also immer richtig war. Dann konnte es sein, dass Carsten noch etwas gegen die Wetterberichterstattung einbrachte. Ritas Spruch mit der Süddeutschen passte hier ebenfalls ganz gut. Und wenn drei oder vier Leute etwas beigetragen hatten, beendete Brohmschulte die Diskussion mit dem Satz: »Dass wir jetzt so lange darüber diskutiert haben, zeigt ja: Es ist ein Thema.« Vor diesem Satz war kein Vorschlag sicher.

Einmal diskutierten wir über Maulwurfshügel auf der Wiese vor dem Rathaus. Rita sprach von einer Plage.

»Drei Hügel sind aber noch keine Plage«, sagte Carsten.

»Da waren aber vorher noch nie Maulwurfshügel«, sagte Rita.

»Maulwurfshügel sind aber auch echt nicht so interessant«, sagte Karl.

»Tiere gehen immer«, sagte Norbert.

Und Brohmschulte urteilte: »Die Diskussion zeigt: Das ist ein Thema.«

Pohlmann ahnte, wie es weitergehen würde. Und so kam es auch. Er rief die Stadtverwaltung an. Dort warf man die ganze Maschinerie in Gang. Irgendwer kletterte ins Archiv, um bestätigen zu können, dass eine Maulwurfsplage in Borkendorf neu sei. Der Mann vom Gartenbauamt sagte, der Rasen vor dem Rathaus sei wohl hinüber. Der Amtstierarzt wurde um eine Stellungnahme gebeten. Und als der den Eindruck hatte, da seien mindestens zwei Maulwürfe am Werk, war die Voraussetzung für eine Plage im weitesten Sinn erfüllt. Damit konnte die Geschichte auf die erste Seite.

Am nächsten Tag standen Schaulustige auf dem Rasenstück vor dem Rathaus. Es kamen Leserbriefe. Die Parteien meldeten sich zu Wort. Schließlich sogar der Landrat. Dann rief noch der Tierschutzverein an, der sich über die Maulwurfsfeindlichkeit in Borkendorf beschwerte. Brohmschulte sagte: »Wir müssen die Geschichte weiterdrehen.« So konnten drei Maulwurfshügel zum Politikum werden. Und alles fing damit an, dass am Morgen zu viele ihre Meinung gesagt hatten.

Kurz vor Ende der Konferenz brachte meistens noch irgendwer ein altes Thema ins Gespräch, zum Beispiel die Umgehungsstraße, und stellte dazu die Frage: »Müssen wir mal wieder was über die Umgehungsstraße machen?« Ging es um eines von Dalias Themen, war die Antwort immer: »Haben wir alles schon geschrieben.« Hielt irgendwer es für möglich, dass es trotzdem Neuigkeiten gab, die noch nicht in der Zeitung gestanden hatten, brach damit wieder eine Diskussion los, die unabhängig von ihrem Verlauf damit endete, dass Brohmschulte sagte: »Da muss noch mal einer nachhaken.«

- - - - - - - - -

Nach vier Wochen fragte Brohmschulte, ob wir uns schon was zu der Reform überlegt hätten. Die Konferenz hatte gerade erst begonnen, ich war noch gar nicht richtig wach, aber ich hörte mich sagen: »Natürlich, wir haben da 'n paar super Ideen.« Karl, Carsten und Norbert bündelten ihre Blicke zu einer Frage, die nur lauten konnte: Bist du noch ganz dicht? Aber genau das fragte ich mich schon selbst. Und Brohmschulte sagte: »Na, dann schießense mal los!« Einen Moment lang dachte ich darüber nach, einfach zuzugeben, dass ich vielleicht etwas voreilig gewesen war. Doch dann übermannte mich die Zuversicht, und ich dachte: Das kriegst du schon irgendwie hin.

Ich stand auf, stellte mich neben das Flipchart und nahm einen Filzstift von der Ablage unter dem Papier. Ich hatte die spontane Idee, erst mal einen großen Kreis zu zeichnen. Das sah entschlossen aus, und aus einem Kreis ließ sich alles machen. Der Stift war ausgetrocknet, auch mit dem zweiten hatte ich kein Glück. Norbert schaute besorgt, aber ich machte mit einer Handbewegung und einem Lächeln klar, dass ich alles im Griff hatte. Norbert lächelte zaghaft zurück. Ich malte den großen Kreis mit einem Kuli. Das sah nicht ganz so entschlossen aus, war aber wenigstens zu erkennen.

Über den Kreis schrieb ich in Druckbuchstaben das Wort »*Konferenz-Konzept*«. Und während ich schrieb, sagte ich: »Wir haben uns mal überlegt, was wir jeden Morgen falsch machen.« In den großen Kreis malte ich drei kleine Kreise. Ich hatte die Idee, in den ersten das Wort »*Gestern*« zu schreiben, in den zweiten »*Heute*« und in den dritten »*Morgen*«. Ich sah, wie Norbert sich zufrieden zurücklehnte. Ich sagte, wir hätten ein deutliches Ungleichgewicht zwischen Gestern, Heute und Morgen ausgemacht. Ich zeichnete den linken Kreis ein paar Mal nach. Er wurde dicker, damit war klar, wo das Problem lag. Um es noch deutlicher zu machen, schrieb ich über alle drei kleinen Kreise »*Problem Blattkritik*«, rahmte die Worte ein und malte einen Pfeil, der auf den Gestern-Kreis zeigte. Die drei kleinen Kreise verband ich mit Strichen, unten schrieb ich noch das Wort »*Lösung*« hinein. Dann trat ich zwei Schritte zurück und sah, dass ich fast alles ausgemalt hatte.

»Wir glauben, das große Problem ist die Blattkritik«, sagte ich. Es war im Grunde die einzige Aussage der Graphik. Glücklicherweise fiel mir ein super Schlagwort ein. In Versalien schrieb ich quer über die Zeichnung: »*DIE GELBE LISTE*«. Zu sagen, die anderen seien baff gewesen, wäre etwas übertrieben. Aber sie wollten schon gern wissen, was das sein sollte.

Rita fragte dann auch gleich: »Die gelbe Liste?«

»Genau«, sagte ich. Auf Carstens Stirn erhob sich ein Gebirge aus Falten. Karls Gesicht nahm die Form eines Fragezeichens an. Brohmschulte hielt seinen Kuli wie eine Zigarette. Irgendwas hatte wahrscheinlich auch das zu bedeuten. Ich sagte, es gehe jetzt um die Fragen: »Was ist gut?« Und: »Was können wir besser machen?« Ich wollte klingen wie die Typen, die nach Mitternacht im Fernsehen Messersets und anderen Krempel verschachern. Ihren Plunder braucht ja auch kein Mensch. Und trotzdem verkaufen sie das Zeug.

»Jetzt kommense mal zum Punkt. Gelbe Liste klingt ja nicht schlecht. Aber was soll das sein?«, fragte Brohmschulte. Ganz genau konnte ich das auch noch nicht sagen. Mir war der Name ja selbst gerade erst eingefallen. Aber ich war ganz froh, dass niemand wissen wollte, warum die Liste ausgerechnet gelb sein sollte. Darauf hätte ich nämlich keine Antwort gehabt. Ich schaute auf das vollgekritzelte Flipchart. Und weil mir die Idee mit den drei Kreisen noch immer ganz gut vorkam, schlug ich das Blatt um und malte drei weitere Kreise. Diesmal ordnete ich sie allerdings an wie eine Pyramide, um die Optik etwas zu variieren. Aus den Kreisen wurden diesmal eher Eier. Aber das war keine Absicht.

»Auch hier: drei Elemente«, sagte ich. In den ersten Kreis kritzelte ich die Buchstaben »SF«. Wie erwartet provozierte ich damit eine Zwischenfrage.

»Hä, was soll 'n das heißen?«, fragte Rita.

»Warte kurz«, sagte ich. In den zweiten Kreis schrieb ich »SV«. Dann wäre ich fast aufgeflogen, denn für das dritte Ei hatte ich überhaupt keine Idee. Ich drückte die Kugelschreibermine rein und wieder raus und tat so, als stimme irgendwas mit dem Stift nicht. Dann rettete mich eine Blitzidee. Ich schrieb »SS« in den Kreis, dachte noch mal nach und stellte fest, dass die Blitzidee so gut gar nicht gewesen war.

»SF bedeutet: Störfaktoren. Die sollten wir finden und beseitigen«, sagte ich. Es gebe ja einige. Wir hätten auch schon viele gesammelt. Das stimmte zwar beides nicht. Als Störfaktor fiel mir eigentlich nur Rita ein, die Neues grundsätzlich ablehnte, und gesammelt hatten wir überhaupt nichts. Aber Norbert und Karl nickten. Und so fragte niemand nach.

»Punkt zwei: Strukturelle Vorschläge.« Ich wiederholte die Parole: »Was ist gut? Was können wir besser machen?« Ich sagte: »Punkt zwei ist eine Teamaufgabe.« Das war plakativ, und es war eine schöne Umschreibung dafür, dass noch nichts getan war. Dann kam der dritte Punkt.

»SS«, sagte ich, stützte mich mit den Fingerspitzen an der

Wand ab und stand da wie ein Klassenlehrer. Ich fragte: »Was könnte das heißen?«

»Tja«, sagte Pohlmann.

»Weiß nich«, sagte Rita.

Und Pohlmann fragte: »Schlechte Sätze?«

Dalia verzog das Gesicht, als sei ihr jemand auf den Fuß getreten. Und alle waren doch sehr überrascht, als ich sagte: »Genau, schlechte Sätze.« Der Vorschlag war Quatsch, aber leider immer noch besser als meine Blitzidee. Nach der hätte »SS« nämlich für sinnlose Scheiße gestanden. Das war mir für einen kurzen Moment sehr pointiert vorgekommen, danach leider nicht mehr. Und irgendwie passte Pohlmanns Vorschlag auch. »Klingt vielleicht seltsam, aber ich erklär's mal schnell«, sagte ich.

Es sollte um all die Phrasen, Satzbauspurrillen und Formulierungstotalschäden gehen, die jede Zeitung schon seit Jahren loswerden will, es aber nicht schafft. Leider war mein Vorschlag auch nur der, mit dem es alle Zeitungen versuchen: eine Liste mit verbotenen Formulierungen. Ich nannte es das »Tanzbein-Verzeichnis«. Immerhin das war neu. Ich rechnete mit dem Einwand, dass das schon beim letzten Mal nicht geklappt hatte, was wahrscheinlich so war. Aber Karl sagte nur: »Wir können ja einfach ein paar Texte von Hermann Noltenhans abheften.« Damit hatte er recht. Aber so leicht wollten wir es uns nicht machen.

Ich war mir nicht sicher, ob Brohmschulte eingeschlafen war. Sein Kopf lag schräg auf seiner Schulter, die dunkle Brille verbarg seine Augen. Aber vielleicht täuschte ich mich auch. Ein paar Tage zuvor in der Redaktion hatte es auch so ausgesehen. Und als wir belustigt auf den scheinbar schlafenden Fleischberg schauten und Carsten sich auf die Schenkel schlug, drehte Brohmschulte seinen dicken Schädel schnell wie ein Uhu zur Seite, glotzte uns hellwach an und schrieb weiter. Das war peinlich für uns, vor allem für Carsten. Jetzt verharrte Brohmschulte schon seit Minuten in dieser Haltung. Ich überlegte, ob ich ihn ansprechen sollte. Konnte ja sein, dass er einen Herzinfarkt gehabt hatte. Dann würde der Notarzt auch wissen wollen, warum wir erst angerufen hatten, als wir sicher sein konnten, dass er tot ist. Das hätte unglücklich ausgesehen. Brohmschulte selbst riss mich aus diesem Gedanken. »Eine Frage zu Punkt zwei: Was würden Sie denn vorschlagen?«

Punkt zwei? Hatte ich schon wieder vergessen. Ich sah auf die Zeichnung. In Punkt zwei ging es um die Struktur. Das war eine gute Frage. Ich hatte keine Antwort. Carsten rettete mich, indem er sagte: »Wir schlagen vor, die Gewichte etwas zu verlagern. Mehr Kritik. Weniger Diskussion.«

Das klang vernünftig. Brohmschulte nickte. Die nächste Frage stellte Dalia. Karl antwortete. Ich fragte mich, warum wir uns überhaupt zwei Mal getroffen hatten, wenn das alles auch so ging. Es schien keinerlei Einwände gegen die Reform zu geben. Das war nicht schlecht, wunderte mich aber doch. Ich hatte ein paar Kreise an das Flipchart gemalt, willkürlich ein paar Wörter hineingekritzelt. Was ich gesagt hatte, war vage und wenig fundiert. Die Angriffsfläche war ungefähr so groß wie der Borkendorfer Marktplatz, aber Brohmschulte sprach schon jetzt von der gelben Liste, als gäbe es weltweit keine Alternative.

Am nächsten Tag schickte er eine E-Mail an alle. Darin fasste er das dreiarmige Konzept bewundernswert treffend zusammen. Er hatte es ergänzt. So ergab sich hier und da etwas Sinn. Brohmschulte bat alle Kollegen, Vorschläge zu machen. Norbert, Karl, Carsten und mir schrieb er, wir bräuchten unsere ja nur einzufügen. Netterweise bot Norbert an, das zu übernehmen. Er kopierte irgendwas aus alten E-Mails zusammen. An Reformvorschlägen mangelte es ja nicht. In einem späteren Stadium pries Brohmschulte die Reform sogar Dorkov an. Der schrieb mir in einer E-Mail: »Ich bin erfreut, dass Sie in Borkendorf so viele positive Akzente setzen.« Irgendwann kamen auch Rückmeldungen aus den anderen Redaktionen. Viele lobten uns, aber nicht alle waren zufrieden. Ein Kollege schrieb: »Die gelbe Liste macht viel Arbeit, bringt aber nichts.« Erst wollte ich antworten, dass gar nicht absehbar gewesen sei, was aus einer spontanen Idee so alles werden kann, tat es dann aber doch nicht.

An der Zeitung änderte die gelbe Liste nichts. Aber das Verzeichnis wurde immer länger. Dafür war vor allem Carsten verantwortlich, der den Ordner enthusiastisch mit Stilblüten und Allgemeinplätzen füllte. Dann legte er ihn zurück in den Schrank, wo man ihn im Vorbeigehen im Blick hatte. Nur hinein schaute keiner. Vor allem nicht die freien Mitarbeiter, die das eigentliche Problem waren. Sie wussten nicht einmal, dass es den Ordner gab. Hermann Noltenhans wäre es so oder so egal gewesen.

An einem Mittwochmorgen sollte das neue Konferenzprinzip erstmals zum Einsatz kommen. Die Sonne schien grell. Rita versuchte einen spitzen Schatten vom Tisch zu wischen. Norbert ließ die Jalousie herunter. Wir saßen im Halbdunkel, auf den Tischen die Zettel mit den Ideen. Jeder hatte mindestens zwei mitgebracht. Wir brauchen lange, um alles vorzustellen, aber am Ende gab selbst Karl zu, dass der Aufwand sich gelohnt hatte.

Ich freute mich, dass es uns gelungen war, ein paar kleine Dinge zu verändern. Mehr hatten wir ja gar nicht gewollt.

Nach einer Woche war ich mir sicher, dass die Mühe nicht umsonst gewesen war. Dann warf die Putzfrau den neuen Ablaufplan in den Müll. Brohmschulte kündigte an, ihn noch mal auszudrucken. Am nächsten Tag hatte er es vergessen. Rita blätterte in ihrer Blattkritik durch die Zeitung und fand, das meiste sei gut. Auf der dritten Seite störte sie ein unscharfes Foto. Aber eigentlich, fand sie, hätten wir eine ganz gute Ausgabe gemacht.

BEI HELGA

Zwischen den Blumenkübeln vor der Redaktion bremste ein rostiger Ford Escort. Ich war auf dem Weg zum Bäcker. Der Wagen kam wenige Meter vor meinen Füßen zum Stehen. Hinter dem Steuer saß eine ältere Frau. Sie war füllig und trug einen Nerz. Die Haare hatte sie zu einem schwarzen Dutt gebunden. Ich staunte, dass sie sich traute, mit der alten Karre so scharf zu bremsen. Die Frau stieß die Tür auf, als wolle sie jemanden wegschubsen. Ein Stock ertastete den Boden. Dann stellte sich ein Bein nach draußen. Eine Pillendose fiel hinterher. Ich bückte mich, um sie aufzuheben, kroch halb unter das Auto und streckte mich. Als ich wieder auftauchte, hatte die Frau ihr Bein zurück ins Auto gestellt. Sie schaute in einen Schminkspiegel und zog ihren Lidstrich nach. »Liegen da noch die Ohrringe?«, fragte sie.

»Weiß nicht. Wie sehen die denn aus?«

»Wie Tropfen aus Bernstein.«

»Ich seh hier nichts.«

»Dann schauen Sie mal hinter dem Hinterreifen!«

»Da liegt nur ein grüner Kugelschreiber.«

»Ah ja, das ist auch meiner. Holen Sie den auch mal hoch.«

Dass ich unter dem Wagen lag, um ihren Kram aufzulesen, war nicht selbstverständlich. Das schien ihr aber nicht aufzufallen. Von ihrem Sitz aus steuerte sie mich fern und gab mir Befehle, während sie ihre Augen bemalte.

»Irgendwo müssten da noch die Ohrringe liegen. Vielleicht auf der anderen Seite.«

»Hier ist nichts mehr.«

»Nein, das kann wirklich nicht alles sein. Die Ohrringe waren in der Tasche. Schauen Sie noch mal nach.«

»Hab ich getan. Was war denn noch alles drin?«

»Das goldene Feuerzeug. Sehen Sie das goldene Feuerzeug?«

»Nein, hier liegt nichts mehr.«

Ich hörte, wie sich die Tür zur Redaktion öffnete und wieder ins Schloss fiel. Jemand näherte sich. Erst schnell, dann langsamer, was wohl an der ungewöhnlichen Kulisse lag, die sich darbot. Eine aufgetakelte Frau in einem schrottreifen Ford, unter dem Wagen ein Mensch. Kriechend. Ein Bein schaute heraus.

»Helga, ist alles in Ordnung?«, fragte jemand. Ich erkannte Norberts Stimme.

»Ach, es ist fürchterlich. Meine Tasche ist umgefallen«, klagte sie.

Ich kroch unter dem Wagen hervor und wischte den Sand von meiner Jeans.

»Du?«, fragte Norbert.

Ich zuckte mit den Schultern und wollte antworten. Aber die Frau, von der ich immerhin wusste, dass sie Helga hieß, war schneller.

»Da liegt wirklich nichts mehr? Norbert, schau du doch bitte noch mal nach«, sagte sie.

»Tut mir leid, Helga. Ganz schlecht gerade. Aber mein Kollege wird dir ...« Den Rest des Satzes schnitt der Lärm eines vorbeifahrenden Autos ab. Norbert tippte auf seine Uhr und ging weiter.

»Ach, Sie sind auch von der Zeitung?«, fragte sie. Ihre Stimme klang plötzlich samtweich.

»Jaja, ich bin aber erst seit ein paar Tagen hier«, sagte ich und wollte abtauchen, um die verschwundenen Bernstein-ohrringe zu bergen, da legte sie ihre Hand auf meinen Arm.

»Lass mal. Die sind eh nicht echt«, sagte sie und warf ihren Schminkspiegel auf den Beifahrersitz. Ich wollte sie gerade würgen, da fragte sie, was denn genau meine Aufgabe sei bei der Zeitung.

»Ja, äh, ich schreibe über die Stadt, äh, das Dorf, also Borkendorf.«

»Ahhhhh«, raunte sie. Es klang, als füge sich mit meiner Antwort in ihrem Kopf ein unvollständiger Plan zusammen. Sie nickte und reichte mir aus dem Auto heraus die Hand. »Ich bin Helga, aber das muss ich dir wahrscheinlich nicht sagen.« Sie lachte ein irres Lachen und sah erwartungsvoll zu mir hoch.

Ich war ratlos. Helga? Wer sollte das sein? Ich schaute in ihr Gesicht, sah aber nur Falten. Die Ausläufer des Lippenstifts reichten bis in die Mundwinkel. Sie war mindestens siebzig. Und dafür, dass sie genug Zeit gehabt hätte, es zu lernen, waren ihre Haare reichlich ungeschickt gefärbt. Ein schwarzer Rand über der Stirn rahmte ihre Frisur ein. Nur der Nerz deutete darauf hin, dass sie entweder irgendwann mal Geld gehabt hatte oder viel Glück in der Kleiderkammer.

»Jaja, natürlich. Von Fotos in der Zeitung«, sagte ich und lachte verlegen. Es klang total bescheuert. Das hörte ich selbst. Und es klang noch bescheuerter, als ihr Lachen ganz unvermittelt stockte.

»War ich in der Zeitung?«, fragte sie.

»Öh, ja, ich glaube. Ich dachte, ich hätte Sie, äh, dich da …«

»Wann war das denn?«

»Weiß nicht, äh, letzte Woche vielleicht?«

»Komm mal mit. Das schauen wir nach«, sagte sie, stemmte sich aus dem Sitz und humpelte los.

»Kannst du das im Computer nachsehen?«, fragte sie.

»Ach was, wir blättern schnell die alten Ausgaben durch«, sagte ich.

Als ich den dicken Ordner mit Zeitungsausgaben auf den Tisch hievte, riss jemand die Eingangstür auf. Norbert hatte etwas vergessen. Er stürzte sich auf seinen Schreibtisch und schaufelte einen Blätterberg zur Seite.

»Norbert, war ich bei euch in der Zeitung?«, rief Helga.

»Weiß ich nicht. Müsste dann ja im System stehen«, antwortete er, riss hastig eine Mappe an sich und stürmte aus der Tür.

»Im System«, sagte Helga.

»Ich glaube aber nicht, dass wir da …«

»Ach, schau doch mal nach.«

Ich lief zu meinem Schreibtisch und hoffte, irgendwo ein Bild von ihr zu entdecken. Vergeblich. Am Computer öffnete ich die Suchmaske. Ich tippte langsam: H e l g a. Dann sagte ich: »Du, entschuldige, ich geh kurz aufs Klo. Vielleicht kannst du schon mal suchen.« Ich zeigte ihr das Feld, in das sie ihren Namen schreiben sollte. »Und dann hier auf den grünen Knopf drücken.« Sie nickte.

Als ich zurückkam, saß Helga vornübergebeugt vor dem Bildschirm, unter der rechten Hand die Maus. Ich schaute auf den Monitor. Sie hatte das Archiv nach dem Wort »Helga« durchsucht. Das System hatte alles ausgespuckt, was vorrätig war. Und das war eine Menge. Helga war in den letzten Jahren offenbar ein großes Thema gewesen. Nur die Helga an meinem Schreibtisch wohl nicht. Sie tat mir ein bisschen leid. Dann klickte sie auf einen alten Eintrag aus dem Jahr 2002. Und plopp, da war sie zu sehen. Auf dem Foto lehnte sie in einem voluminösen Kleid am Treppengeländer im alten Theater. »*Helga Hirsch-Hahnemann –*

die stimmgewaltige Souffleuse aus der Südstadt«, stand in der Bildzeile. In den Jahren darauf wurden die Sucheinträge dünn. Drei Jahre später war sie auf einem Gruppenbild zu sehen, aber das war wohl eher Zufall. Die neuesten Ausgaben der ersten Aprilwochen blätterte ich Seite für Seite durch. Aber da war nichts zu finden. Helga war enttäuscht. Ich sagte, es könne auch sein, dass ich es bei den Kollegen der anderen Zeitung gesehen hätte. Das schien sie zu beruhigen.

Helga verabschiedete sich, warf mir einen Handkuss zu und eilte hinaus. Durchs Fenster sah ich, wie sie über die Straße lief, ohne nach rechts oder links zu sehen. Ein Radfahrer konnte ihr gerade noch ausweichen. Mit ihrem Stock humpelte sie in eine Gasse auf der anderen Seite der Straße. Dort begann die Fußgängerzone, und da saßen in einem Altbau die Kollegen vom Borkendorfer Anzeiger.

»Wer war das?«, fragte ich.

»Das war unser Schlagerstar. Die hatte vor dreißig Jahren einen großen Hit und wartet seitdem auf ihr Comeback.«

»Ach, was war denn ihr Hit?«

»Die Schnulze heißt: ›Liebe kennt kein Mitleid‹.«

»Quatsch! Das kenn ich doch. ›Liebe kennt kein Mitleid. Und du schaust traurig aufs Meer. Ich werde auf dich warten. Auch wenn du nicht wiederkehrst.‹ Das ham meine Eltern damals rauf und runter gehört. Und das ist von der?«

»Genau. Von Helga Hirsch-Hahnemann.«

»Ich hätte mir 'n Autogramm geben lassen sollen.«

»Keine Angst, die kommt wieder.«

»Was soll das heißen?«

»Wart's ab!«

- - - - - - - - -

Es verging nicht viel Zeit, bis Helga sich wieder meldete. Ungefähr vier Stunden. Am frühen Nachmittag rief sie an, um sich zu bedanken.

»Wofür denn?«, fragte ich.

»Für alles«, sagte sie, aber das war nicht ihr eigentliches Anliegen. In der anderen Zeitung hatte sie auch nichts gefunden. Sie bat mich nochmals nachzudenken, wo ich das Bild gesehen hatte.

Als ich am Morgen darauf in die Redaktion kam, saß Helga auf dem Sessel neben der Tür. Sie trug ein fleischfarbenes Kleid zu ihrer imposanten Duttfrisur und sah sehr aufgedonnert aus für einen Dienstagmorgen.

»Ich hab's mir noch mal durch den Kopf gehen lassen«, sagte sie, »das kann nicht in der Zeitung gestanden haben. Oder doch?«

Was sollte ich sagen? Ich hatte den Gedanken, dass vielleicht allen damit geholfen wäre, wenn man einfach ein Bild von ihr in die Zeitung setzte. »*Helga Hirsch-Hahnemann lebt noch immer.*« Oder irgendwas in die Richtung. Sie wäre dann glücklich, dachte ich. Und an den Frühstückstischen würde die Nachricht wahrscheinlich für genug Gesprächsstoff sorgen. »Was, die lebt immer noch? Gibt's doch nicht!«

Irgendwann sagte sie selbst, eine Möglichkeit wäre ja, ein neues Foto zu machen. Sie sei bereit.

Ich überlegte eine Millisekunde, ihren Vorschlag anzunehmen, aber irgendetwas hinderte mich daran. Sie sagte, wir könnten auch eine Homestory machen. Und sie sagte das, als würde sie unter der Woche nachmittags fast immer eine Homestory machen.

Als Brohmschulte hinter uns vorbeilief, säuselte sie: »Friedbert, was hältst du von einer Homestory?«

Brohmschulte blätterte in einem Aktenordner und brummte irgendwas wie: »Homestory? Jaja, macht mal.«

Helga reagierte mit einem spitzen Schrei der Entzückung: »Hast du gehört? Er ist begeistert!«, rief sie. Begeisterung hatte ich nicht gehört, aber ich musste eingestehen, dass aus Bromschultes Grummeln auch keine Ablehnung herauszuhören gewesen war.

Ich reagierte verhalten, ließ mich aber am Donnerstagmorgen in ihre Wohnung an der Kilianstraße 12 bestellen. »Erster Stock. Die Klingel klemmt. Ruf einfach kurz hoch. Das Küchenfenster ist offen«, sagte sie.

Carsten grinste, Brohmschulte hatte von allem nichts mitbekommen. Er saß schreibend in seiner Rauchwolke. »Vergiss den Fotografen nicht«, sagte Carsten. Diesmal vergaß ich den Fotografen tatsächlich nicht.

Der Eintrag im Adressbuch der Telefonanlage hieß »Fotofranjo«. Es tutete zwei Mal, dann schrie jemand ins Telefon: »Was gibt's denn?«

»Hallo, Heimann hier. Ich wollte nur fragen, ob du am Donnerstag Zeit hast.«

»Kann ich nicht sagen. Ich bin unterwegs. Ruf später an.«

Ich wartete eine Stunde und versuchte es wieder.

»Was gibt's?«, schrie die Stimme.

»Ich wollte noch mal fragen wegen Donnerstag.«

»Echt schlecht gerade«, schrie er zurück.

Um 15 Uhr wählte ich die Nummer ein drittes Mal, und bevor jemand ins Telefon schreien konnte, sagte ich: »Donnerstag, 9 Uhr. Kilianstraße 12.«

Es meldete sich die gleich Stimme wie am Morgen, aber sie schrie nicht, sondern fragte seltsam ausgeglichen: »Warum denn so hastig?«

»Äh, ich dachte, weil, äh, ich störe vielleicht ...«

»Nee, überhaupt nicht. Donnerstag um neun ist gut. Ja, da hab ich Zeit. Was machen wir denn?«

»Eine Homestory mit Helga Hirsch-Hahnemann.«

»Ach, mit der Schlagertante. Die lebt immer noch? Na dann. Ich bin gespannt.«

Ich wunderte mich. Entweder teilten sich zwei sehr unterschiedliche Menschen mit der gleichen Stimme einen Telefonanschluss, oder der Fotograf hatte einen ziemlichen Schaden. Ich fragte Carsten. Seine Erklärung deutete auf die zweite Möglichkeit hin.

Am Donnerstagmorgen fuhr ich eine Viertelstunde früher los, weil ich Franjo nicht warten lassen wollte. Er selbst kam fünf Minuten zu spät. Ich hatte ihn mir anders vorgestellt. Er war klein, hatte ein verbeultes Gesicht und die fettigen Haare zu einem schiefen Scheitel gezwungen. Er begrüßte mich mit einem laschen Handschlag.

»Hier?«, fragte er.

»Zwölf, ja, das dürfte es sein.«

Wir standen im Schatten vor einem grauen Haus und schauten hoch zum Fenster. Die Fassade war nackt. Ich rief leise »Helga«, dann etwas lauter, dann einmal richtig laut. Und irgendwann begann es hinter dem Fenster zu rascheln. »Jajaja, ist ja gut. Ich komm gleich runter«, murmelte etwas hinter der Gardine. Wir hörten Schritte auf der Treppe. Und als sie endlich die Tür öffnete, rutschte ihr fast die Federboa vom Hals. Sie sah aus, als sei sie auf dem Weg zur Bühne.

»Herein die Herren«, sagte sie. Wir schlichen an ihr vorbei in den ersten Stock. Auf dem schwarzen Fußabtreter stand in roter Schreibschrift »Helga«. Dass die Garderobe im engen Flur noch an der Wand hing, ließ sich mit physikalischen Gesetzen nicht erklären, so viel Zeug baumelte an den Haken. Auf dem Weg ins Wohnzimmer schauten wir in die Küche.

»Hab ich letztes Jahr neu machen lassen«, sagte Helga.

»Schön«, sagte ich.

An der Wand über dem Sofa hing eine Goldene Schallplatte. Drumherum Bilder von früher. Auf dem größten ganz rechts sah man Helga lachen. Ein Mann im Anzug schüttelte ihre Hand. Sein Gesicht war nicht zu erkennen. Helga hatte ihm genau im Moment des Fotos ihren gewaltigen Strauß Rosen vor den Kopf geschwenkt. Auf einem Papierstreifen, der auf dem Rahmen klebte, stand: Peter Frankenfeld.

Ein kleineres Foto zeigte Helga mit Bata Ilic, der auf dem Bild die Augen zukniff und dazu ein Gesicht machte, als hätte er in eine Zitrone gebissen.

Durch die offene Balkontür wehte frischer Wind herein. Auf dem Glastisch vor dem Sofa stand Kaffeegeschirr. »Wie wollen wir die Sache jetzt angehen?«, fragte Helga.

»Wir machen erst das Foto«, sagte Franjo.

Helga sprang begeistert auf. Sie zeigte uns eine stillgelegte Sauna in einem abgeschlossenen Raum. Dort wollte sie fotografiert werden. Franjo war nicht begeistert. Das Fenster in dem Abstellraum war so klein, dass man von Lichtverhältnissen kaum sprechen konnte. Aber die Sauna sollte mit aufs Bild. Helga bestand darauf. »Ist doch toll – so mit mediterranem Flair«, sagte sie.

Franjo stellte den Blitz auf die Holzkammer und knipste das Licht im Flur an. Er montierte eine Lampe auf sein Stativ. Dabei murmelte er irgendwas mit »Mist«. Er bat Helga, sich an die Tür zu lehnen und den Arm aufzustützen. Helga lehnte sich an die Tür, stützte ihren Arm aber nicht auf. »Der Arm kann da nicht einfach so runterhängen«, rief Franjo. Helga legte ihre Hand auf ihren Oberschenkel.

»Aufstützen! Das kann doch nicht so schwer sein«, sagte Franjo.

»Beeilnse sich mal lieber, statt hier rumzumeckern, Sie Flegel. Ich kann hier ja nicht ewig so rumstehen«, sagte Helga. Alternativ schlug sie den Balkon als Kulisse vor. Da sei das Licht besser. Franjo steckte den Blitz zurück in seine Tasche, drückte mir das Stativ in die Hand und stieß mit dem Objektiv gegen den Türrahmen.

»Scheiße«, rief er.

»Passen Sie doch auf«, sagte Helga.

Im Türrahmen blieb eine Macke zurück. Die Kamera überstand den Unfall ohne Schäden, aber Franjo wurde ungeduldig. Auf dem Balkon wehte der Wind frisch und sehr unangenehm. In den Blumentöpfen vermoderte Erde. Franjo sah resigniert in den Innenhof.

»Von hier kann ich über den ganzen Spielplatz schauen«, sagte Helga. Ich bemerkte, das sei ja wunderbar. Das fand Helga auch.

»Das ist viel zu eng hier. Da muss ich erst 'n anderes Objektiv dranschrauben«, sagte Franjo.

»Dann machen Sie das doch einfach«, sagte Helga.

Franjo wühlte in seiner Tasche, fluchte, was das wieder für ein Aufriss sei – und alles für ein einziges Foto. Aber dann war es doch nur ein Handgriff. Er setzte das Objektiv auf seine Kamera, sah sich den Balkon durch den Sucher an und sagte: »Ich brauche einen Stuhl.« Helga holte einen Stuhl. Franjo kippelte mit dem wackligen Stuhl vor der Fensterbank und kreiste Helga mit dem Objektiv ein.

»Soll ich die Arme so ausbreiten?«, fragte sie und streckte sich, als wolle sie die bedauerliche Ödnis umarmen.

»Bloß nicht. Am besten einfach stillstehen«, sagte Franjo und drückte ein paar Mal auf den Auslöser, kletterte wieder von seinem Stuhl und sagte: »Das wird hier alles nix. Wir brauchen mehr Kulisse.«

Helga schlug das Sofa vor, den Flur oder die Küche. »Ich könnte was kochen. Da erscheine ich dann als ganz normaler Mensch«, sagte sie.

Franjo überlegte lange, sah sich das Sofa an, den Flur und die Küche. Viel mehr Alternativen gab es nicht. »Dann müssen wir wohl in die Küche. Aber wir brauchen die Schallplatte«, sagte er.

Helga hob den Rahmen mit der Goldenen Schallplatte von der Wand und legte sie neben den Herd. Franjo lehnte die Schallplatte an die Kaffeemaschine, trat einen Schritt zurück, war aber immer noch nicht zufrieden.

»Oder einfach in die Hand nehmen«, sagte er. Helga nahm die Schallplatte und hielt sie schräg in die Kamera. »Nee, das is auch Mist«, sagte Franjo. Helga stellte die Platte zurück. Ich setzte mich aufs Sofa und hörte den beiden von dort zu.

»Doch nicht so«, rief Franjo.

»Sie müssen schon sagen, was Sie wollen«, sagte Helga.

Dann hörte ich eine Weile nichts. Gemurmel. Besteck klimperte. Irgendwas wurde umgestellt. Franjo kam aus der Küche und sagte: »So, ich hau ab.«

»Hat alles geklappt?«, fragte ich.

»Ich bin ja kein Amateur«, sagte Franjo.

Hinter ihm her kam Helga, in der Hand eine Kanne Kaffee. Franjo stopfte seine Ausrüstung in die Tasche, sagte »Tschau« und verschwand.

»Was war denn mit dem los?«, fragte Helga. Ich sagte, er sei etwas krank und habe wenig geschlafen.

»Jetzt machen wir's uns erst mal schön gemütlich«, sagte Helga. Sie goss Kaffee ein, entzündete ein Teelicht und stützte ihren Arm auf den Oberschenkel.

»Was willste wissen?«, fragte sie. Ich wollte eigentlich gar nichts wissen, aber irgendwas musste ich schreiben.

»Am besten, du fängst vorne an«, sagte ich.

»Na gut«, sagte Helga. Sie begann zu erzählen. Von einem warmen Tag im Mai, an dem die Sonne viel zu heiß brannte und die Korczaks von nebenan ein Fest feierten. Helgas Vater hatte seinen Anzug mit Milch bekleckert. Und erst als sie von ihrer Mutter erzählte, die nicht mitfeiern konnte, weil sie schwanger war, begriff ich, dass Helga zu diesem Zeitpunkt der Geschichte noch nicht geboren war.

»Helga, ich glaub, das ist 'n bisschen zu weit vorn«, sagte ich.

»Soll ich bei meinem ersten Hit beginnen?«, fragte sie.

»Besser kurz davor«, sagte ich.

Helga erzählte von ihrem ersten Auftritt bei einer Weihnachtsfeier im alten Schuppen vom Ruderverein, wo ihr Chef, der Sparkassendirektor, sie entdeckt hatte. Helga hieß damals noch Dorsch. Sie arbeitete am Bankschalter. Und als der Sparkassendirektor sie zum ersten Mal singen hörte, meinte er, vom Glück geküsst worden zu sein. Jedenfalls erzählte er das Helga. Dann hatten sie eine Affäre. Er stellte sie einem alten Schulfreund vor, der sich mehr schlecht als recht mit einem Tonstudio über Wasser hielt. Er sah ebenfalls ein gewisses Talent. Auch mit ihm hatte sie eine Affäre. Er sagte zu ihr, wenn ihre Karriere jetzt noch scheitern könne, dann eigentlich nur an ihrem Namen.

»Warum?«, wollte ich wissen.

»Dorsche können ja nicht singen«, sagte Helga.

»Und stattdessen schlug er Hirsch vor?«

»Er wollte Hirsch, weil er fand, dann hätte man zwei ›H‹ im Namen.«

Der Doppelname kam dazu, als Helga ihren Manager Günther Hahnemann heiratete. Der Name blieb auch, als der Mann wieder weg war.

»Damals haben die Großen zu mir aufgeschaut«, sagte sie. Die Stars, von denen sie erzählte, waren inzwischen tot, vergessen oder beides. Aber sie lebte noch immer gern in dieser Zeit, in der Dieter Thomas Heck sie manchmal in die Hitparade einlud. »Der Heck hat sich lange nicht gemeldet«, sagte sie.

Helga begann zu singen. »Auch wenn es weh tut. Ich kann nicht bleiben. Tadadamm tada.« Das war nicht schön, aber es hätte noch schlimmer kommen können. Sie kramte eine Schallplatte aus dem Schrank. »Kennst du noch ›Fesselnde Sehnsucht‹? Das war ein richtiger Kracher«, sagte sie. Aber der Plattenspieler war so gnädig, seinen Dienst zu versagen. Sie erzählte von »Hits« und »Welthits«, aber mir war nicht ganz klar, um was für eine Welt es ging. Die meisten der Lieder hatte ich nie im Leben gehört. Aber sobald sie die ersten Töne anstimmte, fand ich das auch gar nicht mehr so schlimm.

Nach gut zwei Stunden gingen Helga die Geschichten aus. Wir befanden uns im Jahr 1985. Danach hatte sie den Job als Souffleuse im städtischen Theater angenommen. Sie war hier und da im Fernsehen aufgetreten. Wenn eine abgehalfterte Show-Oma als Komparsin gebraucht wurde, riefen sie Helga an, die sich dann mit ihrer Federboa für dreihundert Euro im Taxi nach Köln chauffieren ließ.

»Mein Name ist ja immer noch 'ne Hausnummer«, sagte sie und nickte, als wolle sie sich das selbst noch mal bestätigen. Sie erzählte, wie ihr die Produktionsfirma beim letzten Engagement in Köln eine Suite gebucht hatte. Der Page hatte ihren Koffer aufs Zimmer getragen. Auf dem Tisch hatte eine Flasche Prosecco gestanden. Und dann hatte irgendwer angerufen, um zu fragen, ob sie wohlbehalten angekommen sei. Es musste ein bis zwei Wochen her sein. Das schloss ich aus ihren Erzählungen. Aber blöderweise fragte ich nach. Und dann stellte sich heraus, dass seit dem Wochenende in Köln elf Jahre vergangen waren. Sie war selbst überrascht. »Ach, was sind schon elf Jahre«, sagte sie und lachte die Verlegenheit beiseite.

Ich nickte, klappte meinen Block zu und stand auf, um meine Jacke zu holen. Helga begleitete mich zur Tür. Sie sagte, das sei schon eine tolle Zeit gewesen. Und obwohl ich fand, dass das eigentlich ein gutes Schlusswort war, interessierte mich eins dann doch noch: »Warum singst du eigentlich nicht mehr?«, fragte ich.

Helga humpelte im Flur hinter mir her und reagierte erst gar nicht. Dann stützte sie sich mit beiden Händen auf ihren Stock, als würde sie gleich einen großen Gedanken gebären. Es war ein unangenehmer Moment. Ich befürchtete, sie in Verlegenheit gebracht zu haben. Aber dann legte Helga ihre Hand auf meinen Unterarm, schaute mich vielsagend an und flüsterte: »Ich werde wieder singen.« Ihr Blick sagte mir, dass das als Erklärung ausreichen musste.

Vor der Tür schaute ich auf die Uhr. Es war nach Mittag. Ich wählte die Nummer der Redaktion, weil ich befürchtete, dass ich dort schon vermisst wurde. Es klingelte zehn Mal, dann meldete sich Brohmschulte.

»Ja«, sagte er, als wäre er von hinten angestupst worden.

»Ach, äh, ich wollte nur sagen, dass ich gleich wieder da bin. Hat etwas länger gedauert.«

»Wo waren Sie denn?«

»Ja, äh, bei Helga Hirsch-Hahnemann. Wegen der Homestory.«

»Welche Homestory?«

»Sie hatten doch gesagt, man könnte …«

»Ich weiß nichts von 'ner Homestory.«

Brohmschulte legte auf. Er legte immer auf, wenn er das Gespräch für beendet hielt, auch, wenn der auf der anderen Seite noch gar nichts gesagt hatte. Ich fuhr zurück in die Redaktion. Mein Monitor war mit Post-it-Nachrichten beklebt. Auch so eine schreckliche Marotte von ihm. Brohmschulte schrieb keine E-Mails und rief auch nicht an. Er bekritzelte Post-its und ließ sie zurück, wo gerade Platz war. Meistens irgendwelche Nummern, dazu die Bitte: »Kümmern Sie sich drum?« Carsten sagte, er schreibe immer zurück: »Alles klar, ich kümmere mich drum.« Damit sei die Sache dann meistens erledigt. So machte ich es auch. Das Post-it warf ich in den Papierkorb.

Brohmschulte rief aus seinem Büro: »Heimann, Sie können auf meine Nachrichten nur antworten, wennse die vorher lesen!« Ich schielte schräg runter in den Papierkorb, wo die entsorgten Post-its klebten. Auf dem obersten las ich das Wort »Fotos«.

»Tschuldigung. Hatte ich. Welche Fotos denn?«

»Die mit der Schlagertante in der Küche. Die sind ja furchtbar.«

»Ja, das sind die von der Homestory.«

»Von welcher verdammten Homestory sprechen Sie?«

»Von der mit Helga Hirsch-Hahnemann. Die stand neulich hier in der Redaktion und fragte. Da hab ich nein gesagt, und Sie haben zugestimmt.«

»Kann ich mich nich erinnern.«

Brohmschulte ging in sein Kabuff und kam mit einem ausgedruckten Foto zurück, das er mir mit spitzen Fingern vors Gesicht hielt: »Sagense mal, wer hatte denn die Idee, die Schallplatte in die Spüle zu stellen?«

Ich sah mir das Bild an. Helga schnitt mit dem Brotmesser eine Zwiebel. Im Hintergrund lehnte neben zwei Töpfen die

Goldene Schallplatte im Waschbecken. Es sah aus, als müsse sie noch gespült werden.

»Das könnwer so nicht mitnehmen«, sagte Brohmschulte.

»Gibt's keine anderen Fotos?«, fragte ich.

»Doch«, sagte Brohmschulte, drehte den Ausdruck um und zeigte eines der Bilder, die auf dem Balkon entstanden waren. Helga posierte vor den grauen Blumenkästen. Ihre Arme hingen herunter wie die Köpfe der Begonien hinter ihr. Auf dem dritten Bild, das sie in der Sauna zeigte, sah man im Hintergrund eine dunkle Bretterwand.

»Nee, die sind nich so gut. Und was machen wir jetzt?«

»Da muss er neue machen. Rufen Sie ihn an.«

Ich wählte Franjos Nummer. Brohmschulte blieb neben mir stehen. Franjo nahm den Hörer ab und sagte: »Ist grad ganz schlecht. Ruf später noch mal an.«

»Is dringend. Geht um deine Bilder«, sagte ich.

»Ja, dann mach schnell. Was ist mit den Bildern?«

»Gibt 'n Problem. Wir bräuchten noch 'n anderes Motiv.«

»Leute, die Bilder sind 1a. Da wird doch wohl eins dabei sein.«

»Leider nicht.«

»Ich kann's nicht ändern. Heut schaff ich das nicht mehr. Müsster bis morgen warten.«

Brohmschulte bedeutete mir mit einer Geste, ich möge ihm den Hörer geben. »Franjo, du musst da noch mal hin«, sagte er.

(...)

»Nee, die Bilder sind nicht 1a. Die sind nicht mal 1b.«

(...)

»Wie du das machst, ist mir egal. Wir brauchen neue Bilder. Also beeil dich.«

Er legte auf. Am frühen Abend rief Helga an. Sie war hoch

erfreut, dass wir der Sache so große Bedeutung beimaßen. »Dein Kollege ist gerade gegangen. Er hat so eine kleine schwarze Kappe vergessen«, sagte sie. Ich bedankte mich. Sie sagte, das mit der Speicherkarte sei ja ganz schön ärgerlich. Alle Bilder – einfach verloren. Aber sie hätten jetzt neue gemacht. Und die seien ganz hervorragend geworden.

Die neuen Bilder schickte Franjo wenig später per E-Mail. Er hatte Helga im Treppenhaus, im Flur ihrer Wohnung und im Schlafzimmer fotografiert. Die Goldene Schallplatte stand jeweils im Hintergrund – auf der Treppe, auf der Kommode hinter dem Telefon und neben dem Wecker. Ich hatte etwas Angst, die Bilder Brohmschulte zu zeigen, aber bevor ich dazu kam, öffnete er die Tür zu seinem Büro und rief:»Da kommt grad noch was Aktuelles rein. Dann schieben wir die Homestory.« Ich möge doch bitte Franjo Bescheid geben. Der ärgere sich ja sonst sicher, wenn er die Bilder nicht in der Zeitung finde. Franjo ärgerte sich schon darüber, dass ich anrief.

»Was ist denn jetzt schon wieder?«, rief er.

»Tut mir leid, ich wollt nur sagen: Helga hat angerufen. Du hast da wohl so 'ne kleine schwarze Kappe vergessen.«

»Ja, hab ich schon gemerkt. Die ist nicht so wichtig.«

»Ach, und wegen der Bilder. Die Geschichte ist morgen doch noch nicht drin …«

Franjo legte auf. In den Tagen darauf hörte ich nichts von ihm. Als die Homestory in der Woche danach noch immer nicht erschienen war, sagte Norbert: »Einmal geschoben, immer geschoben.« Brohmschulte sagte, in den Pfingstferien könnten wir die Geschichte sicher gut gebrauchen. Nach den Pfingstferien fand er, die Homestory sei ja zeitlos. Ich wollte den Text ausdrucken, damit er nicht vollkommen in Vergessenheit geriet. Aber im Archiv suchte ich vergeblich nach Helgas Namen. Der Computer spuckte nur das alte Bild aus dem Theater aus. Ich fragte Carsten, ob er eine Erklärung habe. Er sagte: »Ach ja, wollt ich dir noch sagen. Artikel, die nicht erscheinen, werden hier nach drei Wochen automatisch gelöscht.«

DAS PARKPLATZPROBLEM

Wenn der Geschichtslehrer Heribert Lackmann schrieb, blieb es selten bei einer E-Mail. Kam die erste Nachricht um 9 Uhr 20, war damit zu rechnen, dass er die nächste in der zweiten großen Pause nachreichen würde. Nach der letzten Stunde schickte er oft noch eine dritte. Heribert Lackmann schrieb Leserbriefe. Um genauer zu sein: nummerierte Leserbriefe. Lackmann nummerierte sie nicht tageweise. Er ging nach Monaten vor. War der Erste erreicht, fing er wieder bei Eins an. Monat und Jahr notierte er hinter einem Querstrich. So konnte er in späteren E-Mails Bezug auf ältere Zuschriften nehmen. Von dieser Möglichkeit machte er oft Gebrauch.

Wie Redakteure ein Ressort haben, hatte Lackmann Vorlieben. Er meldete sich, wenn es im weitesten Sinne um Ordnungspolitik, Verkehr oder generell um Bildung ging. Im Vergleich zum Spektrum anderer Leserbriefschreiber war das von Lackmann überschaubar. Er befürwortete Strafen. Waren schon welche verhängt, plädierte er für härtere Strafen.

Willi Stahlschmidt hätte das eigentlich gefallen müssen, allerdings konnte er Heribert Lackmann nicht ausstehen. Lackmann ging es umgekehrt genauso.

Willi Stahlschmidt hatte nie einen Leserbrief verfasst. Wenn er schrieb, dann gleich an die Behörden. Stahlschmidt nutzte die Justiz wie andere einen Handwaschautomaten. Seinetwegen hätte die Diplomatie nicht erfunden werden müssen. Er war Ingenieur. Er sah die Sache technisch. Gab es Streit, klagte er. Irgendwann gegen Ende der Woche stand Stahlschmidt plötzlich vor meinem Schreibtisch. Das passierte selten. Normalerweise rief er an, wenn er was wollte.

Draußen regnete es in Strömen. Die Tropfen rannen über die letzten Strähnen von Stahlschmidts Seitenscheitel. Er ließ sich, ohne zu fragen, wie ein nasses Kissen auf den Stuhl vor meinem Schreibtisch fallen und strich sich mit der rechten Hand das Wasser aus dem Gesicht.

»Ich habe einen Wagen abschleppen lassen«, sagte er und sah mich an. Als ich nicht reagierte, konkretisierte er die Aussage. »Ich habe den Wagen von Hugo Lüders abschleppen lassen.«

»Vom Ordnungsamtsleiter?«, fragte ich.

»Genau«, sagte er.

»Wo stand der Wagen denn?«

»Vor seinem eigenen Haus.«

Er stützte den linken Arm auf, legte sein Kinn auf die nasse Handoberfläche und schwieg.

»Aha«, sagte ich, wandte mich ab und kramte in einer Schublade.

»Ich denke, die Angelegenheit ist für die Zeitung nicht uninteressant«, sagte er.

»Ich höre zu«, sagte ich und kramte weiter. Stahlschmidt kraulte sich am Kinn.

»Ich habe einen Behindertenausweis. Hüftschaden«, sagte er.

»Das hat mit der Sache aber nichts zu tun, oder?«

»Doch, das hat es. Hugo Lüders hat nämlich keinen. Aber sein Wagen stand auf einem Behindertenparkplatz.«

»Und da haben Sie ihn abschleppen lassen?«

Stahlschmidt verschränkte die Arme, neigte den Kopf und sagte mit seiner Froschstimme: »Er parkt immer auf einem

Behindertenparkplatz. Er hat ihn sich sogar einrichten lassen.«

»Er hat sich einen Behindertenparkplatz vor seinem Haus einrichten lassen?«, fragte ich.

Das reichte Stahlschmidt an Interessensbekundung, um auch den Rest zu erzählen. Ein Mitarbeiter der Stadtverwaltung habe ihm den Tipp gegeben, sagte er. Und offenbar war es ein Volltreffer.

Stahlschmidt trieb sich oft auf dem Amt herum. Wenn die Stadt etwas Größeres plante, fraß er sich durch die Akten, sobald sie öffentlich auslagen. Das konnte Tage dauern, aber Zeit war für ihn kein Problem, seit er wegen seines Hüftschadens in Frührente gegangen war. Stahlschmidt las auch das Kleingedruckte. Machte er sich auf die Suche, wurde er fündig – und wenn er nur einen Formfehler entdeckte. Irgendwas fand er immer.

War mit einer Klage nichts zu erreichen, verfasste Stahlschmidt Bürgeranträge. Sie handelten vom Miefmarktplatz und der tödlichen Kaninchenkotstaublunge. Er forderte die Seebestattung auf dem Weiher hinter der Volkshochschule, das Begrüßungsgeld für werdende Großeltern und den Mikrobürgermeister, der direkt nach seinem achtzehnten Geburtstag ins Amt kommen sollte. Stahlschmidt penetrierte die Verwaltung so unerbittlich mit Anträgen, dass der Bürgermeister sich irgendwann nicht mehr anders zu helfen wusste, als einen Mitarbeiter abzustellen, der Antrag für Antrag abarbeitete. Es traf Alexander Remmler, einen jungen Referenten mit Ambitionen auf eine Dezernentenstelle. Intern galt er fortan als Stahlschmidt-Beauftragter. Remmler schrieb Stellungnahmen, regelte Dinge vor Gericht und glättete die Wogen überall dort, wo Stahlschmidt Unfrieden gesät hatte.

Stahlschmidt war kein angenehmer Mensch, aber er blieb höflich – auch zu den Mitarbeitern der Stadtverwaltung. Das führte dazu, dass sie ihm manchmal Tipps gaben. Zum Beispiel, wenn sie selbst Ärger hatten. Und mit Hugo Lüders war leicht Ärger zu bekommen.

Lüders war weder in der Behörde besonders beliebt noch außerhalb. Er trug Hüte und mediterrane Anzüge. Das machte ihn zu einer auffälligen Erscheinung in einer Region, in der es fast immer regnet. Diesen Eindruck unterstrich er mit einer goldenen Uhr und einem roten Fiat Cabrio. Das alles zusammen brachte ihm den Spitznamen »Ordnungspate« ein. Lüders war jovial im Umgang, aber das konnte sich schnell ändern, wenn man ihn kritisierte. In den Ratssitzungen ließ er sogar berechtigte Vorwürfe nicht auf sich sitzen, denn er hielt keinen Vorwurf für berechtigt, wenn der sich gegen ihn richtete. In seiner Behörde hieß es, er wäre gern mehr geworden als nur Leiter des Ordnungsamts. Seine Mitarbeiter bestätigten das, denn an ihnen ließ er den Komplex aus.

Einer dieser Mitarbeiter hatte Stahlschmidt mehr oder weniger im Vorbeigehen gesagt, er könne sich ja mal den Behindertenparkplatz vor Lüders' Haus ansehen. Das hatte Stahlschmidt sich nicht zwei Mal sagen lassen. Am Abend fuhr er zum Heideweg, suchte das Fiat Cabrio und fand es.

Der Heideweg lag im Süden der Stadt, wo hohe Hecken die Vorgärten abschirmten. Hinter den Garagentoren führten lange Wege zu großen Häusern. Lüders hatte ein eher kleines Haus ohne Hecke. Eine kniehohe Mauer trennte sein Grundstück von der Straße. Das Cabrio parkte vor der Mauer. Es stand tatsächlich auf einem Behindertenparkplatz. Stahlschmidt konnte sich nicht vorstellen, dass das ein Zufall war. Zwei Wochen lang radelte er Abend für Abend zum Heideweg. Der Verdacht bestätigte sich.

Als Stahlschmidt der Überzeugung war, genügend Fotos gesammelt zu haben, rief er an einem Freitag um 7 Uhr vor Hugo Lüders' Haus die Polizei. Er gab an, am Heideweg parken zu wollen. Aber der Behindertenparkplatz sei von jemandem belegt, der da nicht parken dürfe. Eine halbe Stunde später hob der Abschleppwagen den roten Fiat auf die Ladefläche. Willi Stahlschmidt fuhr in die freigewordene Lücke und blieb dort zu seiner eigenen Erheiterung stehen, bis um kurz nach acht Hugo Lüders aus dem Haus gestolpert kam und da, wo er seinen Fiat vermutete, den grinsenden Willi Stahlschmidt am Steuer seines rostigen Audis sitzen sah.

Stahlschmidt versuchte nachzuahmen, wie Lüders ihn angesehen hatte. »Das werde ich Ihnen heimzahlen«, rief er durch den Raum – so wie Lüders es gerufen hatte. Dann lehnte Stahlschmidt sich gelassen zurück und sagte: »Ich glaube nicht, dass er mir das heimzahlen wird. Ich habe ja die Fotos.«

Er hatte den Satz noch nicht ganz zu Ende gesagt, da öffnete sich hinter seinem Rücken die Tür und Heribert Lackmann schlurfte herein. Ich hoffte, er würde nur etwas abgeben und dann schnell wieder verschwinden. Aber er sagte laut: »Guten Morgen!« Willi Stahlschmidt drehte sich um.

Lackmanns Alter war schwer zu schätzen. Sein ergrauter Lockenbusch verbarg Stirn und Wangen. Die Falten um den Mund sprachen für irgendwas jenseits der fünfzig. Er bog um die Ecke, in seiner rechten Hand klimperte ein Autoschlüssel. In der anderen hielt er einen Zettel in einer Klarsichthülle.

»Lackmann, Sie Schmierfink«, rief Stahlschmidt.

Lackmannn ortete die Stimme und lächelte. »Oh, er kann sprechen«, sagte er.

»Nehmen Sie Ihre Ausflüsse am besten gleich mit. Das liest außer Ihnen selbst eh niemand.«

»Sie lesen's. Das reicht mir schon.«

Stahlschmidt schwoll an vor Wut, aber gegen Lackmanns Spott war er machtlos. Stahlschmidt strich über seine nasse Jeans. Lackmann griff nach den Fotos, die auf dem Tisch lagen.

»Was haben wir denn da? Ach, Sie fotografieren jetzt Autos?«, feixte er.

Stahlschmidt schnappte nach dem Stapel und zischte: »Finger weg!« Ein Bild fiel vor Lackmanns Füße.

»Ist das der Wagen von Hugo Lüders? Stellen Sie dem jetzt auch nach?«, fragte Lackmann. Stahlschmidt riss ihm das Bild aus der Hand.

»Sie werden schon noch sehen«, nuschelte er, stopfte die Fotos in seine feuchte Jackentasche und verschwand, ohne sich zu verabschieden.

»Was war denn mit dem los?«, fragte Lackmann, nahm einen Zettel aus der Klarsichthülle und fragte, ob er sich setzen dürfe.

»Natürlich«, sagte ich.

Lackmann beugte sich zu mir, als wolle er mir etwas Vertrauliches mitteilen. »Was war'n denn das eben für Fotos?«, fragte er. Ich war mir nicht sicher, ob ich ausgerechnet ihm Stahlschmidts Geschichte verraten sollte. Aber er hatte die Fotos gesehen. Bald würde eh alles in der Zeitung stehen. Und er versicherte, er werde niemandem etwas sagen. Ich glaubte ihm. Er war Lehrer.

Als ich von Stahlschmidts Entdeckung erzählte, sagte Lackmann: »Is' ja 'n Ding. Wenn dem Lüders endlich einer das Handwerk legen würde ...« Die Nachricht erfüllte ihn mit Freude. Getrübt wurde die Freude nur dadurch, dass es wahrscheinlich Stahlschmidt sein würde, der ihm das Handwerk legte.

»Wann steht das in der Zeitung?«, fragte er.

»Sobald es geht«, sagte ich. Lackmann hinterließ eine Einladung zum Schulfest und bedankte sich. Als die Tür hinter ihm zugefallen war, sah ich Carsten an und sagte: »Eigentlich ist er ja ganz nett.«

»Aber 'nen Knall hat der schon«, antwortete der und erinnerte an den letzten Leserbrief, in dem Lackmann die Helmpflicht für Fußgänger gefordert hatte. Ein paar Wochen davor hatte er versucht, in der ganzen Stadt das Rauchen verbieten zu lassen. Rechtlich war das gar nicht möglich, aber so etwas war ihm egal. Ein paar Wochen davor war Lackmann mit dem Vorhaben gescheitert, ganz Borkendorf in eine Tempo-30-Zone umzuwandeln. Damit hatte er sich viele Feinde gemacht. Sogar in seinem eigenen SPD-Ortsverband. Die Diskussion drohte abzuebben, aber Lackmann überzog die Stadt so ausdauernd mit Leserbriefen, dass viele das Tempolimit schon kommen sahen und ihrerseits versuchten, das mit Leserbriefen zu verhindern. So blieb der Streit am Köcheln, bis der Antrag in die Gremien kam – und da scheiterte.

Lackmanns größter Coup hatte nicht in der Zeitung gestanden. Ohne irgendwem davon zu erzählen, hatte er in der Schule einen Störsender aufgehängt, der es den Schülern unmöglich machen sollte, während des Unterrichts Kurznachrichten hin und her zu schicken. Nicht bedacht hatte er, dass der Sender das Gleiche auch den Lehrern unmöglich machte. Die Lehrer vermuteten eine Störung in der Leitung. Der bestellte Techniker konnte nichts finden. Aber der Physiklehrer hatte eine Ahnung. Mit einem Gerät aus dem Schulbestand gelang es ihm, den Sender zu orten. Lackmann hatte ihn in seinem Fach deponiert. Die Sache hätte ihn fast den Job gekostet. Ein Schüler, der ab und an für den Sport schrieb, erzählte die Geschichte Bocklund. Der erzählte sie uns. Deswegen stimmte wahrscheinlich nur die Hälfte. Aber selbst wenn nur ein Drittel der Wahrheit entsprach, konnte man sagen, wir hatten Glück gehabt. Wäre Lackmann von der Schule geflogen, hätte er noch mehr Zeit für uns gehabt. So blieben nur die großen Pausen. Doch auch das reichte an den meisten Tagen, um mehr zu schreiben als Pohlmann.

Brohmschulte lachte laut, als ich ihm von Lüders' Parkplatz erzählte. »Das ist gut«, sagte er, aber er hatte Bedenken, weil die Geschichte von Stahlschmidt kam. Sein Name tat keiner Story gut. Wer sich auf ihn einließ, lieferte sich schnell dem Verdacht aus, er habe sich von einem Irren vor den Karren spannen lassen.

Der Stadtverwaltung brauchte man mit den Stahlschmidt-Geschichten gar nicht zu kommen. Weil immer eine Klage zu befürchten war, gab die Stadt nur schriftliche Stellungnahmen. Und auch da stand nur drin, was der Hausjustiziar für unbedenklich hielt. Also praktisch nichts. Daher versuchten die meisten, wenn es irgendwie ging, ohne Stahlschmidt als Quelle auszukommen.

»Wir machen die Geschichte ohne Stahlschmidt«, sagte Brohmschulte.

»Wie – ohne Stahlschmidt?«

»Er kommt nicht drin vor.«

»Aber von ihm ist die Info.«

»Dann brauchen wir die Info eben woanders her«, sagte Brohmschulte, griff zum Hörer, drückte eine Kurzwahltaste und brummte, ohne sich zu melden: »Kannst du mir aus der Patsche helfen?«

Auf der anderen Seite sagte irgendwer: »Was gibt's denn?«

Es war Polizeichef Küpplers Stimme. Brohmschulte fragte nach dem Behindertenparkplatz. Küppler begann sofort zu erzählen. Er redete minutenlang. Es sah sehr gut aus. Als Brohmschulte sich verabschiedete, sagte Küppler, offiziell könne er aber nur sagen, dass am Heideweg ein Auto abgeschleppt worden sei.

Im Ordnungsamt nahm am frühen Nachmittag niemand den Hörer ab. Das musste nichts mit der Parkplatz-Affäre zu tun haben, aber es war möglich. Sein Handy hatte Lüders ausgestellt. Ich sprach ihm auf die Mailbox, er möge sich bitte melden. Kurz darauf rief Silke, da sei irgendein Arschloch vom Ordnungsamt dran. Dann stellte sie durch. Lüders sagte: »Mein Gott, habt ihr nichts anderes zu tun, als euch um Falschparker zu kümmern?«

»Das sag ich Ihren Politessen ja auch immer«, sagte ich.

Lüders lachte nicht. Er sagte: »Mein Auto ist abgeschleppt worden. Das kann mir leider genauso passieren wie allen anderen. Das ist alles, was ich Ihnen sagen kann. Ich hoffe, Sie haben Ihre Story jetzt zusammen.«

»Noch nicht ganz«, sagte ich und fragte, ob er seinen Wagen öfter auf diesen Parkplatz stelle.

Lüders wurde laut. Das sei eine Unverschämtheit. »Selbstverständlich parke ich normalerweise nicht auf Behindertenparkplätzen«, sagte er. Da könne ich seine Frau fragen. Die sei allerdings leider gerade nicht da.

Den Artikel für die Zeitung schrieb Brohmschulte. Danach fiel ihm keine Überschrift ein. Das Wort »Behindertenparkplatz« passte nur, wenn man auf andere Wörter verzichtete. Rita sagte, das könne man doch machen. Alle anderen waren dagegen. Carsten hatte die Idee, die Überschrift ins Bild zu montieren. Das war zwar nicht erlaubt, aber hier handle es sich ja zweifelsfrei um einen besonderen Fall, fand Carsten. Brohmschulte war einverstanden. Carsten versah Stahlschmidts Bilder von dem parkenden Fiat mit dem jeweiligen Datum und fügte sie zu einer Collage zusammen. In die Collage montierte er das Zitat: »*Selbstverständlich parke ich normalerweise nicht auf Behindertenparkplätzen.*« Brohmschulte war begeistert, was sich mit Computern so alles machen ließ.

Wir hätten alle gern Lüders' Gesicht gesehen, aber als er am nächsten Morgen noch vor der Konferenz in die Redaktion polterte und grußlos in Brohmschultes Glaswürfel verschwand, konnten wir es uns vorstellen. Hinter ihm fiel die Tür ins Schloss.

»Das ist ten-den-ziös!«, schrie er und schlug mit dem Handrücken auf die Zeitung in seiner Hand. »Vor-ver-ur-teilung. Wissen Sie was das ist?«, brüllte er. Sein Zeigefinger zitterte über seinem Kopf. Und als er schrie, es sei ganz allein seine Sache, wo er seinen Wagen abstelle, blies Brohmschulte etwas Rauch in die Luft und sagte: »Nein.« Lüders tobte. Er hämmerte mit dem Zeigefinger auf die Tischplatte.

Brohmschulte blieb gelassen. Es war nicht mehr zu hören, was er sagte, aber seine Lippen bewegten sich ruhig. Er saugte an seiner Zigarette. Man sah, wie Lüders' Furor mit jedem weiteren Lungenzug verpuffte. Am Ende stand er mit hängenden Armen vor dem Schreibtisch. Jetzt dirigierte Brohmschulte mit seinem Zeigefinger. Nach einer Viertelstunde kam Lüders heraus, als sei er nur mal kurz reingegangen, um etwas nachzufragen. Brohmschulte starrte auf seinen Monitor.

Um 9 Uhr 43 schrieb Lackmann einen Leserbrief: »*Den leeren Schlauch bläst der Wind auf. Den leeren Kopf der Dünkel‹, sagt Matthias Claudius. Man könnte denken, Claudius hätte Horst Lüders gekannt. Was der Leiter des Ordnungsamts sich hier erlaubt hat, ist eine Dreistigkeit sondergleichen. Für ihn wäre es jetzt an der Zeit, sein Büro und seinen Parkplatz zu räumen. Ist er dazu nicht bereit, ist der Bürgermeister am Zuge. In jedem Fall muss die Strafe so empfindlich ausfallen, dass sie auch von anderen Amtsleitern als Signal verstanden wird. Ein großes Lob gilt der Polizei dafür, dass sie diesen ungeheuerlichen Fall von Amtsmissbrauch ans Licht gebracht hat.*«

Um 11 Uhr 16 setzte Lackmann die nächste Nachricht ab. Diesmal ging es um Bildungsgutscheine für Kinder. Er war dagegen. Ich schob die E-Mail in den Papierkorb. Bis zum Mittag schrieben vier Leser zum Fall Lüders. Alle waren Lackmanns Meinung. Von Stahlschmidt hörte ich nichts.

Am nächsten Morgen erzählte Brohmschulte, Lüders sei als Amtsleiter wohl nicht mehr tragbar. Der Bürgermeister habe das bereits angedeutet.

Nach der Konferenz fand ich auf meiner Tastatur eine ausgedruckte E-Mail. Ich legte sie zur Seite und las dabei flüchtig den Namen Willi Stahlschmidt. Ich sah genauer hin. Er hatte tatsächlich geschrieben. Ich war überrascht. Die Adresse hatte Stahlschmidt an der richtigen Stelle eingetragen, aber es fehlte ein »r« in Borkendorf. Die Mail war wohl zurückgekommen. Daher hatte er sie ausgedruckt und vorbeigebracht. In der Betreffzeile stand das Wort »Leserkorrektur«. Wahrscheinlich war das der Versuch, sich von Lackmann abzugrenzen. Unten auf das Blatt hatte Stahlschmidt mit Kugelschreiber die Aufforderung »Bitte veröffentlichen!« gekritzelt.

»Stahlschmidt schreibt einen Leserbrief«, sagte ich.

»Quatsch«, rief Carsten.

»Doch«, sagte ich und las vor: »*Es besteht Korrektur-bedarf hinsichtlich der Darstellung im Fall Lüders. Es ist zweifellos erfreulich, dass die Öffentlichkeit von den Machen-schaften des Ordnungsamtsleiters erfährt. Das ist jedoch keineswegs das alleinige Verdienst der Polizei. Ich denke, es sollte in diesem Zusammenhang erwähnt werden, dass ich die Polizei auf den Fall aufmerksam gemacht habe.*«

»Nein. Das schreibt der nicht wirklich«, sagte Carsten.

»Doch«, sagte ich.

Am Morgen drauf stand der Brief in der Zeitung. Lack-manns Antwort kam prompt. Um 9 Uhr 04. Noch vor der großen Pause: »*William Shakespeare sagt: ›Des Ruhmes Würdigkeit verliert an Wert, wenn der Gepriesene selbst mit Ruhm sich ehrt.‹ Aber Willi Stahlschmidt kennt William Shakespeare wohl nicht. Das ist schade. Der notorische Stadtquerulant hat endlich mal einen Zufallstreffer gelan-det. Den will er jetzt gewürdigt sehen. Bloß macht er sich damit genauso zum Gespött wie zuvor der Leiter des Ord-nungsamts. Da hat der eine Ochs dem anderen ein Bein gestellt, und jetzt stolpert er selbst über den zu Fall Ge-brachten. Wie sagt doch Boethius: ›Hättest du geschwiegen, wärst du Philosoph geblieben.‹*«

Als Stahlschmidt das las, beendete er sein publizistisches Experiment mit sofortiger Wirkung. Silke rief rüber, Stahl-schmidt habe angerufen. Er werde sich um eine einstweilige Verfügung bemühen.

Die Stadt brauchte länger als Lackmann, um auf die Affäre zu reagieren. Nach vier Tagen schickte der Stahlschmidt-Beauftragte Remmler einen Brief. Auf den ersten beiden Seiten teilte er im Grunde nur mit, dass die Sache jetzt in der Verwaltung angekommen sei.«Der Bürgermeister hat eine Kommission eingesetzt, die bereits mit Hochdruck an der Klärung der Vorwürfe arbeitet«, schrieb er. Vorsitzender der Kommission sei er selbst. Mit so großem Hochdruck schien er allerdings doch nicht an der Klärung zu arbeiten. Als ich um 15 Uhr versuchte, ihn zu erreichen, sagte seine Sekretärin:»Der Herr Remmler ist heute schon etwas eher gegangen.« Am Tag darauf habe er nämlich frei, aber am Montag sei er wieder im Büro.

Stahlschmidt trieb sich weiter am Heideweg herum, wo ihm ein Nachbar am Gartenzaun erzählte, dass auch Lüders' Frau ihren Kleinwagen gelegentlich auf den Behindertenparkplatz stellte. Stahlschmidt setzte sich sofort aufs Rad und strampelte zur Redaktion. Bevor er sich ohne zu fragen setzen konnte, bot ich ihm einen Platz an. Er sprach, als seien wir ein Rechercheteam. Wir müssten uns das noch mal ganz genau ansehen, sagte er. Lüders' Frau stecke ebenfalls in der Sache drin. Er hielt es für möglich, dass Lüders sich auch an anderen Stellen der Stadt Behindertenparkplätze hatte ausweisen lassen. Am Kino habe er einen gesehen, vor der Bücherei sogar zwei. Ich wandte ein, dass ja möglicherweise hier und da tatsächlich Behindertenparkplätze gebraucht würden. Stahlschmidt sah mich an, als wolle ich Lüders in Schutz nehmen.

Am nächsten Morgen schlug ich unser Konkurrenzblatt auf und las:»Neue Vorwürfe im Fall Lüders«. Im Artikel stand das, was Stahlschmidt auch mir erzählt hatte:»Nach exklusiven Informationen des Borkendorfer Anzeigers soll auch die Frau des Ordnungsamtsleiters in die Affäre verstrickt sein.« Stahlschmidt selbst wurde nicht erwähnt. Man bezog sich auf einen Insider.

Als Dalia das sah, stand sie auf, kam zu mir rüber,

klatschte mir die Zeitung auf den Tisch und fragte: »Warum haben wir das nicht?«

»Weil das Quatsch ist«, sagte ich.

»Irgendwo hat er's ja her«, sagte sie.

Ich erklärte, dass Stahlschmidt seine Informationen von einem Nachbarn hatte, der sie ihm beim Rasenmähen am Gartenzaun erzählt hatte. »Das ist der Insider«, sagte ich.

»Wir müssen da trotzdem noch mal hinterher. Fahr da doch mal hin«, sagte sie.

In einem neuen Leserbrief zitierte Heribert Lackmann den mir unbekannten Jupp Müller, der angeblich gesagt hatte: »Wer Stroh im Kopf hat, fürchtet den Funken der Wahrheit.« Ich hielt es für möglich, dass er sich das Zitat ausgedacht hatte, um Lüders noch einen mitzugeben. Lackmann schrieb: »*Wo sich eine Übeltat versteckt, da findet sich oft auch noch eine zweite. Man darf gespannt sein, was im Zuge der Ermittlungen noch alles ans Licht kommt. Die nächste große Frage dürfte lauten: Welche Rolle spielt Hedwig Lüders?*«

Es half nichts. Ich musste zum Heideweg. Norbert lieh mir sein Fahrrad und erklärte mir grob den Weg. Aber ich hätte lieber noch mal auf die Karte schauen sollen. Ich kurvte orientierungslos durchs Viertel und fand die Straße eher durch Zufall. Am Straßenrand parkten Autos, aber es war kein Mensch zu sehen. Ich sah auch keinen Rasen mähenden Nachbarn, den ich fragen konnte. Aber ich traf einen alten Mann, der sich mit seinem Rollator über den Gehweg schleppte.

»Entschuldigen Sie, sind Sie von hier?«, fragte ich und merkte schon, wie dumm die Frage war. Der Mann lief weiter. Ich folgte ihm. Konnte ja sein, dass er mich nicht verstanden hatte.

»Entschuldigen Sie, darf ich Ihnen eine Frage stellen?«,

sagte ich so laut, dass man es auch auf der anderen Straßenseite hören konnte.

»Ich habe keine Zeit«, sagte der Mann und schob seine Gehhilfe unbeirrt weiter.

Als ich an Lüders' Haus vorbeifuhr, rangierte ein junger Mann seinen Polo auf den Behindertenparkplatz. Ich stieg ab und fotografierte den Wagen. Falls ich das Bild nicht brauchte, konnte ich damit immerhin belegen, dass ich am Heideweg gewesen war, dachte ich.

Es war 18 Uhr, als ich das Rad vor der Redaktion wieder in den Fahrradständer stellte. Norbert sah auf die Uhr, als ich hereinkam. Er wartete mit seiner Aktentasche auf dem Schoß.

»Das war aber 'ne gründliche Recherche«, sagte Dalia.

»War nicht ganz leicht, jemanden zu finden«, sagte ich.

»Und was ist rausgekommen?«

»Nicht ganz so viel. Eigentlich nur dieses Foto«, sagte ich.

Dalia nahm die Kamera und zoomte das Bild größer. »Wer ist das?«, fragte sie.

»Keine Ahnung«, sagte ich.

Sie lief zu Brohmschulte. Der warf nur einen kurzen Blick auf das Foto, sagte irgendwas und nickte. Dalia kam heraus und sagte: »Saubere Arbeit. Das ist der Junior.«

»Aha«, sagte ich.

»Wie viel kannst du dazu schreiben?«, fragte Dalia.

»Ja nix, ich hab nur das Foto«, sagte ich.

»Achtzig Zeilen?«

»Nein, wirklich nix. Ich hab gar nichts.«

»Dann plan' ich dir siebzig ein. Die werden ja wohl drin sein.«

»Ich weiß echt nicht«, sagte ich.

Dalia hatte keine Bedenken. »Du schreibst, dass der Sohn jetzt auch mit drin hängt. Dann erwähnst du die Sache mit der Frau. Den Rest füllst du mit der Vorgeschichte auf. Dann hast du locker siebzig Zeilen«, sagte sie.

Ich hatte kein gutes Gefühl. Ich schrieb den Text so, wie sie gesagt hatte. Sie war zufrieden.

»Und die Überschrift? Familie Lüders im Parkplatzsumpf? Wie wär das?«, sagte sie.

»Nein, auf keinen Fall, wir wissen doch gar nicht, ob …«

»Eine schrecklich nette Familie?«

»Wie wär's denn mit: Neue Vorwürfe im Fall Lüders«, fragte ich.

»Stand das nicht im Anzeiger?«, fragte sie.

»Wissen unsere Leser ja nicht«, sagte Karl. Das überzeugte sie.

- - - - - - - - -

Das große Gesprächsthema am nächsten Morgen war nicht mein Artikel, sondern Lackmanns Leserbrief im Borkendorfer Anzeiger. Uns hatte er ihn nicht geschickt, nachdem wir den letzten nicht veröffentlicht hatten. »*Lüders ist der schmierigste und korrupteste Schleimbeutel, der in dieser Stadt jemals ein Amt bekleidet hat*«, schrieb er. Die Behauptung war nicht ganz unproblematisch. Erstens stimmte sie nicht. Der schmierigste und korrupteste Schleimbeutel in Borkendorf war ohne jede Frage der Bürgermeister. Zweitens glitt er mit seiner Kritik so sehr ins Persönliche ab, dass selbst Dalia es für möglich hielt, dass er diesmal zu weit gegangen war.

Es dauerte nicht lange, bis der erste Leser Lüders vorsichtig in Schutz nahm. Der Vorsitzende des Anglervereins schrieb: »*Es liegt mir fern, das Fehlverhalten von Hugo Lüders zu verteidigen. Aber nach allem, was wir bis jetzt wissen, ist ihm nur vorzuwerfen, dass er mehrfach vor seinem Haus falsch geparkt hat.*«

Der Zweite Vorsitzende des Fallschirmclubs sprang Lüders bei, indem er schrieb: »*Wir alle machen Fehler. Daran sollten wir denken, bevor wir Hugo Lüders aus dem Amt jagen.*« Ein anonymer Schreiber bezog sich direkt auf Lackmanns Leserbrief und nannte ihn »*den fiesesten Hetzer seit Goebbels*«. Auch der Pfarrer stellte sich schützend vor Lüders. »*In diesem Moment sollten wir alle daran denken, dass wir selbst Sünder sind*«, schrieb er.

Noch am gleichen Tag rief Willi Stahlschmidt an, um uns mitzuteilen, dass der Staatsanwalt jetzt auch gegen Lüders junior ermittle. Das klang spektakulär, allerdings erklärte der Staatsanwalt am Telefon, dass ihm ja viel anderes gar nicht übrig bleibe, wenn eine Anzeige vorliege. Wer die erstattet habe, könnten wir uns ja denken. Als der Borkendorfer Anzeiger eine Gegendarstellung drucken musste, in der Lüders sich gegen die Behauptung verwahrte, er sei ein schmieriger und korrupter Schleimbeutel, kippte die Stimmung endgültig. Per E-Mail erfuhr ich von der Facebook-Gruppe »Rettet Hugo Lüders«, die nach einer Woche schon 187 Unterstützer gefunden hatte. In vielen Leserbriefen war jetzt von einer »Hetzjagd der Medien« die Rede.

Die Stadt teilte in einer Presseerklärung mit, dass die Untersuchungen gegen den Leiter des Ordnungsamts zu keinem Ergebnis geführt hätten. Brohmschulte schrieb daraufhin einen Kommentar, in dem er noch einmal klarstellte, dass Vorverurteilungen immer falsch seien. Heribert Lackmann wurde zu einem Schmerzensgeld in Höhe von 1 250 Euro wegen Beleidigung verurteilt. Mit diesem Ergebnis war selbst Willi Stahlschmidt unzufrieden. An einem Mittwochmorgen kam er aufgebracht in die Redaktion, stellte seine Aktentasche auf den Tisch, holte ein paar Zettel heraus und sagte, er bereite eine Klage vor.

DER 500. PREISFLUG

Mittwochs schickten die Taubenzüchter ein Fax mit den Ergebnissen ihrer Preisflüge vom Wochenende. Dafür war Norbert zuständig. Er war unser Kontaktmann für die Borkendorfer Züchter. Hatten sie ein Anliegen, wandten sie sich an ihn. Tauben, Rassegeflügel und Kaninchen – das alles fiel in sein Ressort. Er erledigte seine Aufgabe lautlos. Es gab nie Probleme. Aber in dieser Woche hatte Norbert frei. Das Fax lag auf meinem Schreibtisch.

Die dünne Schrift war kaum zu entziffern. Ich sah die Vereinsnamen »Pferde der Lüfte«, »Treue Heimat« und »Rucki Zucki Borkendorf«. Und ich las, dass Hermann Linksfuß gewonnen hatte. In neun Stunden und einundzwanzig Minuten waren seine Tauben von Regensburg aus nach Hause geflogen. »Das ist wahrscheinlich ein neuer Vereinsrekord«, schrieb Klaus Schnoor, der Pressewart des Vereins. Nach unten verblichen die Namen. Die letzten waren nicht mehr zu lesen.

»Was soll ich damit?«, rief ich. Rita antwortete mit einer Geste der Ahnungslosigkeit. Carsten fragte, was das denn sei.

»Die Ergebnisse der Taubenzüchter«, sagte ich.

Karl sagte: »Schreib's irgendwo hin. Interessiert keine Sau.«

Die Fragmente, die ich entziffern konnte, fügte ich zusammen. Dalias Aufgabe war es, Texte und Bilder so auf den Seiten zu verteilen, dass möglichst nichts weggeworfen werden musste. Sie las meinen Text, löschte die Hälfte und quetschte die verbliebenen Zeilen auf der siebten Seite zwischen zwei Bilder. Dort fand man den Artikel nur, wenn man ihn suchte.

Klaus Schnoor hatte gesucht. Am nächsten Morgen um halb zehn rief er zum vierten Mal an. Das sah ich auf dem Display meines Telefons. Davor hatte er es bei Silke versucht. Sie hatte ihm meine Durchwahl gegeben. Als ich den Hörer abnahm, sagte die heisere Stimme eines alten Mannes: »Da habter ja ganz schönen Mist gebaut.«

»Äh, wer ist denn da? Und worum geht's?«, fragte ich.

»Klaus Schnoor hier. Geht um die Preisflüge.«

Ich schlug die Zeitung auf, überflog die Meldung, konnte aber keinen Fehler erkennen. »Was war denn da falsch?«, fragte ich.

»Alles!«, sagte er.

Ich las die Meldung noch einmal. Vom ersten bis zum letzten Satz, konnte immer noch nichts finden und bat ihn, mir etwas auf die Sprünge zu helfen.

»Ja, wo steh'n die Ergebnisse denn wohl?«, fragte er.

»Auf Seite sieben.«

»Ja.«

»Und?«

»Ja.«

Als ich schwieg, sagte Schnoor: »Da steh'n die sonst nie.«

Ich hatte mit Schlimmerem gerechnet und war beruhigt. »Ach so, ja, tut mir leid. Woanders war kein Platz mehr«, sagte ich.

Schnoor antwortete: »Das geht aber nich. Die steh'n immer auf Seite fünf.«

Ich versprach, beim nächsten Mal darauf zu achten, doch das genügte ihm nicht.

»Das müsster noch mal drucken«, sagte er.

Er sagte es, als läge die Entscheidung darüber bei ihm. Davon schien er auch überzeugt zu sein. Ich dagegen war ziemlich sicher, dass er irrte und sagte: »Tut mir leid, Herr Schnoor. Wenn was fehlen würde, vielleicht. Aber so leider nicht.«

Schnoor zählte auf, was alles fehlte. Der Termin des nächsten Preisflugs. So sei der Text praktisch wertlos, sagte er. Auch den Rekord von Hermann Linksfuß hätten wir nicht erwähnt. Linksfuß sei darüber nicht gerade glücklich. Ich erinnerte Schnoor daran, dass er sich mit dem Rekord selbst nicht ganz sicher gewesen war.

Schnoor schwieg einen Moment. Dann sagte er: »Machter morgen noch mal rein, ne?«

Er war wirklich hartnäckig. Ich sagte, wenn er mir einen Grund nennen könne, ja. Ansonsten: nein. Schnoor sagte: »Dann weiß ich schon Bescheid.« Und legte auf.

Zehn Minuten später hatte ich den nächsten Taubenzüchter in der Leitung. Hermann Linksfuß meldete sich. Er sprach besonnen, seine dunkle Stimme klang freundlich. Linksfuß stellte sich als Vorsitzender des Vereins »Rucki Zucki Borkendorf« vor. Außerdem sei er Zweiter Vorsitzender des Kreisverbands und Träger der Goldenen Ehrennadel des Landesverbands der Taubenzüchter. Linksfuß sagte, er habe mit Klaus Schnoor gesprochen. Und was der ihm erzählt habe, beunruhige ihn. »Unsere Zusammenarbeit war immer sehr gut. Ich hoffe, das bleibt auch in Zukunft so«, sagte er.

»Ich wüsste nicht, warum sich das ändern sollte«, sagte ich.

»Das ist gut. Dann nehmen Sie die Ergebnisse morgen noch mal rein?«, fragte er.

Ich bemühte mich um Gelassenheit. Und ich hatte eine

Idee, von der ich einen Moment lang sehr überzeugt war. Ich fragte: »Was würden Sie denn denken, wenn Sie morgen Ihre Zeitung aufschlagen und sehen: Es stehen die gleichen Texte drin wie gestern – nur in anderer Reihenfolge?«

Linksfuß sagte: »Dann müssen wir mal sehen, wie wir jetzt damit umgehen.«

Eine Stunde später rief ein alter Mann mit brüchiger Stimme an. Er sagte, er wolle seine Zeitung abbestellen. Ich antwortete, das sei schade und fragte nach dem Grund. Er sagte, er sei unzufrieden mit der Berichterstattung über die Taubenzüchter. Ich war nicht überrascht, als sich dann auch noch der nächste meldete. Beide Namen leitete ich weiter. Eine Frau aus dem Vertrieb schrieb zurück: »Die haben beide gar kein Abo.«

Ich hatte die Mail gerade geöffnet, da rief Brohmschulte wütend durch die halboffene Tür: »Wer hat die Taubenzüchter aufgescheucht?«

Ich sagte heiter: »Ich war's« und ging zu ihm rüber, um die Sache zu erklären. Aber Brohmschulte war nicht nach Späßen zumute. Er bat mich, die Tür zu schließen, verschränkte die Arme und sagte:

»Wissen Sie, mit wem Sie sich da angelegt haben?«

Ich verstand nicht, warum sich seine Miene so verdunkelte und sagte forsch: »Mit dem Vorsitzenden des Vereins Rucki Zucki Borkendorf.«

»Sie wissen, was das bedeutet?«, fragte Brohmschulte. Er zog ein dickes Buch aus seinem Regal. Auf dem Rücken war ein goldener Lorbeerkranz abgebildet. Es sah nach einem Jubiläumsband aus. Brohmschulte schlug es auf und blätterte, bis weiter hinten eine lange Liste begann, die nur aus Namen bestand. Auf der nächsten Doppelseite setzte sie sich fort, auf der darauffolgenden endete sie noch immer nicht. Brohmschulte durchblätterte die Liste demonstrativ. »Das sind alles Kleintierzüchter«, sagte er. Und nach einer Pause: »Wenn Hermann Linksfuß gegen uns ist, sind die hier alle gegen uns. Drei haben ihre Zeitung schon abbestellt.«

Ich wandte ein, dass zwei davon ein Abo gekündigt hatten, das sie gar nicht besaßen. Brohmschulte kümmerte das nicht. Er klappte das Buch zu, schob es zurück an seinen Platz und sagte: »Die Ergebnisse kommen morgen noch mal rein.«

Mit Linksfuß hatte er schon gesprochen. Bei der Gelegenheit hatte der auch erwähnt, dass in gut zwei Wochen sein 500. Preisflug anstand. Brohmschulte verstand den Wink und sicherte zu, dass jemand darüber berichten würde. Er fand, das sei eine gute Gelegenheit, den Ärger aus der Welt zu schaffen. »Fahren Sie da mal hin«, sagte er. Und wegen der Ergebnisse möge ich Schnoor anrufen.

Ich wählte Schnoors Nummer. Er hatte alles vorbereitet. Er sagte nicht: Hab ich doch gleich gesagt. Aber das, was er mir sagte, klang sehr ähnlich. Ich wollte wissen, ob die Frage nach dem Rekord inzwischen geklärt sei. Er sagte: »Schreiben Sie, dass es meines Wissens ein Rekord war.« Das machte ich.

- - - - - - - - -

Zwei Tage vor dem Treffen wurde mir bewusst, dass der Preisflug auf einen Samstag fiel. Das war ärgerlich. Am Abend vorher feierte meine Freundin Martha ihren Geburtstag. Verschieben ließ sich beides nicht. Also beschloss ich, am Freitagabend nicht ganz so lange zu bleiben.

Um kurz nach halb drei Uhr morgens lehnte ich in Marthas Küche an der Heizung. Ich diskutierte über Videokameras. Ein Typ mit Vollbart und Stirnband fragte, mit welcher Kamera ich denn arbeite. Ich besaß keine Kamera, ich hatte auch noch nie mit einer gearbeitet, aber ich war überrascht, wie ausdauernd und fachkundig ich über Videokameras referieren konnte. Der Vollbärtige kannte viele Marken, hatte ansonsten aber auch keine Ahnung. Das musste er irgendwann eingestehen. Ich fragte, was er denn sonst so mache, wenn er nicht gerade Filme drehe. Er antwortete: »Nich viel. Da kann ich auch nich viel falsch machen.« Dann wollte er wissen, womit ich mir so die Zeit vertrieb.

Ich sagte: »Ich bin Zeitungsredakteur.« Das fand er spannend.

»Ah, cool, so mit Journalismus und so?«, fragte er.

»Joa«, sagte ich. Als ich ihm von der Vertretungsstelle in Borkendorf erzählte, ebbte sein Interesse spürbar ab.

»So mit Taubenzüchtern und so?«, fragte er.

»Genau«, sagte ich und erzählte von meiner sonderbaren Begegnung zwei Wochen zuvor.

»Krass«, sagte der Bärtige.

Martha und mein Freund Sven klinkten sich ein. Sie hatten uns zugehört. Martha sagte: »Für mich sind das Verrückte.«

Sven relativierte das. Er sagte: »Verrückt würde ich nicht sagen, aber einen an der Klatsche haben die schon.«

In Marthas Küche hatten die Taubenzüchter keine große Lobby. Als ich von dem Treffen mit Hermann Linksfuß am nächsten Morgen erzählte, riet Martha mir zu mehr Schnaps. Sven sagte, drüben im Wohnzimmer sitze ein Arzt, der sei so betrunken, »der schreibt dich sicher krank, wenn du ihm einen Stift gibst«. Aber ich wollte gar nicht krankgeschrieben werden. Irgendwie hatte ich sogar Lust auf Hermann

Linksfuß und seine Tauben. Ich wollte mich mit ihm versöhnen. Wahrscheinlich war er kein schlechter Mensch. Und wahrscheinlich waren Tauben auch kein schlechter Lebensinhalt. Tauben waren friedlich. Taubenzüchter bis zu einem gewissen Grad auch. Ihr Hobby füllte das Leben aus. Viele Fragen stellten sich da gar nicht mehr. Umzüge, Urlaube, irgendwelche Projekte. Über all das muss man sich als Taubenzüchter keine Gedanken machen. Irgendwie ein schönes Leben, dachte ich. Nach den nächsten Bieren war ich überzeugt davon. Ich hatte das Bedürfnis, es auch anderen zu vermitteln. Ich sagte: »Später werde ich auch Tauben züchten.«

»Ich auch«, sagte der Bärtige und kippte ein milchiges Mixgetränk herunter.

Wir tranken Schnaps, bis wir uns einig darin waren, dass Tauben wahrscheinlich auch kulturell das nächste große Ding werden würden. Wie wir das begründeten, weiß ich nicht mehr.

Es verging viel Zeit mit Gesprächen über die Gemeinschaft und das kleine Glück. Und es muss schon spät gewesen sein, als Martha irgendwann zu mir kam, mir das Bier aus der Hand nahm und sagte: »Du bist echt besoffen.« Sie sagte, es sei wohl besser, wenn ich gehen würde. Ich wollte nicht gehen. Aber im Nachhinein muss ich sagen: Sie hatte wohl recht. Als ich um Viertel nach fünf mit großer Mühe meine Haustür aufschloss, blieben noch zwei Stunden, bis der Wecker klingelte.

Um halb acht wurde ich wach. Ich hatte den Wunsch zu sterben.

Zwei Kopfschmerztabletten blieben ohne jede Wirkung. Die Fahrt nach Borkendorf war eine Qual. Ich musste das Autoradio ausstellen, weil ich den blechernen Klang nicht ertragen konnte. Auf einem Parkplatz übergab ich mich in einen Mülleimer. Erst danach sah ich, dass der Eimer unten offen war. Das Erbrochene tropfte auf die Pflastersteine. Ein blauer Familienkombi fuhr langsam an mir vorbei. Von der Rückbank starrten Kinder mich an. Ich setzte mich ins Auto, atmete durch und stärkte mich mit einer Bifi.

Hermann Linksfuß wohnte im Wendehammer einer Sackgasse. Weil eine Tanne vor das Straßenschild gewachsen war, fuhr ich drei Mal an der Einfahrt vorbei. Als mein Wagen auf den Bürgersteig vor dem Haus rollte, wartete Linksfuß schon am Fenster. Der Vorgarten sah aus wie aus dem Katalog eines Gartenbaumarktes. In einem runden Beet steckte ein makellos frisierter Buchsbaum. Der Rasen umgab das Haus wie ein Teppich. Den Blick in den Hinterhof verdeckte ein Sichtschutz aus Holz. Ich schüttete eine Packung Tic Tac über meiner Hand aus und zerkaute alle auf einmal, um meine Fahne zu verschleiern.

Hermann Linksfuß empfing mich in der offenen Tür mit erhobener Hand. Er hatte sich eine graue Strickjacke über die Schultern gelegt. Seine Schirmmütze warf einen langen Schatten, der knapp über dem Mund endete. Linksfuß hatte einen enormen Überbiss. Als ich seine labbrige Hand griff, grinste er. »Schön, dass das geklappt hat«, sagte er.

Ich war mir nicht sicher, ob ich unsere Meinungsverschiedenheit ansprechen sollte. »Wegen der Sache am Telefon ...«, sagte ich. Linksfuß winkte ab. Ein Türspalt gab den Blick ins Wohnzimmer frei. Ich sah viel Gold, Glas und Grün. Von allem ein bisschen zu viel. Über dem Sofa spannten sich Schonbezüge. »Wollnwer erst in den Keller?«, fragte Linksfuß. Ich zögerte. In meinem Zustand wollte ich ungern in einen miefigen Raum. Ich fürchtete, das könnte enden wie auf dem Parkplatz. Aber Linksfuß tastete sich schon vor mir die Treppe hinab.

»Wann beginnt denn der Wettbewerb?«, fragte ich.

Er sah auf seine Uhr und sagte: »Die Tauben sind seit zwei Stunden unterwegs.«

Ich wusste nicht, was das für mich bedeutete, aber ich versäumte es zu fragen. Linksfuß öffnete eine Tür mit Glasfenster, griff um die Ecke und knipste einen Lichtschalter an. Eine Glühbirne flackerte und wurde hell. Eine Vitrine glänzte im matten Licht. Ich sah Pokale, Urkunden, überall Bilder von Tauben, Wimpel und Teller. Einiges hatte Linksfuß nicht mal ausgepackt. In einem Regal stapelten sich eingeschweißte Pakete. Es sah aus wie in einer Pokalhandlung.

Auf einem Tisch in der Mitte stand eine doppelstöckige Trophäe. Das Fundament war aus Holz, darauf saß eine goldene Taube, die einen silbernen Kelch auf ihrem Rücken trug. Der Kelchdeckel war bedeckt von einer dicken Staubschicht. Ungefähr so, wie der Deckel aussah, fühlte sich mein Mund an. Linksfuß wischte mit dem Finger über die Oberfläche. Dann drehte er den Finger im Lichtschein, als könnte er daran irgendwas ablesen. Den Staub schmierte er wie einen Popel in seine Strickjacke.

Auf einer großen Münze las ich: »Goldene Medaille der Brieftaubenzüchter«.

»Mannomann. Das ist ja Wahnsinn«, sagte ich.

Linksfuß klang eher gequält als stolz. »Ich nehm schon seit fuffzehn Jahren keine Preise mehr an«, sagte er. »Ich weiß nicht mehr, wohin damit.« Es klang, als spräche er über Grünabfall. Mir war nicht klar, ob er sich darüber beklagte, dass ihm der Platz ausgegangen war oder darüber, dass er immer gewann.

Es roch nach altem Papier. Mir wurde schwummrig. Ich

musste mich am Türrahmen festhalten. Linksfuß knipste das Licht aus. Ich fragte: »Wollen wir dann gleich los?«

Linksfuß drehte sich zu mir um und fragte: »Wohin wollen Sie denn?«

Ich war davon ausgegangen, dass wir uns bei ihm nur trafen, um dann zusammen zum 500. Preisflug zu fahren. Jetzt erfuhr ich von ihm, dass es die Veranstaltung so, wie ich sie mir vorstellte, gar nicht gab. Seine Tauben hatte Linksfuß am Vorabend im Vereinsheim abgegeben. Ein Transporter, den er Kabinenwagen nannte, hatte sie über Nacht mit Tausenden anderen Tieren nach Ulm gefahren. Dort waren sie am Morgen freigelassen worden. Inzwischen befanden sie sich auf dem Rückweg. Der Wettkampf hatte begonnen. Für die Züchter war der Preisflug nicht ganz so anstrengend. Sie mussten nur warten. Linksfuß wartete zu Hause.

»Und wann sind die Vögel dann …«

»Zurück?«, fragte er.

»Ja.«

Linksfuß kratzte sich an der Wange. »Siebenhundertachtzig Kilometer, das sind, na lassenses sieben Stunden sein«, murmelte er. »So um drei.«

Ich erschrak. Fünf Stunden? Als ich auf die Uhr sah, beruhigte ich mich etwas. Es war fast elf. Gut, noch vier Stunden. Das wird schon irgendwie gehen, dachte ich.

»Und dann geht's ins Vereinsheim«, sagte Linksfuß. Er zupfte an meinem Hemd und zog mich in den Waschkeller. »Kommse, ich zeig Ihnen mal die Tauben«, sagte er und brachte mich zu einer Treppe, die in den Hinterhof führte. Der Rasen war ebenso makellos wie vor dem Haus. Aber in der Mitte stand auf vier Pfeilern eine containergroße Holzhütte. Es sah aus, als sei sie soeben gelandet. Zum Eingang gelangte man über eine Leiter. »Da hoch«, sagte Linksfuß und scheuchte mich die Treppe rauf. Schon vor der Tür stank es nach Kot und Federn. Aber im Vergleich zu drinnen war das noch sehr dezent. Die Tiere hockten in kleinen Holzkästen hinter Gittern. Einige Boxen waren leer. Mein Kopf pochte. Ich wollte wieder raus, aber Linksfuß stand hinter mir.

»Da sind die kleinen Racker«, sagte er, schob ein Gitter zur Seite, griff die Taube dahinter und hielt sie mit beiden Händen wie einen Klumpen Sand, der sonst zu zerrieseln drohte. Mit der Oberseite seines Zeigefingers strich er dem Vogel über den Bauch. Dabei sagte er: »Jooo.« Es sah aus, als wolle er den Klumpen formen. Die Taube gurrte.

»Hat die einen Namen?«, fragte ich.

»Das ist die Siebendreiundsiebzig«, sagte Linksfuß.

»Ist 'ne schöne Taube«, sagte ich.

»Ja, du bis' 'ne ganz Hübsche«, sagte Linksfuß.

»Warum ist die nicht unterwegs?«, fragte ich.

Linksfuß faltete das Tier auseinander, lächelte milde und sagte: »Das ist der Clou.« Er schien sich über die Frage zu freuen, denn sie gab ihm die Möglichkeit, seine Philosophie von Grund auf zu erklären. Ich hatte befürchtet, dass so etwas passieren könnte. Linksfuß ließ die Taube zurück in ihre Zelle schlüpfen. Seine Hände brauchte er für die Erklärung. »Das ist die Taube«, sagte er und ballte seine linke Hand zur Faust. »Das hier ist der Täuberich«, sagte er und ballte seine rechte. »Ist 'ne raffinierte Sache«, sagte er, hatte aber schon wieder vergessen, wie er die Tauben zugeordnet hatte. »Ach was«, sagte er, und wie sich herausstellte, brauchte er die Hände zum Erklären doch nicht. Die Methode war tatsächlich einfach, wahrscheinlich auch sehr wirkungsvoll, aber man konnte sie für gemein halten. Linksfuß sah das natürlich anders. Er machte sich zunutze, dass Tauben sich im Leben nur einmal für einen Partner entscheiden. Die Partnerwahl übernahm er für sie. Gegen Ende des Jahres steckte er zwei Tiere zusammen in einen Käfig. Sie fanden zusammen. Das Weibchen legte Eier. Und wenn alles nach einer glücklichen Familie aussah, nahm Linksfuß das Männchen heraus.

Der Taubengestank vernebelte mir immer mehr den Kopf. Ich versuchte, Linksfuß weiter zu folgen, aber es fiel mir sehr schwer. Als ich glaubte, das Prinzip verstanden zu haben, wollte ich die Ausführungen etwas beschleunigen: »Und weil der Taubenmann zu seiner Taubenfrau will, fliegt er schneller nach Hause«, sagte ich.

»Moment, Moment. So einfach ist das nicht«, sagte Linksfuß. Dann war es aber doch so einfach. Nur fehlten verschiedene Zwischenschritte. Unter anderem der letzte, und auf den war Linksfuß besonders stolz. Kurz vor dem Start setzte er den Taubenmann in eine Box neben der Taubenfrau. Durch ein Guckloch sah der Taubenmann, wie sein Weibchen Besuch von einem anderen Vogel bekam. Danach konnte Linksfuß den Taubenmann aussetzen, wo er wollte. Innerhalb von Stunden war er zurück.

»Dat is genial«, sagte Linksfuß und meinte seine Idee. Ich war mir nicht sicher, ob er sich das alles selbst ausgedacht hatte. Zugetraut hätte ich es ihm.

Linksfuß hatte mit der Methode gute Erfahrungen gemacht. Er zählte seine Titel auf: »Acht Mal Vereinschampion, drei Mal Verbandsmeister, zwei Mal Landesmeister, Deutscher Meister 1991, Weitstreckenmeister 2004.« Er sagte, er könne die Liste endlos fortsetzen. Ich war froh, dass er es nicht tat. Stattdessen erzählte er von seiner alten Strategie. Mit der hatte er nicht so gute Erfahrungen gemacht. In den ersten Jahren hatte er beide Geschlechter zusammen auf die Reise geschickt. Auch da waren die Tiere zurückgekommen. Aber einmal saßen sie nach ihrer Rückkehr eine Stunde lang turtelnd auf dem Dach. Offiziell angekommen waren sie erst, wenn sie wieder im Schlag saßen.

»Konnten Sie die Tauben nicht einfangen?«, fragte ich.

»Habe ich gemacht. Und dann kamen sie in den Topf«, sagte er. So verfuhr er immer mit Tieren, die nicht seinen Erwartungen entsprachen. Ich vermutete, als Strafe. Linksfuß sah darin eher eine Erlösung. »Wenn der sportliche Erfolg ausbleibt, dann bringt's doch auch für die Tauben nichts«, sagte er.

Linksfuß erzählte, wie er seine Tiere bei einem der ersten Trainingsflüge vor Jahrzehnten in der Nähe einer Bahnlinie aus dem Wagen gelassen hatte. Danach brauchte er neue. Die alten konnte er nicht mal bestrafen. Meine Nase begann, sich mit dem Gestank zu arrangieren. Ich spürte sogar leichtes Interesse an dem, was Linksfuß erzählte. Er bemerkte das und sagte: »Wenn Sie sich für Tauben interessieren – am nächsten Samstag veranstalten wir einen Schnuppertag.«

Beim Wort »Schnuppertag« wurde mir schwarz vor Augen. Ich kippte um. Als ich wieder zu mir kam, lag ich auf dem Rasen vor dem Taubenschlag und hörte, wie jemand »Hallo, Hallo« sagte. Das verschwommene Bild nahm langsam wieder Kontur an. Hermann Linksfuß war nun dreißig Jahre jünger. Ich stützte mich auf die Ellenbogen und sah Sternchen. »Beine hoch«, sagte die Stimme. Dann tauchte ein weiterer Hermann Linksfuß auf. Er war ungefähr so alt wie der, den ich aus dem Taubenschlag kannte. Erst da begriff ich, dass der andere sein Sohn war.

Ich richtete mich auf und trank das Glas Wasser, das Linksfuß mir reichte. Dann sah ich einen dritten Mann, der mich ebenfalls von oben anschaute. Sein Gesicht hatte ich noch nie gesehen, aber seine Stimme kam mir bekannt vor. Es war Klaus Schnoor. Er half mir hoch, stützte mich und führte mich ins Wohnzimmer.

Zu viert saßen wir auf der Sitzgarnitur mit den Schonbezügen. Als ich wieder halbwegs bei Sinnen war, fragte der alte Linksfuß: »Was war denn los?«

»Ich glaub Kreislauf. Ich hab noch nichts gegessen.«

Linksfuß wies seinen Sohn an, mir ein Brot zu schmieren. Der Sohn hatte den gleichen Überbiss wie sein Vater und schon leicht graue Haare. Er brachte ein Brot mit Käse. Ich bedankte mich und würgte ein paar Bissen herunter.

»Sie können auch 'n andernmal wiederkommen, wenn's Ihnen nich gut geht«, sagte der alte Linksfuß. Aber das wollte ich auf keinen Fall.

»Nee, nee, alles wieder in Ordnung«, sagte ich.

»Wennse sicher sind …«, sagte Linksfuß.

Ich fragte seinen Sohn, ob er auch Züchter sei. Klaus Schnoor lachte laut auf, als hätte ich gefragt, ob er eigentlich wisse, was Regen ist.

»Lars is' unser amtierender Vereinsmeister«, sagte Schnoor. »Und mit seinen Kaninchen isser noch erfolgreicher. Nech, Lars?« Lars verschränkte die Hände und nickte. »Da müssense mal kommen und sich die ansehen«, sagte Schnoor.

»Das werd' ich mal machen«, sagte ich und biss in mein Brot.

»Könnwer auch jetzt machen«, sagte Linksfuß. Schnoor und sein Sohn nickten.

»Dann los«, sagte Schnoor.

Die Kaninchenställe standen auf seinem Grundstück. Er

wohnte nebenan. Sein Haus war weiß verputzt und noch feucht vom Rasensprenger. Wir stiegen über eine kleine Mauer und liefen vorbei an einer Veranda. Hinten schloss sich ein Waldstück an. Unter einem Baum stand ein großer Holzschuppen. »So, da müssenwer rein«, sagte Schnoor. Den Schuppen hatte er Lars zur Verfügung gestellt, weil bei Familie Linksfuß die Tauben alles vereinnahmten.

Auch im Kaninchenstall roch es streng, aber im Vergleich zum Taubengestank war der Mief fast wohltuend. Lars Linksfuß legte einen Bügel um und öffnete eine Stalltür. Das Kaninchen versuchte sich zu retten, indem es im Kreis hoppelte. Aber den Trick kannte Lars. Er packte es am Schlafittchen und zog es heraus. Ich sparte mir die Frage nach dem Namen und sagte gleich, das sei ein schönes Tier. »Das ist die Annalena«, sagte er.

»Die hat schon ordentlich abgeräumt«, sagte Schnoor.

»Nu erzähl doch mal, Lars«, sagte Vater Linksfuß. Und jetzt, wo Lars ein Kaninchen auf dem Arm hatte, konnte auch er sprechen.

»Da ist man natürlich stolz, wenn man so eins hat«, sagte er, verstummte aber sofort wieder und vertiefte sich ins Streicheln.

Sein Vater ergänzte: »Mit der Annalena ist er Landesmeister geworden.«

Das Kaninchen war rotbraun und für meinen Geschmack etwas dünn. Ich sah in die anderen Ställe, um es zu vergleichen. Alle Tiere waren rotbraun und, soweit ich das durch das Gitter sehen konnte, ebenfalls dünn. Ich sah keinen großen Unterschied.

»Woran sieht man denn, dass ein Kaninchen perfekt ist?«, fragte ich.

Lars Linksfuß griff die Ohren des Tieres, zog sie nach hinten und fuhr mit dem Finger über dessen Wange. »Die Zähne müssen schön sein, das Fell so gleichmäßig wie hier.« Er stopfte Annalena zurück in ihren Stall, öffnete den nächsten und holte ein anderes Kaninchen heraus. Auf den ersten Blick war es völlig identisch. Er strich über das Fell und zeigte mir auch dessen Zähne. »Hier, sehen Sie? Überbiss. Und dann überall diese weißen Härchen. Das ist nichts für den Wettbewerb. Das ist was für den Kochtopf«, sagte er.

Ich sah Lars Linksfuß an. Den Überbiss. Die grauen Strähnen. Nach seinen eigenen Kriterien war auch er nicht so der Wettkampftyp.

»Das muss man wegkreuzen«, sagte er. Fell, Farbe, Form – das müsse alles eine Einheit ergeben. »Man will ja auch gewinnen.« Lars Linksfuß erzählte, dass er manchmal abends vor dem Kaninchenstall stehe und sich die Frage stelle: Wie würde der Wettkampfrichter entscheiden? Hermann Linksfuß nickte, als kenne er das gut.

»Der Lars is 'n ganz Ehrgeiziger«, sagte Klaus Schnoor.

»Ja, das isser. Manchmal auch 'n bisschen zu ehrgeizig, nech Lars?«, sagte Vater Linksfuß.

»Ach Hermann, is doch gut«, sagte Schnoor, aber Linksfuß blieb dabei.

»Der macht ja sonst nichts anderes«, sagte er, und zu mir gewandt etwas leiser: »Mit Frauen hat er's auch nicht so.«

Lars Linksfuß reagierte nicht. Um das Gespräch zurück auf die Kaninchen zu lenken, fragte ich: »Und wie heißt das hier?«

»Einsdreiundvierzig«, sagte Linksfuß und setzte es zurück in den Käfig.

Auf dem Rückweg fragte ich Hermann Linksfuß, wie er zu den Tauben gekommen sei.

»Zufall«, sagte er. Sein Vater habe Tauben gehabt. Und

der habe ihm irgendwann eine geschenkt. Später dann noch eine. Ich fand, das war eher das Gegenteil von Zufall, stimmte ihm aber zu. Linksfuß erzählte, dass er es so auch mit seinem Sohn gemacht hatte. Und es hatte ja auch geklappt. Die Züchterei war wie eine Erbkrankheit. Allerdings eine, die sich nicht so leicht wegkreuzen ließ.

Angeregt von seinem Nachbarn erzählte auch Klaus Schnoor seine Geschichte. Sie klang etwas anders. Schnoor war Polier gewesen und hatte mit nicht mal vierzig in Frührente gehen müssen. Danach hatte er wochenlang tatenlos zu Hause gesessen. Seine Frau hatte gesagt: »Du musst dir ein Hobby suchen.« Und weil ein Nachbar ihm zu Tauben riet, kaufte Schnoor sich Tauben. Seine Frau bereute ihren Rat sehr schnell, denn seitdem blieben die beiden in den Ferien zu Hause. Die Wochenenden richteten sich nach den Preisflügen. Selbst, wann es Abendessen gab, hing von den Tauben ab.

Immerhin hatte Schnoor seine Frau inzwischen dazu bringen können, die Vögel manchmal feizulassen, wenn er selbst keine Zeit hatte. Ich vermutete, sie tat das vielleicht auch in der Hoffnung, dass sie davonflogen und nicht mehr zurückkehrten. Schnoor hatte diese Vermutung nicht.

Ich fragte, ob es nicht langsam Zeit sei, nach den Brieftauben zu sehen. Schnoor sagte, das hätte er fast vergessen. Wieder stiegen wir im Garten die Leiter hoch. Und als Linksfuß da tatsächlich zwei zurückgekehrte Tauben fand, sagte er: »Das gibt's doch gar nicht.« Er schien völlig überrascht zu sein, dass die Vögel den Rückweg in der von ihm prognostizierten Zeit geschafft hatten.

»Da muss ich ja gleich auch mal kucken«, sagte Schnoor.

Kurz darauf rief er von zu Hause an, um mitzuteilen, dass auch seine Tauben zurück seien. Das schreckte Linksfuß noch mehr auf. »Wenn die auch schon wieder da sind, muss der Wind aber günstig stehen«, sagte er.

Im gleichen Moment hörten wir ein Flattern. Eine Taube kletterte in den Schlag. Wieder ein Flattern. Die nächste Taube flog herein. Hermann Linksfuß war begeistert. »Das ist der Nervenkitzel an diesem Sport«, sagte er.

Wir kletterten die Leiter herab. Auf dem Rasen bat ich Linksfuß um ein Foto vor seinem Taubenhaus. Er sagte, sein Sohn müsse mit aufs Bild. Und Klaus Schnoor. Mit Mühe konnte ich ihm erklären, dass es hier nur um ihn ging – und um seinen 500. Preisflug. Das verstand er. Als dann Klaus Schnoor um die Ecke kam, stellte er sich trotzdem daneben. Schnoor fand, es fehlten Tauben. Beide stiegen wieder rauf, jeder holte sich eine aus den Käfigen. Dann kletterten sie wieder runter und hielten die Tiere mit beiden Händen in die Kamera.

Es war vier Uhr. Ich sagte, ich hätte dann ja wohl alles gesehen und kündigte an, mich wieder auf den Weg zu machen. Linksfuß nahm meine Hand und gab mir einen freundschaftlichen Klaps auf den Arm. »Kommse gerne wieder«, sagte er.

Ich war schon auf dem Weg zum Auto, da fiel mir ein, dass ich für den Artikel über Linksfuß noch die Ergebnisse brauchte. Es war ja nicht unwahrscheinlich, dass er wieder gewonnen hatte. Ich fragte Klaus Schnoor, ob ich deswegen vielleicht abends noch anrufen könnte. Er sagte, am Mittwoch werde er das Fax schicken. So lange müsse ich mich schon gedulden.

RADIO-THERAPIE

Leichte Wellen schlugen gegen den Badewannenrand. Es klang, als hätte ich mir einen Schwamm ins Ohr gestopft. Ich schüttelte meinen Kopf und verrenkte meinen Mund so lange, bis sich die Wasserblase löste und warm aus meinem Gehörgang floss. Auf dem Stuhl neben der Badewanne perlten Tropfen von einer kalten Flasche Bier. Im Flur klingelte das Telefon. Ich tauchte unter und versuchte, so lange die Luft anzuhalten, bis es aufgehört hatte. Als ich den Kopf aus dem Wasser hob, klingelte es noch immer. Ich wagte einen zweiten Versuch, aber es hörte nicht auf. Ich stemmte mich hoch, zog das Badetuch von der Stange an der Wand. Der Saum fiel ins Badewasser. Als ein Bein schon draußen stand, verstummte das Telefon. Ich setzte mich wieder in die Wanne, da begann es erneut zu bimmeln.

Wenn jemand es am Freitagabend zwei Mal hintereinander so hartnäckig versucht, muss es wichtig sein, dachte ich. Tropfend tapste ich in den Flur, schnappte mir das Handy und kletterte zurück in die Wanne. Die Nummer im Display sagte mir nichts. Vielleicht ein alter Freund, der gerade in der Stadt war, dachte ich und wählte. Es tutete drei Mal.

»Artos PR Gömmel«, sagte eine Stimme. Ich bereute meinen Anruf augenblicklich.

»Sie hatten versucht, mich zu erreichen«, sagte ich.

»Herr Kügler?«, fragte der Mann in der Leitung. Ich war erleichtert und wollte gerade wieder auflegen. Da sagte die Stimme: »Ach, Herr Heimann, schön, dass Sie zurückrufen.«

»Entschuldigen Sie, wer spricht da?«, fragte ich.

»Gömmel. Artos PR. Tut mir leid, dass ich Sie so spät anrufe. Ich hoffe, ich störe nicht.«

»Ich sitze in der Badewanne«, sagte ich.

»Dann ist's ja gut. Herr Heimann, ich hätte da vielleicht was für Sie. Darf ich es Ihnen kurz vorstellen?«

»Vielleicht können wir am Montag ...«

»Es dauert wirklich nur einen kleinen Moment.«

»Na, dann machen Sie's kurz.«

»Ausgezeichnet, Herr Heimann. Ich glaube, ich habe da etwas wirklich Interessantes für Sie. Ich vertrete nämlich Wanda Krauses Beauty-World. Das ist ein neues exklusives Studio für Beauty, Hairstyle und Day-Spa in Borkendorf. Wär' das nicht mal ein spannendes Thema für Sie?«

»Ich glaube, ich habe das Thema noch nicht ganz verstanden«, sagte ich.

»Dann erklär ich's noch mal kurz, Herr Heimann«, sagte Gömmel. Ich lehnte mich zurück, schaute an die Decke und sah über mir ein halb fertiges Spinnennetz. Die Spinne zappelte, als hätte sie sich in ihrer eigenen Falle verfangen. Ich beobachtete sie und ließ mich gedankenlos von Gömmels Worten berieseln.

»Die Beauty-World ist ein Konzept, das sich aus mehreren Welten zusammensetzt«, sagte er, »das Oberthema ist City-Life. Da geht es um Hair-Wellness-Service, Color-Services und Styling-Concepts.«

»Es geht um einen Friseur?«, fragte ich.

»Wenn Sie so wollen, ja. Auch«, sagte Gömmel.

»Und wann macht der Laden auf?«, fragte ich.

»Das wäre in der kommenden Woche. Am Samstag. Soll ich noch schnell was zu den Extra Services sagen?«

»Danke, fürs Erste reicht das schon.«

»Ganz kurz in zwei Sätzen vielleicht?«

»Schicken Sie's einfach per Mail an die Redaktion.«

»Das machen wir so, Herr Heimann. Vielen, vielen Dank noch einmal. Und Ihnen ein entspanntes Wochenende.«

Als er aufgelegt hatte, hängte ich meinen Arm aus der Wanne, um das Handy aus sicherer Höhe auf den Teppich fallen zu lassen. Es schlug knapp daneben auf die Fliesen. Die Batterieschale sprang auf, der Akku rutschte in eine Pfütze. Beim Aussteigen stieß ich die Flasche vom Stuhl. Ein dicker Bierstrahl ergoss sich über den Teppich. Ich warf das Badetuch auf die Überschwemmung und trank das Bier mit einem Schluck aus.

- - - - - - - - -

Am Montag auf dem Weg nach Borkendorf hatte ich plötzlich Angst, die Kontrolle über meine Termine zu verlieren. Ich erinnerte mich noch vage an eine Pressekonferenz in der ersten Wochenhälfte. Aber mir wollte nicht einfallen, wann sie stattfand, wer sie veranstaltete und wo ich das alles aufgeschrieben hatte. In der Redaktion durchblätterte ich hastig zwei Notizblöcke, die ich in meiner Tasche wiederfand. Ich fragte Silke, die aber ebenfalls von nichts wusste. Und ich suchte in meinem E-Mail-Postfach, aber da lag nur die Nachricht von Gömmel. Den hatte ich auch vergessen.

Gömmel hatte gleich nach unserem Gespräch geschrieben. Die Mail war um 23 Uhr 24 angekommen. Er hatte sie mit Anhängen beladen. Gömmel schrieb:

Sehr geehrter Herr Heimann,
vielen Dank für das nette Gespräch am Freitag. Ich
habe mir erlaubt, Ihnen einige hilfreiche Informationen

über Wanda Krauses Beauty-World anzuhängen. Wanda Krause würde Sie sehr gerne am Mittwochmorgen um 8 Uhr begrüßen. Teilen Sie mir doch bitte mit, ob das von Ihrer Seite aus in Ordnung geht.
Herzlichst, Ihr Reinhard Gömmel M. A.

Mit einigen hilfreichen Informationen meinte er:
– eine dreiseitige Werbebroschüre über Wanda Krauses Beauty-World
– eine Pressemitteilung mit dem Titel »Exklusives Wellness Feeling«
– einen doppelseitigen Artikel aus der Frauenzeitschrift »Sandy«, in dem es um Day-Spa ging. Allerdings in Island
– ein schlecht belichtetes Foto von einem leeren Friseur-salon (unbeschriftet)
– eine unverschämte Preisliste
– eine Videodatei mit einem Wanda-Krause-Interview, das ich mir ohne Ton ansah
– einen Flyer der Firma Artos PR, deren einziger Mitarbei-ter Gömmel zu sein schien.

Den Film löschte ich, alles andere druckte ich aus und legte es auf einen Papierstapel, wo es gegen Mittag unter anderen ausgedruckten E-Mails verschwunden war. In meine Antwort schrieb ich:

Lieber Herr Gömmel,
besten Dank für die ganzen Unterlagen. Mittwoch passt mir eigentlich gut. Aber ginge es vielleicht auch etwas später?
Viele Grüße, Ralf Heimann

Gömmel schrieb gleich zurück:

Sehr geehrter Herr Heimann,
vielen Dank für Ihre E-Mail. Ich habe gerade mit Frau
Krause gesprochen. Wie wäre es mit 8 Uhr 30?
Herzlichst, Ihr Reinhard Gömmel M. A.

Ahnend, dass dies der Beginn einer endlosen Korrespondenz sein könnte, wählte ich Gömmels Nummer. Er war gleich dran. »Hallo Herr Heimann, ich freue mich, von Ihnen zu hören«, sagte er. Ich erklärte, dass ich mit später eher einen Termin in Richtung Mittag gemeint hatte. Ich müsse ja morgens erst anreisen. Dabei betonte ich das Wort »anreisen«, damit es nach mehr klang als einer Fahrt zur Arbeit. Gömmel blies etwas Luft in den Hörer. »Das muss ich mit Frau Krause besprechen«, sagte er und versprach, sich zu melden.

Kurz darauf schrieb er:

Sehr geehrter Herr Heimann,
vielen Dank für das nette Gespräch. Ich habe mit Frau
Krause gesprochen. Leider lässt ihr enger Zeitplan
keinen wesentlich späteren Termin zu. Aber ich kann
Ihnen 8 Uhr 45 anbieten.
Herzlichst, Ihr Reinhard Gömmel M. A.

Um dem Ganzen ein Ende zu bereiten, sagte ich zu, beschloss aber, erst um neun zu kommen und alles auf einen Stau zu schieben. So war immerhin eine Stunde gewonnen.

Ganz so gut war die Idee dann aber doch nicht. Wanda Krause sah demonstrativ auf die Uhr, als ich um kurz nach neun ihren Beauty-Salon betrat. Die Erklärung mit dem Stau nahm sie hin. Aber dann schaltete sich eine blonde

Frau mit einem bunten Ranken-Tattoo auf dem Handrücken ein, die wissen wollte, woher ich gekommen sei.

»Aha«, sagte sie, »das ist ja seltsam. Vor 'ner halben Stunde war da noch alles frei.«

»Vielleicht ein Unfall?«, sagte ich.

»Vielleicht«, sagte die Blonde.

Wanda Krause tippte drei Mal mit ihrem Finger auf die Uhr.

»Wir haben nicht viel Zeit«, sagte sie. Ich hängte meine Jacke über einen Bügel, nahm den Block aus der Tasche und sagte, ich sei dann so weit. Aber sie war schon weg.

»Frau Krause kommt gleich wieder«, sagte die Blonde und bot mir einen Platz an.

Auf einem weiß lackierten Korbhocker lagen drei mildgrüne Handtücher, gefaltet und wie ein Geschenk mit einer roten Schleife umwickelt. Vor großen Spiegeln steckten metallene Stuhlsockel im Boden. Die Ledersessel darauf sahen aus wie aufgeblasen. Nur der Müllcontainer vor dem Schaufenster passte nicht ganz ins Bild. Und wahrscheinlich sollte auch der Panflötenklangteppich etwas anderes erreichen als das, was er in mir bewirkte: Ich wurde ungeduldig.

Nach ein paar Minuten sagte die blonde Frau, ich könne schon mal mitkommen. Sie führte mich durch einen Vorhang in einen zweiten Raum. Dort flackerten auf einem Beistelltisch fünf unterschiedlich große Kerzen. Ein dunkelhäutiger Mann bearbeitete den Rücken einer nackten Frau, die vor ihm mit geschlossenen Augen auf einer Liege dämmerte und von der Hüfte abwärts mit einem Handtuch bedeckt war.

»Das ist unser Deef«, sagte die Blonde. »Der Deef kann Ihnen schon mal 'n bisschen was erzählen.« Dave drehte sich um, sagte »Hallo« und wandte sich wieder der Frau zu. Er knetete ihren Rücken, als wolle er ihn auswringen. Die Frau lächelte beglückt. Eine Bohrmaschine im Stockwerk über uns übertönte in kurzen Schüben die Panflöten. »Ganz schön laut«, sagte ich. Dave sah hoch zur Decke. Es war ihm unangenehm. »Normalerweise ist es hier ganz ruhig«, sagte er. Die Frau schien der Lärm nicht zu stören.

Ich fragte Dave, ob er mir etwas über den Salon erzählen könne. Er antwortete mit zwei Sätzen, in denen die Wörter »Hairstyle«, »Day-Spa« und »Cosmetics« vorkamen. Dann griff er wieder in den Rücken. Die Frau raunte abwesend: »Ahhhh.«

Ich hörte, wie die Blonde nebenan ein paar Mal »der Deef« sagte und Wanda Krause garstig »der Deef« antwortete. Kurz darauf schob sie hinter mir den Vorhang zur Seite und sagte: »Ah, Sie haben unseren Deef schon kennengelernt.« Ich war irritiert, sagte aber nichts.

»Setzen wir uns doch am besten drüben hin. Dann kann der Deef hier in Ruhe weitermachen«, sagte Wanda Krause. Ich wollte Dave noch schnell die Hand reichen. Aber er war so vertieft ins Kneten, dass er den Versuch gar nicht wahrnahm.

Ich folgte Wanda Krause in einen dritten Raum. Dort wuchs neben einem Liegestuhl ein Teleskoparm aus dem Boden, an dessen Ende ein Tablett in Form einer Niere befestigt war. Die Ampullen, Fläschchen und Gläser in den Regalen reichten wahrscheinlich für Jahre. Alles war vollgerümpelt. Nur der Rollschrank an der Wand nicht. Auf ihm stand ein Apparat mit vielen Knöpfen.

»Das ist unsere Hexenküche«, sagte Wanda Krause. Wir setzten uns auf zwei Klappstühle vor einen kleinen Tisch. Ich fragte nach dem Gerät auf dem Rollschrank.

»Radiofrequenztherapie«, sagte Wanda Krause.

»Und was macht man damit?«, fragte ich.

»Kollagenfasern ausdehnen«, sagte sie. Als auch das nichts an meiner ratlosen Miene änderte, sah sie mich an wie einen Schwachsinnigen. »Um Falten zu glätten«, sagte sie.

Wanda Krause stand auf, um die Technik vorzuführen. »Das ist fast wie Thermalifting«, sagte sie, nahm einen Griff von der Apparatur und fuhr mit dem oberen Ende über ihren faltigen Unterarm. Wenn ich richtig verstand, was sie erklärte, funktionierte das Ding ganz ähnlich wie ein Bügeleisen, aber das durfte man so nicht sagen. Als sie mit dem Gerät ein paar Mal über ihren Arm gestrichen hatte, hielt sie mir den Arm vors Gesicht und sagte: »Man sieht die Wirkung sofort.« Ich konnte keine Veränderung erkennen.

Wanda Krause erklärte die Therapie so ausführlich, dass ich zwischendurch die Befürchtung hatte, sie könne nicht mehr aufhören. Sie sprach von schmerzfreien und nichtinvasiven Behandlungen und einer fokussierten Therapie. »Klingt kompliziert«, sagte ich.

Wanda Krause stimmte mir zu. »Ja«, sagte sie, das sei alles sehr kompliziert und medizinisch. Deshalb böten auch Ärzte die Therapie an. Es sei aber trotzdem nicht ratsam, zu denen zu gehen. Von Kosmetik hätten die meisten nämlich keine Ahnung. Über uns jaulte die Bohrmaschine. »Schrecklich«, sagte Wanda Krause.

Um das Gespräch von der Radiotherapie zu lösen, sagte ich: »Sie bieten hier ja wirklich eine ganze Menge an.« Die Folge war ein weiterer Vortrag. Er handelte von »Hairstyle«, »Day-Spa« und »Cosmetics«. Wanda Krause hatte ihren Salon in Welten gegliedert. Möglicherweise hielt sie ihr Geschäft für ein Universum.

»Wir bieten Progressive Bio Facial Self Renewal. Revitalizing Treatment. Facial Radiant Skin. Alles natürlich auch als Elemental. Dann haben wir die Avada Special. Und Nature«, sagte sie. Aber das sei erst mal nur die Cosmetics-Welt. Ich war gespannt auf die anderen. Aber erst unterbrach Wanda Krause ihren Vortrag für eine grundsätzliche Erläuterung. »Wissen Sie, Wohlbefinden ist etwas ganz Individuelles«, sagte sie und erklärte, da müsse man sich ganz nach den Wünschen der Gäste richten. »Wir wollen unsere Gäste hier nicht mit irgendeinem Einheitslook beglücken«, sagte sie und wies darauf hin, dass das Wort »beglücken« in Anführungsstriche zu setzen sei. »Die Massage, die der Deef eben vorgeführt hat, die bieten wir eigentlich gar nicht an.« Dass sie nicht sagte, bei ihr sei der Kunde König, lag nur vor allem daran, dass sie in der Beauty-World auf das Wort »Kunde« verzichteten.

»Kunden sind zum Kaufen da. Wir wollen, dass unsere Gäste sich wohl fühlen«, sagte sie.

»Aber zahlen müssen sie auch«, wandte ich ein.

»Ja«, sagte sie, aber es seien jedenfalls Gäste.

Um schnell noch den Rest abzuhandeln, gab ich das Stichwort Hairstyling. Prompt sprudelten wieder Sätze aus Wanda Krause heraus.

»Wie viele Friseure arbeiten hier?«, fragte ich.

»Das macht alles der Deef«, sagte Wanda Krause. Als sie den Satz ausgesprochen hatte, nickte sie weiter.

Ich ahnte, dass das noch nicht alles war und sagte: »Es ist aber kein ganz normaler Friseur?«

»Nein, das ist richtig«, sagte sie. »In unserer Hairstyling-Welt geht es nämlich nicht nur um Beauty, besonders wichtig sind auch hier Stress Revealing, Hair Wellness und ganz exklusiv unser spezieller Colour-Service«.

Wanda Krause erzählte von dem großen Trendthema »City-Leben«. Eigentlich konnte ich mir nicht vorstellen, dass das in Borkendorf eine Rolle spielte. Aber Wanda Krause war sich ziemlich sicher.

»Der Deef führt Ihnen das gern mal vor, wenn Sie noch Zeit haben«, sagte sie. Ich bemühte mich um einen betrübten Gesichtsausdruck und sagte, spätestens in einer Viertelstunde müsse ich leider gehen. Wanda Krause sah über meinen Kopf hinweg und sagte: »Das schaffen wir.« Dann schrie sie laut »Deeeef« in die Panflötenstille. Dave steckte seinen Kopf durch den Vorhang. »Der junge Mann hätte gern einen neuen Look«, sagte sie. Dave drehte sich zu mir und sah mich an, als sei die Aufgabe unlösbar.

Wanda Krause führte mich zu einem Sessel. Dave wuschelte mir durch die Haare. Wanda Krause kommentierte, das sei schon der erste Teil des Programms: die Massage. Dave nebelte meinen Kopf mit einer Sprühflasche ein, fuhr mit zwei Fingern über meinen Kopf. Wo er Haare zu greifen bekam, schnitt er sie ab. Wanda Krause erklärte das jeweilige Stadium. »Das ist eine echte Stress-Revealing-Experience«, sagte sie. Als Dave mir glänzendes Zeug in die Haare knetete, sprach sie von einer »aufregenden Duftreise«. Und nachdem Dave mir den Umhang vom Hals nahm, als lüfte er damit einen Überraschungspreis, fragte sie, ob ich das »Rescue-Renewal-Liquid-Gel« kaufen wolle. Ich lehnte freundlich ab.

Über dem rechten Auge hatte Dave eine Strähne vergessen. Erst sah ich es im Spiegel. Dann entdeckte es auch Wanda. »Deef, was ist das?«, sagte sie, als hätte Dave sein Spielzeug im Flur liegen gelassen. Dave nahm die Schere und stutzte die Strähne.

»Ich würde gern noch ein Foto machen«, sagte ich.

Wanda Krause reagierte, als sei damit überhaupt nicht zu rechnen gewesen. »Von uns? So?«

»Ja, am liebsten von Ihnen«, sagte ich und schlug vor, dafür rauszugehen. Dann sei der Salon mit auf dem Bild, sagte ich.

Wanda Krause war sich nicht sicher. Sie wollte lieber das Radiotherapiegerät auf dem Bild haben. »Das sieht modern aus und ist doch 'ne tolle Werbung«, sagte sie. »Oder?«, fragte sie. Dave und die Blonde stimmten ihr zu. Also gingen wir nicht nach draußen, sondern zurück in den Behandlungsraum. Dave bestand darauf, ein neues Hemd anzuziehen. Mit dem neuen Hemd lehnte er sich an den Liegesitz und grinste, schon bevor ich die Kamera aus der Tasche geholt hatte. Die Blonde wollte unbedingt auf das Radiotherapiegerät zeigen, damit ihr Ranken-Tattoo an der Hand zu sehen war. Wanda Krause ging es vor allem um das Gerät selbst. Sie gestikulierte mit dem Faltenbügelstab – als die Kamera auslöste, hielt sie ihm gerade vor Daves Gesicht.

»Kann man das Tattoo sehen?«, fragte die Blonde. Ich vergrößerte das Foto auf dem Display und suchte ihre Hand, fand aber nicht mal ihren Körper. Das Bild war schwarz. Ich änderte alle Kameraeinstellungen, die mir seltsam vorkamen, aber das veränderte nur sehr wenig. Besser wurde das Foto erst, als ich den Blitz einschaltete. Nun war alles gut zu erkennen – auch Daves geschlossene Augen.

»Ein letzter Versuch«, sagte ich. Wanda Krause sah auf die Uhr. Wieder blitzte es. Das Foto war nicht gut, aber besser als alle vorherigen.

Wanda Krause sagte: »Dann schicken Sie am besten alles an Gömmel. Der leitet es an mich weiter.«

Mir war nicht ganz klar, was sie meinte. Ich fragte, was ich denn an Gömmel schicken solle.

»Die Bilder und den Artikel. Wir werden uns das ja vor der Veröffentlichung wohl noch mal ansehen dürfen.«

»Eigentlich nicht.«

»Wie? Das kann doch nicht sein? Sie können doch nicht einfach irgendwas schreiben, wenn wir das nicht wollen.«

»Doch, theoretisch ginge das.«

Wanda Krause hatte so was noch nie gehört. Sie sagte, das sei ja unglaublich. Ich beruhigte sie und versicherte, dass es so schlimm nicht werden würde. Ich wolle ja nichts aufdecken, sondern nur über ihren neuen Salon schreiben. So richtig glaubte sie es mir trotzdem nicht. Sie sagte, sie müsse noch mal Gömmel fragen.

- - - - - - - - -

In der Redaktion lud ich einen Haufen Prospekte aus meiner Tasche in den Mülleimer. Wanda Krause hatte mir so viel Info-Material eingepackt, wie sie finden konnte. Und sie hatte mir ein Standardwerk über Radiotherapie empfohlen.

Als Dalia mich sah, fragte sie: »Selbst geschnitten?«

Ich sagte: »Nee, ich war im Beauty-Salon.«

»Ich dachte, du hattest 'n Termin?«

»Das war der Termin.«

»Irgendwer hat auch angerufen. Bömmel oder Gömmel oder so.«

»Gömmel. Soll ich zurückrufen?«

»Er sagte, er meldet sich.«

Gömmel hatte es auch auf meinem Handy probiert. Ich drückte die Wahlwiederholung. Er nahm ab, bevor ich ein Tuten hörte.

»Herr Heimann, schön von Ihnen zu hören.«

»Hallo Herr Gömmel, Sie hatten angerufen?«

»Ja, ein paar Mal schon. Ich hatte mit Wanda Krause gesprochen. Ich hab auch schon gehört, Sie hatten ein sehr gutes Gespräch. Es geht nur darum: Sie ist ja im Umgang mit Medien sehr unerfahren. Und sie war sich nicht sicher, ob sie auch das Richtige gesagt hat. Ich weiß natürlich, das ist eigentlich nicht üblich, aber sie bat mich, Sie noch einmal zu fragen, ob sie den Artikel vielleicht einmal kurz vorher ...«

»Herr Gömmel, tut mir wirklich leid. Sie wissen doch, wie das ist.«

»Verstehen Sie mich bitte nicht falsch. Es geht nicht darum, Ihnen etwas vorzuschreiben. Sie möchte nur verhindern, dass etwas Falsches in der Zeitung steht, weil sie sich missverständlich ausgedrückt hat.«

»Herr Gömmel, ich verstehe ja Frau Krauses Sorgen. Ich kann Ihnen den Artikel natürlich zuschicken. Aber ich sage Ihnen vorher: Ich verändere nichts, was nicht wirklich falsch ist.«

»Selbstverständlich nicht. Da können Sie sich auf mich verlassen. Herr Heimann, ich bin Ihnen sehr dankbar.«

Eine halbe Stunde, nachdem ich den Text abgeschickt hatte, rief Gömmel wieder an: »Herr Heimann, wunderbar. Frau Krause ist sehr zufrieden. Das hat ja super geklappt.«

»Das freut mich. Dann wünsche ich Ihnen einen schönen Abend und hoffe, wir hören bald voneinander.«

»Herr Heimann, es geht nur um eine Kleinigkeit. Den Vergleich mit dem Bügeleisen – den hätte Frau Krause nicht so gerne in der Zeitung.«

KIRMES UND KRAWALL

Am Donnerstagmorgen fuhren Kirmeslastwagen am Fenster vorbei. Erst einer, dann kam lange Zeit nichts. Danach wollte die Kolonne gar nicht mehr enden. Pohlmann sagte, die Kirmes in Borkendorf sei die größte in der Region. Karl sagte, das sei Quatsch. Kurz darauf begann nicht weit von uns jemand, gegen Eisenstangen zu schlagen. Schräg gegenüber bauten sie ein Karussell auf. Als eine Stange mit einem metallischen Krachen auf den Asphalt schlug, schrie draußen ein Mann so laut, als hätte die Stange ihn am Kopf getroffen. Aber das war wohl nicht der Fall, denn kurz darauf ging es weiter. Irgendwann kam einer der verschwitzten Arbeiter in die Redaktion und brüllte: »Habt ihr draußen 'nen Wasseranschluss?« So laut, wie er schrie, hätte er sich gar nicht die Mühe machen müssen reinzukommen.

Der Kirmeslärm blieb bis zur Mittagspause. Nach dem Essen mischte sich das mechanische Jaulen von Bohrmaschinen unter das Hämmern. Und je mehr Karussellbauteile sie aneinanderschraubten, desto lauter schrien sie. An Arbeiten war nicht zu denken. Deswegen schlug Carsten vor, Franjo loszuschicken und zwei der vier Seiten, die noch zu machen waren, mit Bildern vom Kirmesaufbau zu füllen. »'ne Bildreportage«, sagte Karl. Damit war die Entscheidung auch journalistisch gerechtfertigt. Dalia und Brohmschulte hatten frei. Es gab keine weiteren Diskussionen.

Franjo fluchte ins Telefon, das hätten wir uns auch mal

eher überlegen können, womit er recht hatte. Allerdings reagierte er auch nicht anders, wenn man ihm eine Woche vorher Bescheid sagte.

»Du fährst da also vorbei?«, fragte ich.

»Geht ja nicht anders«, sagte er und legte auf.

Damit waren wir so gut wie fertig. Norbert kochte Kaffee. Carsten, Pohlmann, Karl, Rita und ich saßen auf einem Tisch hinten in der Redaktion. Da klopfte es.

»Herein«, rief Norbert. Die Tür war nicht abgeschlossen. Ein Mann mit grüner Trainingshose und Schirmmütze betrat den Raum. Seine Nase war groß wie ein Schnabel. In der Hand hielt er blaue Kärtchen.

»Bummelpässe. Wo soll ich die hinlegen?«, fragte er.

»Johnny«, rief Norbert.

»Nobbi«, rief Johnny, kam zu uns rüber, umarmte Norbert und gab ihm die Kärtchen. Aus der Nähe sah ich, dass sie zu kleinen Heftchen zusammengetackert waren. »Könnter verlosen«, sagte Johnny.

Norbert musterte die Pässe. »Werden aber auch immer dünner«, sagte er.

»Jaja«, nuschelte Johnny.

Norbert blätterte in dem Heftchen wie in einem Daumenkino. »Was is denn dieses Jahr dabei? Pommes ohne alles, Freifahrt im Kinderkarussell, Dosenwerfen. Dat is aber mau.«

»Wat soll ich machen? Schlechte Zeiten«, sagte Johnny.

»Wir setzense rein«, sagte Norbert und warf die Pässe auf seinen Schreibtisch.

»Fünf könnter verlosen, drei sind für euch«, sagte Johnny, lüftete seine Glatze und ging wieder.

Um kurz vor sechs warteten wir noch immer auf Franjos Fotos.

»Jetzt wärnwer auch ohne Bilderseite fertig«, sagte Norbert

»Jetzt ist's auch egal«, sagte Karl.

Kurz darauf rief Franjo an. Als er erzählte, er habe eine E-Mail geschickt und fünfzig Bilder angehängt, war Karl das nicht mehr ganz so egal. Er brüllte ins Telefon: »Du hast was gemacht? Fünfzig Bilder per E-Mail? Sag mal, hast du noch alle Latten am Zaun? Du kommst jetzt mit deiner Scheißkamera hierher und lieferst die Bilder ab.« Dann legte er auf.

»Das hättste auch 'n bisschen freundlicher sagen können«, sagte Norbert.

»Anders versteht der's ja nicht«, sagte Karl.

Franjo kam natürlich nicht vorbei. Es dauerte fast vierzig Minuten, bis der Mailserver das Datenungetüm durch die Leitung gepumpt hatte. Als Karl die Bilder sah, bekam er den nächsten Wutanfall. In die Panorama-Aufnahmen vom Kirmesplatz ragte ein Scheibenwischer.

»Was ist das denn?«, rief Karl.

»Ist der wieder nicht ausgestiegen?«, fragte Norbert.

»Ich krieg die Krise.«

Die anderen Bilder hatte er noch gar nicht gesehen. Um die Raupe zu fotografieren, hatte Franjo gezwungenermaßen den Wagen verlassen. Aber er hatte vergessen, den Autofokus einzuschalten. Die Bilder sahen aus, als hätte er bunte Lichter hinter einer Milchglasscheibe abgelichtet. Karl schärfte das Foto, so gut es ging. Aber es ging nicht allzu gut.

Kurz bevor alles fertig war, sagte Norbert: »Wir haben die Verlosung vergessen.« Das Foto von der Raupe flog wieder raus. Karl fotografierte die Bummelpässe. Norbert sagte: »Wir brauchen eine Preisfrage. Wie wär's mit: Wie viele Karussells stehen auf der Borkendorfer Kirmes?«

Karl hielt es für eine bessere Idee, auf eine Preisfrage zu verzichten. »Wir können froh sein, wenn wir die Dinger überhaupt loswerden«, sagte er und behielt recht.

Es meldeten sich vier Leser. Einer kam gleich am nächsten Morgen vorbei. Seine Frau hatte ihn mit den beiden Kindern geschickt. Er sah den Bummelpass und meckerte: »Da hätte ich mir den Weg in die Stadt ja sparen können.« Dann rechnete er vor, wie viel ihn die Fahrt gekostet hatte. Und da seien noch nicht mal die Kosten für den Anruf drin. Am Ende kam heraus, dass es sich finanziell nicht gelohnt hatte, den Bummelpass abzuholen. Demonstrativ warf er ihn in den Müll. Doch weil beide Kinder bitterlich zu weinen begannen, als sie das sahen, holte er ihn wieder aus dem Eimer. Die Kinder weinten trotzdem weiter.

Nicht lange danach blieb eine Frau mit ihrem Kinderwagen in der Tür stecken. Ich hörte es rumpeln und rechnete mit der nächsten Gewinnerin. Die Frau begrüßte mich mit einem genervten Stöhnen. Das Kind plärrte. Ich hatte den Bummelpass schon in der Hand.

»Und Sie haben auch gewonnen?«, fragte ich. Die Frau sah mich an, als hätte ich gefragt, ob ich ihr Kind kaufen könne.

»Eigentlich wollte ich euch besuchen. Aber den Bummelpass nehm' ich trotzdem«, sagte sie und riss ihn mir aus der Hand. So lernte ich Karin Steffens kennen.

»Das ist aber 'ne Überraschung«, sagte ich.

»Außer dir keiner da?«, fragte sie, griff in den Kinderwagen und holte das schreiende Bündel heraus.

»Äh, ich glaub, gerade ... vielleicht Günter?«

»Und die anderen?«

»Alle unterwegs, müssten aber gleich wiederkommen.«

»Dann warte ich«, sagte sie.

»Und das ist die kleine ...?«

»Maurice Daniel.«

Karin wiegte das Baby vor ihrer Brust hin und her, aber

es beruhigte sich nicht. Einen Moment lang schien es eingeschlafen zu sein. Doch als sie es gerade im Wagen ablegen wollte, brüllte es wieder los. Karin konnte dem Kind so viele Phantasienamen geben, wie sie wollte: Mümmelchen, Häschen, Schnubbelchen, Mäuschen oder Schätzileinchen. Es blieb völlig unbeeindruckt. Es schrie wie aus Leidenschaft. Erst als Karin die nicht ganz abwegige Idee hatte, ihm eine Flasche zu verabreichen, war Ruhe. Das Kind saugte sich fest. Sein Gesicht wurde blasser. Nur die Haare blieben rot. Es hatte einen beuligen Kopf, eng stehende Augen und so große Ohren, dass der Spitzname schon jetzt absehbar war. Mein Gott, ist das Kind hässlich, dachte ich, schämte mich aber sofort für den Gedanken.

»Wie sieht's denn hier aus?«, schimpfte Karin. Sie nahm einen Stapel Zeitungen von einem Schreibtisch, der offenbar mal ihrer gewesen war, aber jetzt nur noch als Ablagefläche diente. »Räumt denn hier keiner mehr auf?«, fragte sie und knallte die Zeitungen auf den Teppich. Sie holte einen Lappen und polierte die Tischplatte. Dann nahm sie sich die Küche vor, ordnete die Tassen im Schrank und ärgerte sich, dass irgendwer die Position der Kaffeetassen verändert hatte. Als Karin mit der Küche fertig war, kam Rita herein. Noch bevor sie sich freuen konnte, musste sie unangenehme Fragen beantworten: Was ist mit dem Schreibtisch passiert? Warum stehen die Kaffeetassen nicht mehr an ihrem Platz? Rita tat, als sei das alles ohne ihr Wissen geschehen. Dabei erinnerte ich mich vage daran, dass sie die Zeitungen auf den Schreibtisch gelegt hatte.

Als Rita das schlafende Baby sah, jubilierte sie: »Die ist ja süß.« Ihr Kopf verschwand vollständig unter dem Wagendach.

»Maurice Daniel«, korrigierte Karin, »es ist ein ›Er‹.«

Rita redete in einer Phantasiesprache auf das Kind ein: »Düdidüdidüdidüdiba.« Auch ihre Hand verschwand unter dem Wagendach. Das Kind wurde wach und begann gleich wieder zu schreien. Karin stürzte sich auf den Kinderwagen. Rita versuchte, in ihrer Phantasiesprache zu trösten. Silke kam dazu. Auch sie sagte, das sei aber eine ganz Süße. Nach und nach trudelten die anderen ein. Pohlmann war entzückt. Er wollte das Kind auf den Arm nehmen. Karin sagte, es sei noch zu klein. Norbert bemerkte, das Baby sei »ganz die Mutter«. Karin freute sich. Ich dachte das Gleiche, hatte mich aber nicht getraut, es zu sagen.

Karl beachtete das Kind nicht. Er setzte sich gleich an seinen Schreibtisch. Während die anderen sich um den Kinderwagen scharten, schrieb er eine E-Mail. Danach stand er auf und sagte, er gehe schnell was essen. Karin gefiel die Idee. »Wollnwer mitgehen?«, fragte sie.

Karl sagte, er wolle wirklich nur ganz schnell zur Pommes-Bude. Karin fand auch das okay.

»Dann gehnwer mit«, sagte Norbert.

Karl sagte: »Dann aber sofort.«

An der Pommes-Bude zeigte Norbert die Bummelpässe vor. Der Budenbesitzer sah uns an, als hätte er uns beim Klauen erwischt. »Machste alle drei mit Rotweiß. Zahl ich dann extra«, sagte Norbert.

Der Budenbesitzer schüttelte den Kopf und sagte. »Gratis-Pommes ist ohne alles.«

Norbert wiederholte: »Ketchup und Majo zahl ich extra.«

Der Budenbesitzer blieb hart. Als Pohlmann von hinten rief, wir seien von der Zeitung, gab es plötzlich kein Problem mehr. »Hätteter ja auch mal sagen können«, sagte der Mann in der Würstchenbude.

Karl fand, wir hätten uns auch schon ein Bier verdient.

Karin sagte: »Ich trink doch kein Bier.« Pohlmann lehnte ebenfalls ab. Rita verzog das Gesicht und sagte: »Nä!« Ich sagte, mir sei das noch zu früh. Norbert bestellte ein Tablett Bier. Als die Gläser auf dem Tisch standen, wehrte sich keiner mehr. Nur Karin verzichtete. Wir tranken auf ihr Wohl – und beim zweiten Bier auf das des Kindes.

Nach dem Essen wollten wir uns von Karin verabschieden. Aber sie hatte gar nicht vor zu gehen. »Ich hab eh nichts zu tun«, sagte sie und beschloss, uns weiter Gesellschaft zu leisten.

Die zwei Bier blieben nicht ohne Wirkung. Rita erzählte von ihrem Urlaub und wollte gar nicht wieder aufhören. Sie lief neben dem Kinderwagen her und schwärmte: »Unglaublich nette Menschen.« Obwohl ich lange zuhörte, begriff ich nicht, wo sie gewesen war. Man kam auch nicht dazwischen. Aber es schien keine Rolle zu spielen. Karin schob den Kinderwagen und nickte.

Es wurde drei Uhr, Karin war noch immer da. Sie setzte sich zu Norbert und sprach das Problem mit dem vollgerümpelten Schreibtisch an. »Kann ich verstehen«, sagte der. Auch er tat so, als wisse er von nichts. »Puh, keine Ahnung«, hörte ich. Karin bat ihn, in Zukunft etwas auf Ordnung zu achten. Er versprach, das zu tun.

Silke erzählte Karin von ihrer neuen Rolle als Mutter. »Eine unglaublich intensive Erfahrung.« Silke sagte, das glaube sie. Dann bestätigte sie noch mal, dass das Kind »wirklich so richtig süß« sei. Kurz darauf fühlte Maurice Daniel sich wieder unwohl. Er brüllte wieder. »Ich hab mich inzwischen dran gewöhnt«, sagte Karin. Silkes Antworten wurden kürzer. Irgendwann sagte sie nur noch ja oder nein. Schließlich wandte sie sich ihrem Monitor zu und begann zu tippen. Als das Telefon klingelte, nahm sie mit einer entschuldigenden Geste den Hörer ab. Nachdem sie aufgelegt hatte, sagte Karin: »Wo war ich stehengeblieben?« Silke wusste es nicht. Aber Karin fiel es wieder ein. »Was man auf dem Spielplatz alles erlebt«, sagte sie. In der Luft lag der unausgesprochene Satz: Bitte geh endlich nach Hause! Karin sagte: »Und das Beste ist: Man hat unendlich viel Zeit.« Wie man sich doch plötzlich wieder über kleine Dinge freue, sagte sie. Wie man sich abends erschöpft in die Arme falle, wenn die ganze Ins-Bett-bring-Prozedur endlich geschafft sei. Die Prozedur beschrieb sie ebenfalls in allen Einzelheiten.

Irgendwann sagte Karin: »Ein Kind ist etwas Wunderbares. Ich freue mich schon auf das zweite.« Und damit hatte sie wieder die gesamte Aufmerksamkeit. Vor allem meine.

»Das Zweite?«, fragte Rita.

»Ja«, sagte Karin, »hab ich nicht erzählt? Ich bin wieder schwanger.«

»Nein, hast du nicht. Herzlichen Glückwunsch! Das ist ja Wahnsinn«, rief Rita.

»Und sagt die ganze Zeit kein Wort. Glückwunsch!«, rief Norbert.

Sogar in Karls Gesicht blitzte ein Lächeln auf. Allerdings galt die Freude wohl weniger dem Kind – eher dem verlängerten Babyurlaub. Und genau der war auch der Grund für meine Sorge. Ich sah Dorkov schon vor mir, wie er mir mitteilte, etwas Unvorhersehbares sei geschehen. Er müsse mich noch mal um einen Gefallen bitten. Aber wirklich das letzte Mal.

Nein, nein, nein, dachte ich.

Rita fragte, wie es denn mit der Arbeit weitergehe, wenn das zweite Kind da sei. Das wäre auch meine Frage gewesen. Und Karin, die sonst alles zu planen, zu ordnen oder aufzuräumen schien, sagte: »Das lassen wir einfach auf uns zukommen.« Rita sagte, das sei ja auch ganz vernünftig. Und Karin erzählte von ihrer ersten Ultraschall-Untersuchung. Als schon keiner mehr damit rechnete, stand sie auf, packte ihre Sachen zusammen und sagte: »So, ich lass euch jetzt mal in Ruhe arbeiten. Maurice Daniel braucht was zu essen.«

Inzwischen war es kurz vor sechs. Carsten fragte, ob ich nachher noch Lust auf Kirmes hätte. Erst am Bierkarussell verstand ich, wie heilfroh alle über die Neuigkeiten waren. Carsten erzählte, wie Karl eine Flasche Prosecco besorgt hatte, nachdem Karin ihre erste Schwangerschaft Dalia per SMS mitgeteilt hatte. Nur Rita hatte das gemein gefunden, dann aber trotzdem mitgetrunken.

Carsten und ich bestellten das dritte Bier. Ich wollte mehr erfahren. »Ach, das ist schon komisch mit Karin«, sagte Carsten. Er selbst war nie mit ihr aneinandergeraten. Aber dafür fast alle anderen. Mit Norbert zum Beispiel habe es oft Ärger gegeben, weil der sich nicht an ihre Regeln halten wollte.

»Welche Regeln?«, fragte ich.

Carsten begann aufzuzählen: »Küchentür immer schließen, keinen Restmüll in die Papiertonne, nichts auf den Teppich werfen, Geschirr sofort in die Spülmaschine, Leergut immer in die dafür vorgesehene Kiste.«

»Schrecklich«, sagte ich.

Aber das war noch nicht alles. Carsten trank den letzten Schluck und fuhr fort, denn Karins Ordnungssinn betraf auch die Zeitung.

»Das Schlimmste für sie sind Hurenkinder«, sagte er.

»Hurenkinder?«

»Wenn oben in der neuen Spalte nur ein Wort steht und dann der Absatz endet.«

»Und was passiert dann?«

»Hysterisches Gekreische. Und dann ein Vortrag.« Carsten versuchte, ihr Kreischen nachzuahmen. »Das geht wirklich überhaupt nicht«, rief er so laut, dass ein breiter Typ in Lederjacke neben uns sich umdrehte und fragte:

»Was geht überhaupt nicht?«

»Äh, Tschuldigung, nichts. Geht nur um 'ne Arbeitskollegin«, sagte Carsten.

Der Mann grinste und antwortete: »Ich glaub, die kenn ich auch.« Dann wandte er sich wieder ab.

Inzwischen verstand ich die Erleichterung über Karins erneute Schwangerschaft, aber ehrliche Freude gelang mir nicht. »Ich fänd's gut, wenn du bleiben würdest«, sagte Carsten. Ich lächelte und stieß mit ihm an. Dann spürte ich einen Schlag. Ich drehte mich um und sah meine Karnevalsbekanntschaft Horst Höllermann.

»Du hier und nicht in Hollywood?«, fragte er.

»Äh, ja, ist ja doch das schönste Karussell hier«, sagte ich.

Horst lachte dreckig. Er bestellte Schnaps. Wir tranken. Ich spürte den Alkohol im Rachen. Horst rief: »Machs uns noch drei.« Es kam mir vor, als sei er dicker geworden, aber vielleicht war es hier auch einfach nur enger. Horst legte seine Hand auf meine Schulter, zog mich zu sich heran und sagte: »Sachma, du wolltest doch noch mal was über mein Lager machen.«

»Ja, äh, klar, könnwer nächste Woche mal drüber sprechen«, sagte ich.

»Ich wollt' eh noch mal vorbeikommen. Ich hab da noch wat für euch«, sagte er.

Carsten unterbrach uns. Er sagte, unser Zug gehe in zehn Minuten. Wir müssten los.

- - - - - - - - -

Am Sonntag begann es zu regnen. Es schüttete stundenlang. Gegen Mittag sagte selbst der Wettermann im Radio, es sei nicht abzusehen, wann der Regen wieder aufhört. Ich stand am Wohnzimmerfenster und sah dem Pärchen aus dem Erdgeschoss gedankenverloren dabei zu, wie sie aufgeregt Umzugskisten aus dem Keller durch den Innenhof schleppten und sich dabei anschrien. Als sie mit den Kisten fertig waren, retteten sie eine Matratze und einen Kiefernholzschrank. Das alles stellten sie im Erdgeschoss in den Flur. Erst gegen Abend kam mir der Gedanke, dass mein Keller wahrscheinlich auch unter Wasser stand. Der Gedanke war richtig.

Im Flur war kein Platz mehr. Da lagerte schon das Gerümpel des Pärchens. Für die Kisten mit den Büchern war es eh zu spät. Ich stellte sie in den Regen an die Straße, wo sie sich auflösten und bis zum Nachbarhaus schwammen. Als der Nachbar klingelte, um sich zu beschweren, sammelte ich sie wieder ein, packte sie in Müllsäcke und befestigte sie am Zaun zum Vorgarten. Um die Bücher war es nicht schade, ich hatte sie eh schon aussortiert, aber ich ärgerte mich über den zerstörten Weihnachtsschmuck und die nassen Fotos in den Plastiktüten, die ich schon seit Jahren einkleben wollte. Irgendwann sah ich, dass auch die Mappe mit den alten Zeugnissen nur noch als nasser Papierklumpen existierte. Den Gitarrenverstärker hatte ich auch vergessen. Die schlechte Laune wurde ich bis Montag nicht los.

Norbert war krank. Deswegen hatte Brohmschulte mir einen Zettel auf den Tisch gelegt. Darauf stand lediglich: »Kirmes-Bilanz. Bitte kümmern.« Ich vermutete, dass Johnny mir weiterhelfen könnte. Aber keiner wusste, wie der zu erreichen war. Mir blieb nichts übrig, als den kranken Norbert aus dem Bett zu klingeln. Ich entschuldigte mich und sagte, es tue mir wirklich leid, dass ich stören müsse, wo er doch krank sei. Als Norbert gerade antworten wollte, sagte eine Supermarkt-Stimme im Hintergrund: »Die Sieben bitte Zwodreineun.« Norbert war das offensichtlich peinlich. Er stotterte, er kaufe sich gerade etwas Medizin. Dann gab er mir Johnnys Nummer.

»Gute Besserung«, sagte ich.

»Jaja«, antwortete Norbert. Dienstag sei er ganz sicher zurück.

Johnny ging nicht ans Telefon. Ich ließ es bis zum Ende durchklingeln. Als Brohmschulte durch die Glastür rief, wie es denn mit der Bilanz aussehe, versuchte ich es noch mal. Kurz bevor ich auflegte, rief Johnny in den Hörer: »Häh?« Ich versuchte zu erklären, warum nicht Norbert, sondern ich anrief, aber das interessierte ihn gar nicht. Als ich fragte, wie das Wochenende gelaufen sei, rief er: »Willst du mich verarschen?«

»Nein«, sagte ich, »es geht um die Kirmes-Bilanz. Für die Zeitung.«

»Ja, was glaubste denn, wie's gelaufen ist?«, rief Johnny.

»Nich so gut?«

»Nich so gut? Der ganze Platz stand unter Wasser. In meiner Schießbude konntste Boot fahren. Und du fragst, wie's gewesen ist? Scheiße war's«, schrie er.

Ich hatte mich zurückgehalten, aber anschreien lassen wollte ich mich auch nicht. »Hörense mal«, schrie ich zurück, »ich kann für den Scheißregen genauso wenig wie Sie! Mein Keller steht auch unter Wasser. Meine Bücher sind zerstört. Mein Weihnachtsschmuck trocknet in der Badewanne. Und meinen Gitarrenverstärker kann ich auf den Sperrmüll werfen. Aber deshalb schreie ich Sie noch lange nicht an. Wie nass es in Ihrer Schießbude war, interessiert mich einen Scheiß. Ich will wissen, wie das Wochenende war.«

Carsten und Pohlmann glotzten mich an. Brohmschulte kam aus seinem Kabuff. Und Johnny sagte: »Schon gut, schon gut. Das Wochenende ist ziemlich ins Wasser gefallen. Der Samstag war nicht ganz so schlimm. Aber der Sonntag: Totalausfall. Wir hoffen, dass heute Nachmittag noch ein paar Leute kommen. Also alles in allem: nicht so gut.«

»Alles klar«, sagte ich. Für den Nachmittag wünschte ich viel Glück.

AUF DEM SCHÜTZENFEST

An einem Sonntagmorgen lernte ich Borkendorf von einer neuen Seite kennen. Schuld war mein Wecker. Er war stehengeblieben. Aber das wusste ich noch nicht, als ich aufwachte und mit einem Auge den Zeiger auf der Elf sah. Um elf sollte mein Dienst beginnen. Ich duschte in weniger als zehn Sekunden, stolperte mit halb offenen Schuhen aus dem Haus und fuhr los. Von meinem Irrtum erfuhr ich erst, als ich auf die Autobahn bog. »Es ist neun Uhr – die Nachrichten«, sagte der Radiomoderator.

Ich ärgerte mich, dass ich auf meinen Wecker reingefallen war. Dann freute ich mich über die gewonnenen Stunden und beschloss, in Borkendorf zu frühstücken. Das hatte ich noch nie getan. Mir fielen auf Anhieb zwei Bäcker ein. Der erste verkaufte kein Frühstück, der zweite hatte geschlossen. Um kurz vor zehn saß ich in der Tankstelle an der Auffahrt zur Umgehungsstraße und sah vom Fenster aus auf die dröge Silhouette der Stadt. Der schmale Schatten des Kirchturms zerfloss lustlos auf einem roten Hausdach. Ich bestellte ein Wurstbrötchen, ein Ei und einen schwarzen Kaffee. Kauend beobachtete ich eine alte Frau, die mit der Geschwindigkeit eines Stundenzeigers von Grenzpfahl zu Grenzpfahl schlich. Dann fuhr ein Bauer mit seinem Traktor vor, zerdrückte seine Zigarette am Hinterreifen und begrüßte den Kassierer in der Tankstelle mit Handschlag. Ich sah den Vorsitzenden des Anglervereins aus einem Bulli steigen. Er trug eine weiße Hose, eine grüne Jacke und einen Hut. Er tankte Diesel, kaufte zwei Schachteln HB und eine

Flasche Weizenkorn. Er grüßte mich nicht, aber er grüßte einen anderen Autofahrer, der das Gleiche trug.

Ich bestellte einen zweiten Kaffee. Neben der Landstraße überholte ein Radfahrer die Oma, die noch immer durchs Bild schlich. Vier Männer fielen in die Tankstelle ein und begannen, das Bierkisten-Gebirge in der Mitte abzubauen. Der Vorsitzende des Anglervereins wechselte ein paar Worte mit einem Kombifahrer in Trainingshose. Ich hörte, wie sie über einen Uli sprachen und sich darin einig waren, dass der es in diesem Jahr aber endlich mal verdient hätte. Gleich würden sie alle zu einem von Bierbuden gesäumten Platz pilgern, in dessen Mitte eine Stange mit einem Holzadler an ihrem Ende in den Himmel ragte. Auf diesen Vogel würden sie schießen, dabei trinken und das Ganze Schützenfest nennen.

Ich konnte mir vorstellen, dass die Aussicht darauf an einem sonnigen Julimorgen wie diesem ihren Reiz hatte. Ich glitt in einen Tagtraum, in dem der Vorsitzende des Anglervereins mich fragte, ob ich nicht Lust hätte mitzukommen. In diesem Traum duzten wir uns. Er hieß Kalle. »Komma mit zum Wagen«, sagte Kalle und deutete auf seinen Bulli. Er öffnete die Heckklappe. Im Kofferraum lag eine Ersatzuniform. Zufällig in meiner Größe. Auch der Hut mit dem Dackelhaar-Pinsel passte auf Anhieb. Kalle öffnete zwei Dosen Wimmerländer. Es zischte. »Los geht's«, sagte er. Ich freute mich. Kalle schnipste seine Zigarette auf den Boden. Die Tankstelle begann zu brennen. Dann endete der Traum. Ich sah, wie Kalle in seinem roten Bulli vom Hof fuhr. Eine Zigarette flog aus dem Fenster und landete auf dem Grünstreifen. Mein Telefon klingelte.

»Moin Carsten, was gibt's?«

»Schlechte Nachrichten.«

»Was ist los?«

»Norbert hat sich krankgemeldet.«

»Was hat er denn?«

»Er sagt, ihm sei ein Regal auf den Kopf gefallen.«

»Und was bedeutet das?«

»Er kann nicht zum Schützenfest.«

»Scheiße, na, dann ruf jemand anders an.«

»Mach ich ja gerade.«

»Was? Nein! Das ist nicht dein Ernst …«

»Ich hab's überall versucht.«

»Was ist mit Karl?«

»Will zum Schützenfest und ist schon am Vorglühen.«

»Und Hermann Noltenhans?«

»Auch beim Schützenfest, will aber nicht drüber schreiben.«

»Dann biete das Doppelte.«

»Nützt nichts.«

»Und die ganzen Schüler?«

»Geht keiner ran.«

»Ach nee! Was ist mit Pohlmann? Der hat doch auch Dienst.«

»Der macht den späten. Tut mir leid, du bist der einzige, der in Frage kommt. Aber komm, so schlimm wird's schon nicht werden.«

»Na ja, das hab ich vor der Prunksitzung auch gedacht.«

»Die haste ja auch überlebt. In anderthalb Stunden geht's los. Vor halb eins kommt der Vogel aber nie runter.«

»Und wo muss ich hin?«

»Die Borkendorfer Straße raus. Hinter der Alten Ziege links. Und dann immer den Uniformierten hinterher. Die Vogelstange steht irgendwo in so'm Waldstück.«

»Ich werd's versuchen. Wenn ich bis vier nicht zurück bin, ruf am besten die Polizei.«

»Das hat heute eh keinen Sinn. Die sind auch alle da. Uli Rennermann will den König schießen.«

»Wer ist Uli Rennermann?«

»Wirste gleich sehen.«

- - - - - - - - -

Vor der Abzweigung zum Schützenplatz staute sich der Verkehr über mehrere hundert Meter. Mit so vielen Menschen hatte ich nicht gerechnet. Der Fußgängerstrom floss zäh über die Landstraße. Familien mit kleinen Kindern. Jugendliche mit Mixbier-Getränken. Menschen mit hässlichen Frisuren. Es war wie vor einem Pur-Konzert. Mittendrin die Schützen in ihren weißen Hosen. Immer wieder hupte irgendwer, und auf dem Bürgersteig hob jemand die Hand. Aus den geöffneten Seitenfenstern riefen sie sich zu, man werde sich ja gleich wohl noch sehen. Und wenn einer der Fußgänger auf dem Radweg mit seiner Hand am Ohr rumfuchtelte, um zu signalisieren, dass er nichts verstanden hatte, antwortete er darauf trotzdem automatisch richtig, indem er ebenfalls rief: »Wir sehen uns später!«

Ich parkte auf einer Wiese und reihte mich in den Strom ein, der kurz vor dem Festzelt in einem Pulk mündete, der sich zwischen einem Bierkarussell, einem Backfischstand und Johnnys Schießbude drängte. Die Fischbude stand da, als wäre sie unsichtbar. Das Bierkarussell schirmten die Schützen ab. Johnny lud gerade ein Gewehr nach, dann überreichte er es einem Kind. Ich sah ein paar bekannte Gesichter, aber niemanden, der mir helfen konnte. Ich folgte einer kleinen Schneise in den Wald. Dort standen die uniformierten Männer wie betrunkene Förster im Wald und entleerten sich. Am Ende des Weges tat sich eine Lichtung auf. Ich sah die Vogelstange. Auf der Wiese davor schraubte ein schwitzender Mann an einer Gewehrstütze.

»Moin«, sagte ich.

Der Mann schaute hoch, sagte ebenfalls »Moin« und schraubte weiter. Auf einer weißen Tischdecke glänzten vier Gewehrläufe in der Sonne. Das schwarze Metall ermattete, als sich eine Wolke vor die Sonne schob. Durch den offenen Wald blies ein leichter Wind.

»Wann geht's hier los?«, fragte ich.

»Halbe Stunde«, sagte der Mann, ohne mich anzusehen.

Ich setzte mich auf einen Stein und wartete. Am Bierkarussell hievten die Kellner ohne Pause Gläser auf die Theke. Die Schützen nahmen sie, tranken sie leer und stellten sie nur Sekunden später zurück. Der Platz vor der Vogelstange füllte sich langsam, und erst kurz vor dem Beginn des Wettschießens schien auch die magnetische Wirkung der Biergläser nachzulassen. Die grünen Jacken mischten sich in Grüppchen unter die wartenden Familien. Kinder standen staunend vor dem großen Holzvogel, den der schwitzende Mann mit einer Winde bis zum Ende der Stange hochzog. Dann wischte er sich den Schweiß mit dem Ärmel von der Stirn, nahm eines der Gewehre und lud es durch. Es sah aus wie ein magisches Ritual.

Ich fühlte mich wie in einer fremden Welt. Rundherum die Uniformierten, vor mir die Vogelstange und auf einer Bank am Rande des Rasenstücks. Sebastian Grüner. Mit ihm zusammen hatte ich mein Volontariat bei der Zeitung begonnen. Ein halbes Jahr lang hatten wir uns jeden Tag gesehen, seitdem gar nicht mehr. Ich war nicht überrascht, ihn hier zu treffen. Sein Name stand ständig in der anderen Zeitung. Er wusste ebenfalls, dass ich in Borkendorf gelandet war. Als er mich sah, stand er auf und kam auf mich zu.

»Dass ich dich noch mal wiederseh«, sagte er und umarmte mich.

»Und vor allem: hier«, sagte ich. Wir lachten.

»Was machste?«, fragte er.

»Ich bin ja jetzt beim Boten hier«, sagte ich.

»Hab ich schon gesehen. Fest?«

»Nee, Schwangerschaftsvertretung. Für ein Jahr. Und du?«

»Unbefristet. Ich sag immer: lebenslänglich.« Jetzt lachte er etwas lauter als ich.

Vor der Vogelstange hatte sich eine kleine Schlange gebildet. Es schien loszugehen. Ein dicker Rothaariger nahm die Flinte, legte an, es knallte, durch die Menge ging ein Raunen, aber zu sehen war nichts. Der Rothaarige sah irritiert dem Schuss hinterher. Aber er hatte nicht mal die Scheibe hinter dem Holzvogel getroffen. Der Schwitzende reichte dem Nächsten das Gewehr. Ein kleiner Dünner mit Zigarette nahm die Waffe. Die Kippe hing lässig in seinem Mundwinkel, als er zielte. Er schoss, es staubte, wieder Raunen. Der erste Treffer, ein kleiner Applaus.

»Was passiert denn hier jetzt eigentlich genau?«, fragte ich.

Grüni beschrieb mir den Ablauf in allen Einzelheiten, und ich begann zum ersten Mal den Sinn eines Schützenfests zu erahnen. Wer den Vogel von der Stange holte, suchte sich eine Königin aus, die nicht seine Frau war, diese aber drei Tage lang bei allen Zeremonien ersetzen würde. Für viele war offenbar schon das ein großer Anreiz. Aber es war längst nicht alles. Am ersten Abend zog das Paar in Uniform und Ballkleid durch ein Spalier aus Schützen ins Zelt ein, wo es mit Freunden, die ebenfalls mit allerlei Titeln bedacht wurden, an einer exponierten Tafel Platz nahm. Der erste Tanz gehörte dem Königspaar. Danach ging es mit Alkohol weiter. Alle tranken, als ginge um Mitternacht die Welt unter. Das gehörte natürlich nicht zur Zeremonie, hatte sich aber so eingebürgert. Am nächsten Morgen dann versammelte sich die gesamte Kompanie so gut es noch ging vor dem Haus des alten Schützenkönigs, um den mit dem schiefen Getröte der Musikkapelle aus dem Bett zu holen. War das gelungen, wurde das mit Bier gefeiert, nach dem Frühstück dann auch wieder mit Schnaps. Irgendwie retteten sich die Schützen dann bis zum Festball am Abend über den Tag. Die meisten überbrückten die Zeit mit Alkohol, zumal sich das gut mit der Parade verbinden ließ, die zwischendurch auf dem Programm stand. Auf dem Festball dann wurde wieder getrunken, bis ein weiteres Mal die Lichter ausgingen. Am dritten Tag hatten die Junggesellen ihren Auftritt. Sie warfen ihren König mit Schuhen aus. Auf was sie warfen, konnte Grüni nicht mehr sagen. Das war aber nicht so wichtig, denn auch dieses Ritual diente nur als Zwischenspiel. Direkt im Anschluss begann das nächste Gelage. Und damit in diesen drei Tagen nichts schiefging, übte der Verein den hundertfünfzig Jahre alten Ablauf in jedem Jahr schon an den beiden Wochenenden vor der eigentlichen Feier. Im Wesentlichen bestand die Übung aus Stellproben mit sich anschließender Sauforgie.

Das ganze Dorf freute sich geschlossen auf dieses Fest, das alles zusammenhielt, aber auch viele Zerwürfnisse produzierte. Fast immer ergaben sich neue Verbindungen zwischen Männern und Frauen, die vorher noch nicht absehbar gewesen und unter den gängigen Moralvorstellungen auch nicht zulässig waren. Übrig blieben oft nur Gerüchte, Tratsch und leerstehende Einfamilienhäuser.

Der große Haken an der Sache für den Schützenkönig war: Er musste alles bezahlen. Deswegen beteiligte sich nur eine überschaubare Zahl am Schießen. Von einem ehemaligen Titelträger, der sich inzwischen in der Privatinsolvenz von seiner Regentschaft erholte, wusste Grüni, dass der ganze Spaß gut 25 000 Euro verschlang. Das schränkte den Kandidatenkreis ein, aber bislang hatte sich noch immer jemand gefunden, der genügend Geld auf der hohen Kante hatte oder für einen Moment vergessen konnte, dass das nicht der Fall war.

Ein Mittfünfziger mit viel Elan, einer breiten Pilotenbrille und Minipli griff den Gewehrlauf mit der rechten Hand. »Der Friseur Hansen. Der könnt's heute werden«, sagte Grüni. Hansen schoss hoffnungslos in die Wolken. Grüni hatte eine Erklärung: finanzielle Probleme. »Soll ziemlich knapp bei Kasse sein«, sagte er. Trotzdem habe irgendwer erzählt, er wolle den Vogel heute abschießen.

Nach zwanzig Minuten verloren die ersten Kinder das Interesse. Sie schlängelten sich an den Beinen ihrer Eltern vorbei in den Wald, wo sie zwischen den pinkelnden Schützenbrüdern Fangen spielten. An der Vogelstange passierte nicht viel. Große, kleine, schmale und breite Männer zielten auf den Holzvogel. Manchmal staubte es. Meistens verhallte der Schuss zwischen den Bäumen.

»Gleich kommt Blacky Breuner«, sagte Grüni und deutete auf einen stämmigen Typen mit fusseligen Haarresten über den Ohren. Er stand in der Schlange wie ein Türsteher. Verschränkte Arme, die Beine breit. Ging es voran, setzte er erst einen Fuß nach vorn und zog das andere Bein nach, als hätte er Probleme mit den Gelenken. Breuner war eher blass als schwarz.

»Warum heißt der denn Blacky?«, fragte ich.

»Hab ich auch mal gefragt. Fußball. Der war Verteidiger beim Borkendorfer FC. Am Ball nicht ganz so sicher, konnte aber ziemlich gut grätschen, und hat davon wohl auch oft Gebrauch gemacht. Bei Regen sah er dann nach dem Spiel eben dementsprechend aus«, sagte Grüni.

»Und das ist auch einer der Kandidaten?«

»Hab ich jedenfalls gehört.«

Breuner zielte nur kurz, drückte ab und knallte dem Vogel die Patrone genau in den Rumpf. Etwas später hätte er den Vogel mit dem Schuss vielleicht von der Stange geholt. Grüni hatte den nächsten Aspiranten entdeckt, den Versicherungsmakler Derksen, der in der Schlange ebenfalls auf seine Chance wartete. Er diskutierte mit seinem Hintermann. Es sah aus, als versuche er, etwas zu erklären. Derksen zählte an drei Fingern irgendetwas auf. »Verkauft wohl grad was«, sagte Grüni. Er wusste von Derksens erfolglosem Versuch, Karnevalsprinz zu werden, und schloss daraus auf seine Ambitionen auf die Schützenkrone.

Hinter Derksen stand Uli Rennermann, von dem Carsten am Telefon erzählt hatte. Er war Verkehrspolizist und daher im Dorf nicht besonders beliebt. Grüni erzählte, er wolle schon seit Jahren Schützenkönig werden. Und es gab einige, die das gern verhindert hätten. Aber das war gar nicht nötig. Rennermann schoss schon seit Jahren vorbei.

Nach einer Stunde wurde die Schlange vor dem Schießstand kürzer. Derksen redete auf einen anderen Schützen ein, Breuner wartete mit Biergläsern in beiden Händen. Der Friseur Hansen starrte auf den Boden, und Uli Rennermann fuhr sich nervös mit dem Zeigefinger über seinen Schnauz. Er war als Nächster dran. Zum Schießen legte er den Hut ab. Sein Kopf sah aus wie ein Stück Rasen, auf dem zwei Wochen lang ein Zelt gestanden hatte. Rennermann legte an, kniff das rechte Auge zusammen und rutschte beim Schießen so unglücklich ab, dass der Schuss das Zepter des Holzvogels traf. Es fiel auf die Wiese. Renner-mann war so überrascht, dass er sich das Gewehr noch mal ansah.

Der Kandidatenkreis engte sich weiter ein. Blacky Breu-ner wankte inzwischen so bedenklich, dass er wahrschein-lich längst mehrere Vögel sah und die Wahrscheinlichkeit, ausgerechnet den richtigen zu treffen, wohl immer kleiner wurde. Die ersten Familien marschierten durch das kleine Waldstück zurück zum Vorplatz. Auch bei den Schützen auf der Wiese nahm das Interesse ab. Hin und wieder schaute einer rüber zum Schießstand, wo Rennermann, Hansen, Breuner und Derksen sich reihum das Gewehr in die Hand gaben.

Der schwitzende Mann sah auf die Uhr. Derksen nahm die Waffe, grinste und donnerte den Schuss mit großer Geste daneben. Uli Rennermann traf das Gerüst hinter dem Vogel, Breuner den Himmel. Der schwitzende Mann schien ein Problem mit dem Gewehr zu vermuten. Er klappte den Lauf um und ließ ihn wieder einrasten, legte das Gewehr an, richtete es auf die Stange, sah es sich von der Seite an, fand aber offenbar keinen Fehler. Während er noch das Gewehr überprüfte, fiel der durchsiebte Vogel von der Stange.

»Das gibt's doch nicht«, sagte Grüni.

Die Schützenkapelle spielte auf. Der schwitzende Mann breitete die Arme aus, um zu signalisieren, dass er mit der Sache nichts zu tun hatte. Kinder trugen den Holzklumpen davon. Die Verwirrung war groß.

»Und wer ist jetzt Schützenkönig?«, fragte ich.

»Ich hab keine Ahnung«, sagte Grüni.

»Und was machen wir jetzt?«

»Paul Kali fragen.«

Kali stand neben dem Toilettenwagen und telefonierte. Er war der Pressewart des Vereins und in diesem Fall ziemlich ratlos. Ohne unsere Frage gehört zu haben, hob er die Schultern. Als er das Gespräch beendete, klingelte das Telefon gleich wieder. »Ich kannet euch nicht sagen. Müsster warten«, sagte er.

Außer den Musikern schien niemand zu wissen, was jetzt zu tun war. Paul Kali war plötzlich weg. Als er zurückkam, brachte er Bier mit. »Wir schauen dat jetzt in den Statuten nach. Aber dat wird erst mal dauern«, sagte er. Das Problem sei, die Statuten lägen beim Vorsitzenden zu Hause. Und der könne nicht mehr fahren. Deswegen sei ein Taxi unterwegs. »Is wo besser, wenn ihr später noch mal wiederkommt.«

- - - - - - - - -

Zurück in der Redaktion warf ich meine Tasche auf den Tisch und sagte: »Scheiße!«

»Haste dich verfahren?«, fragte Carsten.

»Hör bloß auf, ich muss gleich noch mal da hin«, sagte ich.

Er fragte, was denn passiert sei. Als ich es ihm erzählte, wollte er es nicht glauben. Ich musste zwei Mal versichern, dass es stimmte.

»Und was machen wir jetzt?«, fragte ich.

»Ich weiß es nicht«, sagte Carsten.

Gegen sechs rief ich Paul Kali an. Er hatte noch immer keine Antwort. »Aber kanns dich schon mal auf 'n Weg machen«, sagte er.

Im Festzelt war alles für den Abend hergerichtet. Weiße Tischdecken, Alu-Aschenbecher, Blumengestecke. Kali lehnte an der Theke. Grüni stand daneben.

»Wat 'ne Aufregung«, sagte Kali.

»Und wer wird's?«, fragte ich.

»Schwierich, schwierich«, sagte Kali.

Der Vorsitzende war inzwischen mit dem Taxi zurück. Von ihm wusste Kali, dass sie den Rest vom Vogel eigentlich wieder hochziehen und neu abschießen lassen mussten. »Aber dat geht nich. Den ham die Kinder mitgenommen«, sagte er. Den Fall sahen die Statuten nicht vor.

»Dann bleibt ja nur Breuner. Der hat als Letztes geschossen«, sagte Grüni.

»Oder Rennermann. Der hat als Letztes getroffen«, sagte Kali.

Das sei jetzt zu klären.

»Und was sagen die beiden?«, fragte Grüni.

»Das ist das Problem«, sagte Kali. Breuner hatte sich während des Schießens mit Schnaps erledigt. Rennermann danach. Er war davon ausgegangen, dass er es wieder nicht geschafft hatte. Kalis Telefon klingelte. Er nahm den Anruf entgegen, hörte zu, legte auf und sagte: »So, und jetzt müssen wir Rennermann die neue Sachlage erklären.«

»Der wird sich freuen«, sagte Grüni, aber Rennermann war nicht zu finden. Kali hatte ihn zuletzt am Schießstand gesehen, doch da war er nicht mehr. Rennermanns Handy klingelte lange. Dann meldete sich der Anrufbeantworter. Auch zu Hause nahm niemand ab.

Kali rief in den Saal: »Ich such' den neuen Schützenkönig.«

»Wer isset denn geworden?«, rief einer zurück.

»Unser bester Mann«, rief Kali.

Alle wussten, wer gemeint war. Gesehen hatten sie Rennermann trotzdem nicht. Er war verschwunden.

»Wir müssen die Polizei anrufen«, sagte Grüni.

Darauf waren wir gar nicht gekommen. Und auf der Wache sagte tatsächlich einer seiner Kollegen: »Ja, den hamwer eben abgeholt. Dem geht's aber nicht so gut.«

»Sagense ihm: Er ist Schützenkönig. Er wird hier gebraucht«, sagte ich.

»Wartense mal. Ich glaub, das hat er gar nicht mitbekommen«, sagte der Polizist und legte den Hörer zur Seite.

»Uli, Uli«, rief er, »Uli, da ist jemand dran, der sagt, du bist Schützenkönig.« Rennermann antwortete irgendwas, aber es war nicht zu verstehen, was er sagte. »Schüt-zen-kö-nig«, rief sein Kollege noch mal. Dann nahm er wieder den Hörer, sagte, da sei gerade nicht viel zu machen, aber sie würden versuchen, ihn wieder herzurichten und ihn dann vorbeibringen.

Eine Viertelstunde später fuhr das Polizeiauto mit Blaulicht auf den Parkplatz und bremste vor der Schießbude. Die Fahrertür öffnete sich, ein Polizist stieg aus und sagte: »Moin. Er will's nicht glauben.« Aus dem Auto rief Rennermann, er müsse uns leider bitten auszusteigen.

»Soll ich'n hier lassen?«, fragte der Polizist.

»Wir kümmern uns um ihn«, sagte Kali.

Rennermann weigerte sich auszusteigen.

»Komm Uli, raus jetzt«, sagte der Polizist.

»Ich werde mein Haus nicht verlassen«, rief Rennermann. Schließlich stieg er doch aus, schwankte in Richtung Schießbude und sackte vor einem Zaun zusammen.

»Scheiße, wie kriegen wir den jetzt wieder hin?«, sagte Kali.

»Ich würd sagen: mit Wasser«, sagte Grüni.

Es war die einzige Möglichkeit. Kali ließ einen Eimer holen. Die Ladung Wasser warf Rennermann gänzlich um. Er lag auf dem Parkplatz und bewegte sich einen Moment lang gar nicht mehr. Dann richtete er sich auf und gewann etwas Körperspannung zurück. Nach dem zweiten Eimer Wasser war er wieder ansprechbar.

Es war kurz vor sieben. Um acht begann der Königsball. Um eine halbe Stunde ließ der Beginn sich sicher verschieben, aber mehr Zeit war kaum rauszuholen. Spätestens um halb neun musste der König mit seiner Gemahlin ins Zelt marschieren. Und das war das nächste Problem.

»Wir ham keine Frau«, sagte Kali.

»Wie, ihr habt keine? Eine von den ganzen Weibern wird das doch wohl machen?«, rief Grüni.

Paul Kali sah zu Rennermann, der neben der Schießbude erfolglos versuchte, seine Arme aus der nassen Jacke zu ziehen.

»Vielleicht doch nich so einfach«, sagte Grüni.

»Heidi Große-Willms, Marion Schlüter, Claudia Warnke. Hamwer alle schon gefragt«, sagte Kali.

»Und mit Ines Meester tut man Rennermann keinen Gefallen, was?«, sagte Grüni.

»Ines Meester«, murmelte Kali, nahm sein Handy und wählte eine Nummer. Als jemand abnahm, sagte er: »Du, frag doch mal die Ines, ob die's macht.«

Kali legte auf und nickte. Kurz darauf kam eine SMS. Kali zeigte sein Telefon: »ich bin dabei. lg ines«

Um kurz vor acht stand Uli Rennermann zu Hause unter der Dusche. Ines Meester stieg auf dem Zeltplatz aus einem Taxi. Sie sah ganz normal aus. Ich fragte mich, was so schlimm an ihr sein sollte. Sie trug eine Brille mit roten Bügeln, ein blaues Abendkleid und sie lachte.

»Super, dass du so spontan bist«, sagte Kali.

»Wie seiter denn auf mich gekommen?«, fragte Ines, beantwortete die Frage aber selbst: »Habter sicher gedacht:

Die Ines hat viel Zeit. Die feiert gern. Die hat auch 'n hübsches Kleid im Schrank. Die gibt als Schützenkönigin sicher 'ne gute Figur ab, was? Stimmt ja auch. Wo ist denn der Uli? Warum hat er nicht selbst angerufen? Sicher im Stress, was?«

»Der weiß noch nichts«, sagte Paul.

»Wie, der weiß noch nichts? Bin ich 'ne Überraschungskönigin, oder was? Ach, der Uli. Dat is einer. Wo isser denn jetzt? Sicher auf'm Weg, was? Sicher viel Stress, ne?«

»Wir hatten ein Problem«, sagte Kali.

»Ein Problem? War alles 'n bisschen knapp heute, was? Habter vergessen, Uli zu fragen, wer seine Königin sein soll? Und dann ist er schon nach Hause, alles vorbereiten, was?«

»Sagen wer mal so, et war nich absehbar, dat Uli König wird. Er hat nämlich nich getroffen. Und nachher war er, na ja, nich mehr ganz bei der Sache.«

Da fiel auch Ines Meester nichts mehr ein. Paul Kali erzählte, wie Rennermanns Kollegen ihn vorbeigebracht hatten und dass er jetzt unter der Dusche stand. Ines Meester sagte, da werde der Uli sich aber freuen, wenn er gleich sehe, wer seine Schützenkönigin sei.

»Ja, da wird er sich sicherlich freuen«, sagte Kali.

Langsam wurde die Zeit knapp. Viele Gäste waren schon da. Grüni und ich brauchten noch ein Foto, aber vom Schützenkönig war weit und breit nichts zu sehen.

Irgendwann bog ein alter Passat auf den Parkplatz. Aus der Seitentür stieg der halbwegs wieder hergestellte Uli Rennermann. Er wirkte benommen, konnte aber wieder sprechen. Dass Ines Meester in Abendgarderobe auf dem Parkplatz wartete, schien ihn nicht zu verwundern. Paul Kali sagte, sie hätten ihm schon mal eine Königin ausgesucht. Als Ines Meester Rennermann um den Hals fiel, begriff er, um wen es sich handeln musste. Er sah sie an, als würde er gern wieder in seinen alten Zustand zurückgleiten. Ines Meester legte den Arm um seine Hüfte und schob ihn in Richtung Festzelt.

»Wollnwer dann schnell das Foto machen?«, fragte Grüni.

Kali sagte, dann müsse er den ganzen Hofstaat zusammentrommeln. Das klang nach viel Aufwand, ließ sich aber nicht vermeiden. Nur deshalb waren Grüni und ich ja da. Und so aufwändig war es dann doch nicht. Alle Pärchen, die Kali suchte, fand er am Bierwagen. Er dirigierte die ganze Entourage ins Festzelt. »Dann machen wer dat doch gleich hier«, sagte Kali.

Die weiße Zeltplane war kein schöner Hintergrund. Aber am Eingang schien das Licht noch am hellsten, und Rennermann konnte sich an der Wand festhalten. Kali brachte das Königsornat und einen Blumenstrauß. Die schwere Kette wollten sie Rennermann dann aber doch nicht zumuten. Kali nahm sie wieder mit. Grüni versuchte, die Pärchen so aufzustellen, dass alle auf dem Bild zu sehen waren, aber egal, was er sagte, sie stellten sich so auf, dass irgendwer irgendwen verdeckte. Schließlich gab Grüni auf und sagte: »Wer aufs Foto will, stellt sich so hin, dass er die Kamera sieht.« Plötzlich ging alles wie von selbst. Ines Meester schmiegte sich an Uli Rennermann, der so benommen aussah, als sei er von einem Stein am Kopf getroffen worden.

Nach dem Foto gratulierte ich Rennermann und fragte, wie er sich denn jetzt fühle als neuer Schützenkönig. Er sah mich mit roten Augen an und sagte: »Ich glaub, ich muss erst mal wieder nüchtern werden, um dat alles zu begreifen.« Dann kam irgendwer von der Seite, schlug ihm auf den Rücken und sagte: »Uli, und jetzt wird gefeiert.«

HELGA SINGT WIEDER

D ie Woche begann schlecht für Pohlmann. Und damit auch für mich. Es war wieder mal einiges schiefgelaufen. Es ging um meinen Text über das Schützenfest, unter dem zwar mein Name stand, aber leider kein Hinweis darauf, dass auch Pohlmann seine Finger im Spiel gehabt hatte. Pohlmann sagte, er könne sich das alles nicht erklären.

Auf dem Tisch lag ausgebreitet der Borkendorfer Anzeiger, daneben zerknittert der Bote. Brohmschulte hatte ihn aus dem Papierkorb geholt, nachdem er ihn vorher selbst hineingeworfen hatte. Sein Blick ging über die Zeitungen, die sich kaum unterschieden, wenn man nur kurz hinsah. Das Schützenfest füllte die ersten Seiten aus. Die großen Bilder waren fast identisch. Und wenn man ehrlich war, hätten beide nie erscheinen dürfen. Im Borkendorfer Anzeiger stierte Rennermann mit seinen roten Schnapsaugen hilflos in die Kamera. Auf meinem Foto erkannte man die Augen zu seinem Glück nicht. Dafür sah es aus, als schliefe er im Stehen.

Pohlmann traf daran keine Schuld. Er hatte nur den Rest verbockt, wobei das schon völlig ausreichte. Um abends keinen Umweg fahren zu müssen, hatte ich den Text und das Foto von zu Hause per E-Mail in die Redaktion geschickt. Pohlmann hatte Spätdienst. Als ihm auffiel, dass die Bildunterschrift fehlte, rief er an. Dann machte ich den Fehler, ihm die Bildunterschrift zu diktieren. Er notierte, was er verstanden hatte und übertrug das in die Bildzeile. Allerdings warf er dabei irgendwas durcheinander. In der

Zeitung hieß der Schützenkönig jetzt Barbara Ewers. Barbara Ewers war auf dem Foto gar nicht zu sehen. Sie kam in einem anderen Text vor. Und unglücklicherweise hatte Pohlmann auch den ersten Absatz meines Berichts in der Mail vergessen, so dass in der Zeitung von einem Schützenkönig gar nicht die Rede war. Immerhin stand über dem Artikel »*Uli Rennermann schießt den Vogel ab*«. Wobei auch das natürlich nicht ganz stimmte. Getroffen hatte er ja gar nicht. Karl sagte, wenn hier einer den Vogel abgeschossen habe, dann ja wohl wieder mal Pohlmann.

»Und was machenwer jetzt?«, fragte Norbert.

»Ich korrigier das«, sagte Pohlmann.

In der Luft lag die Frage, ob das denn wirklich nötig sei. Brohmschulte sagte: »Lassense mal. Ich mach das schon.« Später schrieb er eine Meldung, in der er alles auf einen technischen Fehler schob.

Jedes Mal, wenn an diesem Morgen das Telefon klingelte, zuckte ich zusammen. Ich rechnete mit einem Anruf von Paul Kali. Der Fehler musste ihm als Allererstem aufgefallen sein. Doch er meldete sich nicht. Entweder es war ihm egal, was in der Zeitung stand, oder er und seine Leute hatten Besseres zu tun, was am zweiten Tag des Schützenfests nicht unwahrscheinlich war. Ich sah auf die Uhr. Der König durfte inzwischen wach sein, wenn er die Nacht überlebt hatte.

Gegen Mittag legte Silke einen grauen Umschlag auf meinen Schreibtisch. »Noch von Freitag. Hatte ich vergessen«, sagte sie. Ich zog einen Brief aus dem Umschlag, ganz unten fand ich eine CD. Auf dem Cover posierte Helga Hirsch-Hahnemann mit einer roten Rose vor einer Gebirgskulisse. Irgendwer hatte das Bild am Computer zusammenmontiert. Helgas Namen hatte er nicht für erwähnenswert gehalten oder vergessen. Dafür war der Albumtitel »Gefühle sind der Wahnsinn« überdeutlich zu sehen. Obwohl der Umschlag riesig war, hatte sie den Brief zwei Mal gefaltet. Die Tinte verlief an den Rändern. In geschwungenen Buchstaben schrieb sie:

Liebster Ralf,
nun sind schon fast zehn Wochen vergangen, seit du
mich besucht hast. Ich schaue jeden Tag aufmerksam
in die Zeitung. Aber keine Angst, ich werde nicht
ungeduldig. Ich bin lange genug im Geschäft, um zu
wissen, dass Monate vergehen können, bis eine Story
erscheint. Anbei sende ich dir mein neues Album, das
soeben fertig geworden ist. Ich hoffe, es gefällt dir. Was
hältst du davon, wenn ich dir die neuen Lieder bei
einem exklusiven Privatkonzert in meinem
Wohnzimmer präsentiere?
Herzlichst, Deine Helga
PS: Ich melde mich Montag.

Montag? Ich erschrak. Es war Montag. Sie konnte jeden Moment anrufen, aber was sollte ich sagen? Ich hatte keine Idee. Dann hatte ich doch eine. Norbert. Der kannte Helga ja auch. Vielleicht hatte er Interesse. Norbert nahm die CD-Hülle, sah sich die Rückseite an und sagte: »Selbst gemacht.« Er drückte die CD heraus, drehte auch sie und kam zu dem Urteil: »Find ich jetzt nicht so interessant.«

»Geht um ein Exklusivkonzert«, sagte ich.

»Aha, und wann wär das?«, fragte er.

»Da ist sie wahrscheinlich flexibel«, sagte ich. Norbert klappte die CD-Hülle auf und wieder zu. »Hätten wir ganz allein«, sagte ich.

»Wenn du so begeistert bist, geh doch selbst hin«, sagte Norbert und gab mir die CD zurück.

Als ich gerade wieder saß, stellte Silke ein Gespräch durch. Helga war in der Leitung. Sie begrüßte mich überschwänglich.

»Wie findest du das neue Album?«, fragte sie.

»Ja, äh, dein Angebot. Toll, also wirklich super. Es ist nur gerade ... Also wir müssten schauen, wann ...«

»Außer heute Abend hab ich die ganze Woche Zeit«, sagte sie.

Das war schon mal schlecht. Ich tat, als würde ich in meinem Kalender blättern. »Dienstag, Mittwoch, Donnerstag ... Bis zum Wochenende ist's bei mir wirklich ganz knapp.« Um es nicht wie eine Absage klingen zu lassen, sagte ich in einem Anflug von Leichtsinn: »Schade, heute hätt' ich Zeit gehabt.«

Helga überlegte und antwortete: »Dann komm doch mit. Ich gebe heute ein Konzert!«

Ich war selbst schuld, aber ein Konzert vor Publikum war immer noch besser als eines in ihrem Wohnzimmer, wo ich nach jedem Lied ein Urteil abgeben musste.

»Das klingt doch gut. Wo ist 'n der Auftritt?«, fragte ich.

»Auf dem Schützenfest«, sagte sie.

Ich stellte mich auf ein Fiasko ein, aber vorher sagte ich noch: »Fein. Bis heute Abend dann. Ich freu mich schon.«

- - - - - - - - -

Es war fast sieben, als ich aufbrach. Um sieben sollte es losgehen. Ich hatte lange gewartet, um erst anzukommen, wenn das Konzert schon begonnen hatte. Ich wollte ungern riskieren, dass sie mich zu so etwas wie einer After-Show-Party einlud, denn die fiel ja wahrscheinlich mit dem Schützenball zusammen. Und ich wollte Gesprächen über den verunglückten Artikel aus dem Weg gehen. Mein Plan war, Helga während des Konzerts einmal kurz zuzuwinken, damit sie sah, dass ich gekommen war. Dann würde ich mich vor irgendeine Theke hängen, zwei Bier trinken und anschließend unerkannt wieder verschwinden. Ich war mal wieder zu optimistisch.

Paul Kali fing mich schon am Eingang ab. Ich hatte versucht, mich an ihm vorbeizuschlängeln, aber es war noch so leer, dass er mich gleich sah. Als ich nach links schauend an ihm vorbeilief, tippte er mich von rechts an.

»Ach«, sagte ich und tat überrascht.

»Hat Ihnen wohl gefallen bei uns, was?«, sagte er und lachte kumpelhaft.

»Das auch, aber eigentlich bin ich wegen des Konzerts da«, sagte ich.

»Hat Helga schon erzählt«, sagte er. Meine Sorge bezüglich des verunglückten Textes stellte sich als unbegründet heraus.

»Toller Artikel«, sagte Kali.

»Ach, musste alles 'n bisschen schnell gehen«, sagte ich.

»Nee, nee, dat war schon gut«, sagte er, »war ja dies' Jahr auch genauso so groß wie im Anzeiger. Da hamwer schon andere Zeiten erlebt.«

»Dann is ja gut«, sagte ich.

Kali ging voran Richtung Bühne. Klappstühle markierten die Grenze zum Backstage-Bereich. Verlassen stand ein Schlagzeug auf der Bühne. Auf der großen Trommel las ich: »The Noise«. Es war mir nicht gelungen, zu spät zu kommen.

»Nicht viel los«, sagte ich.

»Ja, deshalb hamwer noch gewartet«, sagte Kali.

»Warum geht's denn überhaupt so früh los?«, fragte ich.

»Wennwer um neun anfangen, kommt vor elf eh keiner«, sagte er.

Durch einen Spalt in der Kulisse blickte man in das Vakuum auf der Tanzfläche. Ein alter Mann im Anzug saß hinter der Bühne auf einem Stuhl und gähnte. Helga trug das gleiche blutrote Kleid wie auf dem Albumcover. Sie kam auf mich zu, fiel mir um den Hals und rief: »Wundervoll!« Ihre Schulter roch nach Schweiß und Sonnencreme.

»Und? Hast du's dir schon angehört?«, fragte sie.

»Äh, ja, ich hab kurz die ersten …«

»Wie gefällt's dir?«

»Es ist toll«, sagte ich.

Paul Kali unterbrach uns: »'ne halbe Stunde wartenwer noch. Dann müssenwer anfangen.«

Helga sagte: »Wir hätten gern zwei Sekt.«

»Für mich keinen«, sagte ich.

Helga überhörte das. Sie sah mich eindringlich an und sagte: »Du bleibst aber nach der Show noch hier.« Eine Antwort wollte sie nicht hören. Paul Kali brachte Sekt.

Eine Stunde später lehnte ich vor der Bühne an einer Theke. Helga kündigte ihren dritten Song an. Hinter mir riefen sie von allen Seiten nach Siggi. Siggi stand am Zapfhahn. Für ihn interessierten sich deutlich mehr Leute als für Helga. Ab und an drehte sich jemand zur Bühne um, als wäre ein Auto vorbeigefahren. Und als am Ende des dritten Liedes ein paar Leute klatschten, sagte Helga: »Ihr seid so wundervoll.« Allerdings klatschte da schon keiner mehr.

»Das nächste Lied handelt von der großen Liebe«, sagte Helga. Es schien niemanden zu überraschen. Der Keyboarder drückte auf einen Knopf. Der Rhythmus war identisch mit dem des Stückes davor. Helga sang mit viel Hingabe einen anderen Text. Sie beugte sich über den Bühnenrand, um dem Publikum näher zu sein. Neben mir lehnte sich ein Mann zurück auf die Theke. Es sah aus, als wolle er den alten Abstand wieder herstellen.

> *Du bist wie ein süßer Traum*
> *Ich hab dir alles gegeben*
> *Komm jetzt mit zu mir*
> *Ich will mit dir leeeeben*

Helga löste das Mikrophon vom Ständer und schlenderte zum linken Bühnenrand. Das Kabel zog sie hinter sich her wie eine Hundeleine.

> *Zeig mir das Paradies der Liebe*
> *Das Paaaaradies der Liiiiiiiebe*
> *Zeig mir die Sterne und den Mond*
> *Und den Mooooond*

Neben mir fragte einer: »Wer is'n die schreckliche Olle?«

Weil keiner antwortete, sagte ich: »Das ist die Schlagersängerin Helga Hirsch-Hahnemann.«

»Nä, die is dat? Die sah aber mal anders aus«, rief der Mann neben mir. Ich drehte mich zur Seite und sah Blacky Breuner.

»Die is ja auch schon über siebzig«, sagte ich.

»Dat Geplärre is ja fürchterlich«, rief er.

Breuner trank sein Bier, als gieße er es durch einen Schacht in den Magen. Er sagte: »Nä!« und verschwand. Kurz darauf kam er zurück und sagte: »Die is ja immer noch da.«

Ein kegelklubgroßes Frauengrüppchen wagte sich vor die Bühne. Eine Dicke ging voran und zog zwei Dicke an der

Hand hinter sich her. Helga sprach die Frauen an: »Wenn die Liebe irgendwann endet, dann wissen wir nicht mehr weiter. Das nächste Lied ist für all die Liebenden unter uns, die verzweifelt sind. Es heißt: ›Süße Tränen im Meer‹.« Dann setzte der bekannte Rhythmus ein. Die Frauen wippten, ohne ihre Beine zu bewegen.

»Wat 'n Scheißtag«, schimpfte Breuner.

Noch während ich darüber nachdachte, ob es gut sei zu fragen, was denn so scheiße gewesen sei, fragte er selbst: »Has' heut Morgen Zeitung gelesen?«

Ich sah zum ihm rüber. Er starrte auf den Boden. Ich nickte. Helgas Stimme schepperte wie aus einem Telefon.

Süße Tränen im Meer
Aber die Sehnsucht bleibt hier
Einsaaaaames Herz
Es ist das ewige Spiel der Liiiiiiiebe

»Der Blindfisch hat's nicht verdient«, sagte Breuner.

»War 'ne knappe Sache«, sagte ich.

»Knaaapp?«, schrie er. »Der hat den Vogel nich mal getroffen!«

Ich nahm mein Bierglas und sagte: »Prost!« Aber das war das falsche Signal. Breuner bestellte vier neue. Dann begann er ausführlich zu erzählen. Nach fünf Minuten begriff ich, warum er alleine an der Theke trank.

»Hansen steht so tief inner Kreide. So viele Haare kann der sein Lebtag nich mehr schneiden«, sagte er. Über Derksen wusste er, in welchem Puff er sein schwarz verdientes Geld ausgab. Aber noch spannender fand ich die Vermutung, dass Uli Rennermann seiner Ernennung etwas nachgeholfen hatte. Mit Geld.

»Glaub ich nicht – so besoffen, wie der war«, sagte ich.

»Alles abgekatert. Vorher geregelt.«

»Und wie?«

»5 000 Euro und die Sache läuft. Ich sach dir, dat is alles abgekatert.«

»Und wer sagt das?«

»Ich.«

»Ich meine, woher weißt du das.«

»Dat is doch klar wie Kloßbrühe.«

Beweise hatte er nicht, aber an seiner Überzeugung schien das nicht zu rütteln. Ich fand die Vermutung interessant, nach dem nächsten Bier noch etwas interessanter. Irgendwann schien sie mir auch plausibel. Wer bereit war, 25 000 Euro in den Wind zu schießen, damit das Dorf drei Tage lang saufen konnte, der legte auch noch 5 000 Euro drauf, wenn das die einzige Möglichkeit war, den Thron zu besteigen. Aber wie wollte man das beweisen?

»Sind aber alles nur Spekulationen«, sagte ich.

»Spekudingsda hin oder her. Fest steht, da stimmt was nicht«, sagte Breuner.

Ich dachte darüber nach, mich mit Grüni zusammenzutun. In einer Medienallianz würden wir das Schützenkartell sprengen. Ich hatte die Infos, er die Kontakte. Von meinen Leuten durfte das allerdings niemand erfahren. Eine Allianz mit dem »Anzeiger« wäre für Brohmschulte nicht in Frage gekommen. Keine der beiden Zeitungen hatte die andere je erwähnt. Hätte es in Borkendorf eine Volkszählung gegeben, wäre das Ergebnis in beiden Blättern anders ausgefallen. Die Mitarbeiter der Konkurrenz hätten sie jeweils abgezogen. Aber das musste mir jetzt egal sein. Es war schließlich wichtig. Ein Schmiergeld-Skandal! Und die Polizei hing mit drin. Mannomann. *Rennermann kauft den König!*« Was für eine Schlagzeile. Ich war schwer beeindruckt von meiner Recherche und beschloss, das zu feiern. Breuner zerhackte neben mir ein Stück Luft und wiederholte noch mal seine Vermutung, dass da irgendwas nicht stimme. Ich sagte, man müsse mal schauen, ob es irgendwelche Hinweise gebe. Das Wort »Hinweise« bereitete mir leichte Schwierigkeiten. Ich setzte neu an und dachte: Mit dem Auto zum Schützenfest – wie sinnlos.

Am Eingang drängte ein Pulk ins Zelt. Das Laternenlicht tönte die Köpfe gelb. »Es ist wunderschön mit euch«, sagte Helga. Ihre Ansage ging fast unter. Ich hörte die Wörter »Liebe«, »Märchen« und »Gartenhaus«. Dann sagte sie: »Ich singe jetzt: Sommernacht in Toledo«.

Der Mann hinter dem Schlagzeug klopfte mit den Holzsticks auf den Rand seiner Trommel. Der Bassist zupfte abwechselnd zwei Töne. Nachdem auch der Keyboarder sich eingeklinkt hatte, klang alles wieder wie vorher. Helga deutete ein Klatschen an. Vor der Bühne drängten sich Menschen vorbei, als wäre schon Pause.

Die heiße Brandung verschlingt dich und miiiiiich
Der silberne Mond – verlasse mich niiiiiich

Blacky Breuner dirigierte mich mit seinem Zeigefinger zu sich heran. Es sah aus, als wolle er mir etwas zuflüstern. Dann schrie er: »Soll ich dir noch wat sagen: Spielschulden hat Rennermann auch: 17 000 Euro.«

Ich stutzte: Warum sollte jemand mit einem Riesenhaufen Schulden 5 000 Euro Schmiergeld hinblättern, um noch mal 25 000 Euro zum Fenster rauswerfen zu dürfen? Breuner schien sich die Frage nicht zu stellen. Er grinste.

»Spielschulden?«, fragte ich. »Und warum gerade 17 000?«

»Man munkelt«, sagte Breuner.

Ich war froh, als sich auf der Bühne das Ende andeutete. Helga wiederholte den Refrain ein quälendes letztes Mal.

Sooommernaaaaacht in Toledoooo
Ich habe es nieeeeeee bereut
Sooommernaaaaacht in Toledoooo
Viel zu weeeeeenig Zeit

Das Lied endete so plötzlich, als hätte jemand den Stecker gezogen. Aber Helgas Mikrophon war noch an. Sie verbeugte sich und rief »Danke, Danke!« in den überraschenden Applaus. Ich war nicht sicher, ob er ihr galt oder eher die Freude darüber ausdrückte, dass es endlich vorbei war. Als ich ebenfalls klatschte, sah Breuner mich an, als wäre ich übergeschnappt.

»Ich werd dann mal«, sagte ich, trank den letzten Schluck und wollte mich per Handschlag verabschieden. Aber er ließ die Hand nicht mehr los.

»Warte«, sagte er, »das war noch nicht alles.« Ich sagte, ich müsse jetzt wirklich gehen. »Warte«, sagte er noch mal. Ich bekam Angst. Er ließ erst von mir ab, als ich sagte, ich müsse dringend aufs Klo.

Ich versuchte, einen unauffälligen Weg hinter die Bühne zu finden. Leider war genau das der, auf dem ich Paul Kali in die Arme lief. »Ihnen gefällt's aber richtig gut bei uns, wa? Kommse innen Verein«, sagte er.

Kali hatte die Idee, mich noch mal Uli Rennermann vorzustellen. Das sei inzwischen wieder möglich. »Wir haben schon kurz gesprochen«, sagte ich. Er bestand trotzdem darauf, mich vorzustellen. »Aber wirklich nur kurz«, sagte ich.

Rennermann saß mit seiner Gefolgschaft ein paar Meter

weiter am Königstisch, den sie auf ein Podest gestellt hatten. Die Königskette schnitt eine tiefe Falte in seine Schulter. Seine Hand lag auf Ines Meesters Oberschenkel.

Kali setzte einen Fuß auf das Podest und zog seinen schweren Körper hinterher. Rennermann stand gleich auf, um uns zu begrüßen. Als er mich sah, sagte er: »Toller Artikel!« Ich gratulierte noch mal zu seinem Titel und sagte, es seien ja unglaublich viele Leute gekommen. Er bestätigte das. Nach einem kurzen Smalltalk sagte ich, ich müsse leider auch schon wieder los. Ich gab Rennermann die Hand. Er sagte: »Und wennse in die Kontrolle geraten, erinnernse mich an den Artikel.« Ich war mir nicht sicher, ob er das ernst meinte, versprach aber, daran zu denken, verabschiedete mich und drängte mich durch bis hinter die Bühne. Der Mann, der eben noch Bass gespielt hat, kroch hinter der Garderobe hervor und sagte: »Da ist er auch nicht.« Helga griff mit beiden Händen in ihre zusammengefallene Frisur.

»Was ist los?«, sagte ich.

Helga wandte sich mir zu und sagte: »Mein Schlüssel ist weg.«

»Kann doch nicht sein. Den finden wir schon«, sagte ich.

»Unter der Bühne könnte er sein«, sagte sie. Ich sah mich um. Der Bassist war nicht mehr zu sehen.

»Würdest du mal nachschauen?«, fragte sie.

»Wie kommt man denn da hin?«, fragte ich.

»Ich weiß es nicht«, sagte Helga.

Ich versuchte, unter die Aufhängung zu klettern. »Geht glaub ich nur von der anderen Seite«, sagte ich.

»Du bist ein Schatz«, sagte Helga.

Ich irrte ums Zelt und näherte mich der Bühne von vorn. Erst stehend, dann halb kriechend. Immer wieder lief ich in Sackgassen – oder in Ellenbogen. Über der Bühne hing ein

Transparent mit dem Schriftzug »Party-Trio New York«. Die Buchstaben setzten sich aus Hochhäusern zusammen. Auf der Bühne standen vier Musiker in Blues-Brothers-Anzügen. Sie sangen: »Ich war noch niemals in New York«. Ich spürte einen Stoß in die Rippen. Aber der Schnaps hatte mich unempfindlich gemacht. »Ey, verpiss dich«, sagte ein stämmiger Glatzkopf. Ich tauchte ab, zwängte mich an zwei Hüften vorbei, bekam einen Fußtritt in die Wade und wurde fast umgeworfen. Dann lichtete sich vor mir der Dschungel aus Beinen. Ich rollte mich unter die Bühne, wo es, wie ich erst jetzt feststellte, dunkel war. Irgendjemand griff meinen rechten Fuß und zog mich heraus. Mein Handgelenk scheuerte über den Holzboden. Ein igelhaariger Ordner sah mich an und sagte: »Komm da raus!«

Ich sah aus, als hätte ich mich in eine Pfütze geworfen. Mein T-Shirt war schwarz. Die Wunde am Handgelenk schmerzte. Ich wollte alles erklären, aber der Ordner interessierte sich nicht für meine Erklärung. Als ich mich losriss, packte er noch fester zu. Wie einen Ladendieb führte er mich durch den schmalen Gang vor der Bühne zu den Klappstühlen, wo Helga mich entdeckte und den Ordner wie eine Furie anbrüllte: »Lassen Sie den Mann in Ruhe!« Der Ordner löste augenblicklich seinen Klammergriff und ließ mich verdreckt, blutend und bierfeucht stehen. Helga führte mich hinter die Bühne und sagte: »Schätzchen, wir nehmen ein Taxi.«

Der Taxifahrer musterte mich kritisch. Er fragte Helga, ob sie garantieren könne, dass ich ihm das Auto nicht vollkotze. Sie antwortete: »Stellnse keinen dummen Fragen, fahrnse uns nach Hause.« Der Mann schien nicht ganz sicher zu sein, ob irgendwer von Bedeutung ihn hier gerade anpflaumte. Er öffnete wortlos die hintere Tür, so dass Helga einsteigen konnte. Ich musste auf der anderen Seite alleine auf die Rückbank krabbeln. Als der Taxifahrer auf die Landstraße bog, fiel mir ein, dass wir auch meinen Wagen hätten nehmen können. Helga war ja so gut wie nüchtern.

Vor Helgas Haustür stieg ich aus, um mich von ihr zu verabschieden. Der Taxifahrer hatte das entweder nicht verstanden, oder er war froh, uns beide losgeworden zu sein. Er gab Gas und rauschte davon. Ich war mir sicher, dass er sah, wie ich hinter dem Taxi einfach herlief, aber er fuhr einfach weiter.

Helga bot mir das Bett in dem Zimmer neben der Sauna an. Sie desinfizierte die Wunde an meiner Hand und gab mir ein Pflaster. Als ich ein paar Stunden später aufwachte, war es schon wieder hell. Kleidung konnte Helga mir nicht geben. Also schlurfte ich in meiner Landstreicher-Montur durch Borkendorf und hoffte, nicht gesehen zu werden.

In der Redaktion schlug Rita ihre Hände vors Gesicht und rief: »Was ist denn mit dir passiert?«

»Ich würdet's eh nicht glauben«, sagte ich.

»Wo kommst du denn her?«, fragte Carsten.

»Ich hab bei Helga übernachtet.«

»Nee?«

»Doch.«

»Hast du uns was zu erzählen?«

»Ja, 'ne ganze Menge sogar. Aber erst müsste einer mitkommen – mein Auto holen.«

DIE BILDUNGSOFFENSIVE

Nach der Mittagspause lag auf meinem Schreibtisch ein Zettel mit der Bitte, Horst Höllermann zurückzurufen. Ich hatte das Blatt gerade in den Papierkorb geworfen, da klingelte das Telefon. Höllermann probierte es selbst noch mal. Ich sah seine Nummer, nahm aber nicht ab, weil ich befürchtete, ich würde ihn dann nicht mehr loswerden. Es klingelte mehrere Minuten lang. Irgendwann gab er auf. Kurz darauf rief Silke, da sei ein Leser in der Leitung, der eine Frage zu einem Text von mir habe. Dann stellte sie Höllermann durch.

Er hatte einen Frosch im Hals und räusperte sich so laut, dass es in meinem Ohr pfiff. Ich hielt den Hörer auf sichere Entfernung und konnte ihn immer noch gut verstehen. Als seine Stimme zurückkkam, entschuldigte er sich.

»Macht nichts, macht nichts. Passiert mir auch ständig«, sagte ich.

»Ja, dat war ’n bitken knapp geplant«, antwortete er.

»Wie, knapp geplant?«

»Ja, ich wollt’ vorbeikommen. Hatt’ ich doch gesacht.«

»Ach, wegen der neuen Lagerhalle?«

»Nee, wegen dem Wirtschaftsminister. Der kommt jetzt am Mittwoch.«

»Ach so. Muss ich überhört haben. Ja warte, dann schreib ich das mal eben auf. Nächsten Mittwoch. Ist das der 19. Juni?«

»Nee, morgen – das ist der 12. Um elf geht’s los. Kommste ’n bitken früher, dann zeig ich dir auch noch die Halle.«

Auf dem Weg zum Betonwerk bog ich links auf eine zerfurchte Landstraße. Dann sah ich kilometerlang nur gepflügtes Ackerland. Höllermann hatte mitten in der Prärie gebaut. Nach einigen Minuten tauchte am Ende der Straße ein Gebäude auf. Es steckte wie ein Legostein im Feld. Ich erkannte den gelb-grünen Höllermann-Schriftzug. Ich bog auf den Hof und fuhr in eine breite Parklücke. Vor meiner Motorhaube begann eine Wiese. Eine Kuh glotzte mich an. Als ich die Tür öffnen wollte, hielt neben mir ein Kombi. Durch das Seitenfenster erkannte ich Grüni. Ich kurbelte mein Fenster runter. Seins ging automatisch. Er sah mich an wie die Kuh vor uns.

Auf dem Weg über den Parkplatz erzählte ich Grüni, dass Höllermann mich mit seiner Lagerhalle verfolgte. »Wo ich den auch treffe, jedes Mal fängt er davon an«, sagte ich.

»Was soll er denn gebaut haben? Ich seh gar nichts«, sagte Grüni.

»Ich glaub, nicht neu gebaut. Das Ding muss so zwei Jahre alt sein.«

»Ach das. Das ist das da drüben.« Mit seinem ausgestreckten Arm deutete Grüni auf eine weiße Halle mit dünnen Wänden. Das Rolltor reichte bis unters Dach.

»Das Ding?«

»Siehst du sonst noch was?«

»Warum nervt er dich denn damit nicht?«

»Hat er ja, aber das ist schon was her.«

»Und was hast du gesagt?«

»Dass wir schon drüber geschrieben haben.«

»Wie, und er wollte den Artikel nicht sehen?«

»Doch. Aber ich hab ihm gesagt, dann muss er vorbeikommen und sich den Text aus dem Archiv suchen. Seitdem hab ich nichts mehr gehört.«

Wir stiegen vier graue Stufen hinauf, öffneten eine Glastür und gelangten in ein schmales Foyer. Auf einem Glastisch die Hefte vom Lesezirkel. An der Wand ein gelbes Bild von Miró. Hinter einem Tresen eine Frau mit Lesebrille. Sie sah uns an wie Eindringlinge und fragte: »Sie wünschen?«

»Wir sind von der Presse«, sagte Grüni.

Die Frau drückte eine Taste, als wolle sie Hilfe holen. Dann nuschelte sie etwas Unverständliches in den Hörer, legte auf und sagte mit ernster Miene: »Der Chef kommt.«

Hier war Höllermann nicht der Horst, sondern der Chef. Wir setzten uns auf die Stühle vor dem Glastisch und gaben uns Mühe, an uns vorbeizusehen. Hinter uns hackte die Frau auf einer Tastatur herum. Grüni versuchte seine Hände so abzulegen, dass sie nicht störten, aber es gelang ihm nicht.

»Ich geh eine rauchen«, sagte er.

»Ich komm mit«, sagte ich.

Von der Treppe vor der Tür blies er eine dünne Rauchwolke in die Luft. Der Wind trug sie davon. Hinter dem Parkplatz breitete sich die Brache aus. »Das war ja alles Föcking«, sagte Grüni und kreiste mit der brennenden Zigarette das platte Land ein.

»Föcking?«

»Textil. Anfang der Neunziger abgerissen.«

»Und seit wann ist Höllermann hier?«

»Mitte der Achtziger.«

Ich fragte mich, ob Höllermann den Chef der Textilfabrik so lange mit seinem Wacholderschnaps verfolgt hatte, bis der irgendwann die Anweisung gab, seinen Laden abzureißen und irgendwo anders wieder aufzubauen. Irgendwo. Hauptsache, weit weg von Höllermann. Aber es war viel einfacher. Grüni sagte, Föcking sei pleite gewesen.

Wir schlenderten über den Parkplatz. Auf einmal rief hinter uns jemand: »Juuuuuungs!« Horst stand am Treppengeländer. Er winkte, als würde sein Schiff gleich ablegen. In seinem Nadelstreifenanzug sah er aus wie ein anderer Mensch. Jedenfalls aus der Ferne.

»Tschulligung. Hat 'n bittken wat gedauert«, sagte er und federte die Treppe runter. »Wollnwer noch eben schnell in die Halle?«, sagte er. Und zu Grüni: »Ihr habt ja schon wat drüber gemacht, ne?« Grüni nickte.

»Ich hab mich noch mal schlau gemacht. Wir hatten da vor zwei Jahren auch schon drüber geschrieben«, sagte ich.

Höllermann sah mich an und sagte: »Ich les euch doch jeden Morgen. Da hab ich nix gesehen.«

»Mein Kollege sagte, es hätte da damals …«

»Kannz mir dat denn mal raussuchen?«

»Da müsstest du mal nachmittags vorbeikommen und bei uns im Archiv …«

»Für'n alten Leser könnter dat doch wohl ma machen, oder?«

»Ich weiß ehrlich gesagt nicht, ob ich da …«

»Mach dat mal. Und wenndes gefunden hast, dann meldste dich.«

Grüni grinste, aber Horst hatte noch eine Idee. Und als er vorschlug, in der Woche darauf einen Azubi vorbeizuschicken, der beide Artikel raussuchen würde, grinste Grüni nicht mehr. Er war jetzt doch dafür, noch mal schnell rüber zur Halle zu gehen. Dann standen wir davor und wussten nicht, was wir sagen sollten. Grüni sah hoch zum Rahmen des Rolltors. Er sagte, das sei ja ganz schön beeindruckend. Ich wusste nicht genau, was er meinte, aber Horst fand das auch. Grüni schrieb ein paar Worte in seinen Block. Wir machten ein Foto. Dann führte Horst uns durch einen Hintereingang zurück ins Foyer. Von dort schleuste er uns durch Glastüren, vorbei an offenen Büros und Fotos von Pflanzen. Am Ende des Gangs öffnete er eine Tür und sagte: »Dat is mein kleines Reich.«

Der Raum war deutlich größer als das Foyer. Hinter weißen Gardinen zeichnete sich die Ackerlandschaft ab. Horst bot uns einen Platz an. Auf dem Tisch stand nur ein Aschenbecher. Horst steckte sich eine Zigarette an. Der Qualm nebelte sein Gesicht ein. Dann sagte er unvermittelt: »Den Kröger kannt ich ja schon lange, bevor er Minister wurde.« Als wir nicht nachfragten, sagte er: »Ach, Jahre schon.«

Dann erbarmte sich Grüni und fragte: »Woher denn?«

»Karneval«, sagte Horst. Er blickte nachdenklich in die Rauchwolke über dem Aschenbecher, sah uns wieder an und sagte: »Mit dem Kröger hab ich gut gesoffen.«

Grüni notierte das. Horst sagte, das könnten wir aber nicht schreiben. Grüni sagte »Nee, nee« und hörte auf zu notieren.

»Der Kröger is kein Kind von Traurichkeit«, sagte Horst.

»Isser nich?«, sagte Grüni.

»Nee, nee, der kann gut einen verpacken. Ungewöhnlich für 'nen Politiker«, fand Horst.

»Warum kommt er denn eigentlich?«, fragte Grüni.

»Ja, dat ist ja … als Wirtschaftsminister, da muss er ja … also da kann er ja nicht … Ich meine, er muss ja …« Horst schien es nicht zu wissen. Er erzählte, wie die Referentin Kröger angekündigt und er zugesagt hatte. Nach dem Anlass hatte er nicht gefragt. »Is ja auch egal. Wichtig is, dat er kommt«, sagte Horst.

Die Sekretärin klopfte. Da sei Besuch, er warte unten am Eingang, sagte sie. Wieder marschierten wir durchs Treppenhaus. Im Foyer angekommen, fragte Horst: »Isser da?« Die Frau mit der Lesebrille deutete diskret auf vier Männer in

Anzügen, die sie in die Wartezone geschickt hatte. Kröger war nicht dabei. Ich sah den Bürgermeister. Er grüßte sofort. Ihm gegenüber saßen zwei Männer in dunklen Anzügen und ein älterer im Pullover.

»Ach, ihr seid's nur«, sagte Horst, lachte und begrüßte alle vier wie alte Freunde. »Lange nicht gesehen«, »Viel zu tun«, »Wie geht's deiner Frau?«. Dann sagte Höllermann: »Wartenwer draußen auf ihn?« Er öffnete die Tür und wies uns mit einer schaufelnden Bewegung heraus.

Eine blaue Limousine bog auf den Hof. Der Wagen bremste, die Vorderreifen rutschten über den Schotter. Der Fahrer stieg aus, eilte um den Wagen, aber noch bevor er die andere Seite erreicht hatte, warf Kröger schon selbst die Tür auf. Über der getönten Scheibe erschien sein Kopf. Er hatte ein rundes Gesicht, große Ohren und rote Wangen. Ich kannte ihn nur aus der Zeitung. Ab und zu hatte ich ihn im Radio gehört und war am Ende überrascht gewesen. Kröger war nicht dumm, aber er klang noch immer wie der Maurer, der er früher gewesen war. Das war auch ein Vorteil. Wer ihn nicht kannte, unterschätzte ihn. Seine Behinderung trug dazu bei. Seinen linken Arm hatte er auf dem Bau verloren. Spötter sagten, da sei nur die Politik geblieben.

Als Kröger Höllermann sah, streckte er seinen Arm zum Gruß aus. Höllermann erwiderte die Geste. Kröger kam kopfschüttelnd auf uns zu und sagte: »Stau«. Die anderen schien er ebenfalls zu kennen. Höllermann reichte ihm die rechte Hand. Als Kröger einschlug, legte er die linke darauf.

»Schön, dich zu sehen, Hans!«, sagte Kröger.

»Horst«, sagte Horst.

»Ach natürlich, Horst«, sagte Kröger.

Er tätschelte Horsts Arm und lachte. Horst lachte mit. Als

er sah, dass Krögers Fahrer den Motor laufen ließ, fragte er: »Wollter gleich weiter?«

»Ersmal sind wir hier«, sagte Kröger.

Horst führte uns in einen Konferenzraum. Die Männer vom Parkplatz setzten sich in die erste Reihe. Die Stühle dahinter füllten sich mit anderen Menschen, die plötzlich von irgendwoher auftauchten. Ein Beamer warf das Höllermann-Logo auf eine Leinwand. Darunter stand in Schreibschrift: »Noch nie war grau so schön.«

Horst wartete an einem Pult. Als es leise wurde, bedankte er sich bei Kröger. Der stand auf und verbeugte sich. Horst sagte, er wolle es kurz machen. Auf der Leinwand zerbröselte das Logo. Eine neue Folie erschien. Auf ihr war ein schwarz-weißes Foto zu sehen. Rauchende Arbeiter posierten vor einer Wellblechhütte. Horst begann von seinem Großvater Heinrich zu erzählen. Er schwelgte in Erinnerungen, die er selbst gar nicht haben konnte. Er erzählte von Betonpumpen, die sie in den fünfziger Jahren an eine Baustelle in Hamburg geliefert hatten. Er zeigte ein Foto von einer Brücke, die zur Hälfte aus dem von ihm gelieferten Beton bestand. Kröger nahm eine Akte aus seiner Tasche und begann zu blättern.

Höllermann handelte ausführlich mehrere Jahrzehnte Firmengeschichte ab. Eine Viertelstunde verging mit Anekdoten aus dem Baugewerbe. Am Ende zeigte Höllermann ein Foto der neuen Lagerhalle. Er nannte sie ein Symbol eines neuen Zeitalters. Dann sagte er: »Ich hoffe, ich habe Sie nicht gelangweilt.«

Kröger klappte erleichtert seine Akte zu. Da zerstäubte hinter Horst die nächste Folie, zum Vorschein kam ein Schaubild. Titel: Aktuelle Geschäftsentwicklung. Kröger und Bürgermeister Höffner steckten ihre Köpfe zusammen.

Kröger sah auf die Uhr. Höllermann sagte, es gebe erfreuliche Nachrichten.

»Wir haben an allen ECKEN und KANTEN hart gearbeitet«, sagte er. Die Wörter, die er betonte, schrie er fast. »Wir sind überall auf vergleichbarer BALLHÖHE. Wir setzen auf QUALITÄT und MARKTERFAHRUNG. Wir haben AKTUELL die besten Voraussetzungen. Alles in allem sind wir gut AUFGESTELLT. Wir haben den TÖRNERRAUND geschafft. Das KOSTKATTING hat daran SICHER seinen Anteil. Aber das UMSATZPLUS haben wir auch dem EXPORT zu verdanken. Der EXPORT hat viel TRIEBKRAFT. Und er hat erhebliche AUSWIRKUNGEN für den heutigen und hiesigen MARKT. Herr Minister, wir befinden uns INMITTEN einer Phase des ÜBERGANGS, aber wir haben unsere Ziele mit einhundertzwanzig PROZENT erreicht.«

Kröger schien nicht mehr mit dem Ende des Vortrags zu rechnen. Als Horst nach einer halben Stunde ankündigte, er wolle jetzt langsam zum Schluss kommen, war Kröger vorsichtig genug, sich noch nicht zu regen. Es dauerte fünf weitere Minuten. Dann sagte Horst, als Nächstes begrüße er den Bürgermeister.

Höffner sagte, es sei schon viel Zeit vergangen. Deshalb wolle er es kurz machen. Es dauerte dann doch etwas länger. Und das lag vor allem an dem Abschnitt, in dem er die Bedeutung des Betonwerks für die Stadt würdigte. Als ihm das Stichwort »Ausbildung« in den Sinn kam, schweifte er kurz ab, kam aber irgendwie zurück zur Stadt Borkendorf und richtete am Ende deren Grüße aus.

Danach begrüßte Horst noch einmal den Minister, der sich von einem dürren Applaus begleitet erhob, auf die Uhr sah und ebenfalls sagte, er werde es kurz machen. Kröger begrüßte abermals die Gäste. Er sagte, er komme immer wieder gern nach Borkendorf. »Ist ja nicht weit aus Weesum. Wir sind ja fast Nachbarn. Ham auch schon viel hier gefeiert«, sagte er und sah Höllermann an, der das durch heftiges Nicken bestätigte. »Heute komm ich aber aus einem anderen Grund«, sagte Kröger. Er trat einen Schritt zurück. Sein Arm fiel in die Senkrechte. »Heute komm ich wegen die Jugend«, sagte er.

Horst winkte einen Mann heran, flüsterte ihm etwas zu, der Mann verließ den Raum.

Kröger trat zurück ans Pult und sagte: »Ich sach ja nich Ausbildung, sonnern immer noch Lehre. Is ja im Grunde dat Gleiche. Aber et hat sich auch vieles verändert. Wenn ich an meine eigene Jugend denk, da gab's gar nich die Wahl. Mein Vatter hat mich gefracht: Wat willse werden? Da hab ich gesacht: Polier. Dann wurd ich Maurer. Heut is dat anners. Da komm die jungen Leute vont Genasium. Dann geh'n die ersma studiern. Und auf'm Bau fehlense uns. Et wird immer schwerer, junge Leute zu finden.«

Die Tür öffnete sich einen Spalt. Der Mann, der rausgegangen war, schob einen Jugendlichen herein. Er schien direkt aus der Werkstatt zu kommen. Der Jugendliche sah sich um und schlich in die letzte Reihe. Kröger sagte: »Die jungen Leute sind unglaublich tüchtig. Die woll'n wat erreichen. Ich sach euch: Wenn wir in Ausbildung investier'n, investier'n wer inne Zukunft.« Die Männer in der ersten Reihe applaudierten. Kröger hob seinen Arm.

»Wir könn' von Glück sagen, dat wir inne Region so viele inhabergeführte Familienbetriebe haben, die Verantwortung übernehmen und damit unsere Zukunft sichern. Wir sind gut aufgestellt. Und ich geh davon aus, dat wir hier auch noch in zehn bis zwanzich Jahr'n gut leben könn'.«

Kröger sprach, als hätte sich das Problem, das er eingangs

erwähnt hatte, durch seine Rede bereits lösen lassen. Mit den gleichen Attributen, die er vorher der Jugend und den Unternehmern zugedacht hatte, dekorierte er jetzt die Landesregierung. Unglaublich tüchtige Leute. Menschen, die was erreichen wollen. »Et is glaub ich gut, dat wir dat regeln. Dann gib's auch weniger Probleme«, sagte Kröger. Dann setzte er sich wieder. Der Beifall klang schnell ab.

»Herr Höllermann, wie viele Auszubildende beschäftigen Sie denn hier?«, fragte Grüni.

Kröger sah Höllermann erwartungsvoll an. Horst räusperte sich. Er überlegte. Es sah aus, als könne er die Zahl allenfalls grob überschlagen. Dann sagte er: »Den Benni hab ich ja mitgebracht. Der ist jetzt im zweiten Lehrjahr. Und ich glaub, dem gefällt's auch ganz gut bei uns. Nech, Benni?«

Benni rieb seine Hand über den Latz seiner Arbeitshose und sagte leise: »Ja.«

»Das ist doch toll«, rief Kröger.

»Und wie viele sind's insgesamt?«, fragte Grüni.

»Zwei«, sagte Horst.

Das schien auch Kröger zu überraschen. »Wie viele Leute habter insgesamt?«, fragte der.

»Hundertneunundachtzig«, sagte Höllermann.

Kröger schwieg. Grüni notierte die Zahl.

»Dann stellter nächstes Jahr zwei mehr ein«, sagte Kröger.

»Machenwer«, sagte Horst.

Die Harmonie war wieder hergestellt, aber Kröger war jetzt noch mehr in Eile als vorher. Immer wieder sah er verstohlen auf seine Uhr. Als Horst das Wort »Frühstück« sagte, setzte Gemurmel ein. Ich glaubte, in Krögers Gesicht Erleichterung zu sehen. Die Türen öffneten sich. Höllermann sagte, draußen warte eine kleine Erfrischung – und schob hinterher: »Für die Gäste.« Während des Vortrags hatte ein

Caterer draußen im Flur ein kleines Büfett aufgebaut, in dessen Mitte sich eine Pyramide aus Mettbrötchen erhob.

»Da habter aber genau meinen Geschmack getroffen«, sagte Kröger.

»Wir kenn' doch unsere Pappenheimer«, sagte Horst.

Kröger nahm ein Mettbrötchen von der Spitze, pickte einen Stängel Petersilie herunter und legte ihn sorgsam auf die Tischdecke. Dann hob er das Brötchen an seine Unterlippe und schob es in seinen Mund. Es verschwand wie ein Auto in einer Garage. Kröger biss einmal ab. Den Rest stopfte er hinterher. So verfuhr er auch mit dem zweiten Brötchen. Horst sah ihm zu, als zeige Kröger ein Kunststück. Grüni raunte leise, er glaube, der einzige Sinn der Ausbildungsoffensive sei, dass Kröger morgens nicht nüchtern ins Ministerium müsse. In Krögers Mund verschwand Mettbrötchen Nummer drei.

»Geh'n wer noch eben durch 'n Betrieb?«, fragte Horst.

»Du, ich muss eigentlich gegen Mittach ...«

»Komm, die Jungs woll'n dich doch auch sehen.«

Kröger zögerte. »Ja los, dann aber schnell.« Grüni sagte, er müsse leider schon weg. Ich versprach, ihm ein Foto zu schicken. Horst führte die Delegation im Eilschritt durch die Produktionshalle. Es ging vorbei an raumschiffgroßen Kapseln und Regalen voller Betonsäcke. Der Minister schien keine Fragen zu haben. Mitarbeiter sahen wir nicht. Nach fünf Minuten waren wir wieder draußen. Der Fahrer hupte.

»So, jetzt muss ich aber wirklich«, sagte Kröger.

»Tschuldigung, ich brauch noch ganz schnell 'n Bild«, sagte ich.

»Komm, dann machenwer dat schnell hier«, sagte Kröger.

Über den Ort ließ sich nicht mehr diskutieren. Horst, Höffner und Kröger stellten sich vor eine Pflanze mit großen

Blättern. Trotz aller Eile bestand Kröger darauf, dass Mitarbeiter mit aufs Foto kommen. Die Frau vom Empfang lief los und kam mit vier ahnungslosen Männern zurück, die sie im Ruheraum aufgelesen hatte. Kröger schloss im Moment des Fotos die Augen. Für ein weiteres Bild war keine Zeit mehr. Draußen hupte wieder der Fahrer. Dann rauschte die Limousine mit Kröger vom Hof. Horst winkte noch, als man den Wagen schon nicht mehr sah. Als er wieder hereinkam, wirkte er erleichtert. »Darauf gib's erst mal einen«, sagte er und verschwand über eine Treppe. Ich bat die Frau vom Empfang, Horst auszurichten, dass ich es eilig gehabt hatte. Sie sagte, das werde er sicher verstehen.

DER LIVE-TICKER

Der Radiomoderator kündigte an, fürs Wochenende seien über dreißig Grad vorausgesagt. Er war völlig aus dem Häuschen. Und er gab den Tipp, den Kühlschrank tagsüber offen zu lassen. Ich nahm das verkohlte Baguette aus dem Ofen und legte ein neues hinein. Der Moderator sagte: »Wir begrüßen den Super-Sommer mit den besten Super-Sommer-Hits der Achtziger, Neunziger und des neuen Jahrtausends.« Dann spielte er Fury in the Slaughterhouse.

Ich ahnte, was mich in Borkendorf erwarten würde. Rita würde ein Foto von Eis essenden Menschen in Auftrag geben. Franjo würde übellaunig zur Eisdiele fahren und mit dem gleichen Bild zurückkommen wie immer. Im schlimmsten Fall würden sie auch noch eine Umfrage zum Wetter in Auftrag geben. Im allerschlimmsten Fall bei mir. Ich würde in der Fußgängerzone stehen und die Leute fragen: Wie finden Sie den Sommer?

Ich bereitete mich auf alles vor und wurde trotzdem überrascht. Keiner interessierte sich für das Wetter, denn die IT-Abteilung hatte in einer Nacht-und-Nebel-Aktion eine neue Software installiert. Dorkov hatte das in einer E-Mail an alle mitteilen wollen. Die neue Software hatte das gleich verhindert. Deshalb hatte er angerufen.

Das Programm hieß Babylon 3.0. Der Name war offenbar mit Bedacht gewählt. Eine Bedienungsanleitung gab es nicht, aber ohne Erklärung war die Software nicht zu verstehen. Christoph Röhrbein war ebenfalls neu. Auch mit ihm hatte keiner gerechnet. Am Morgen hatte er sich überraschend als der neue Volontär vorgestellt. Kariertes Hemd, rote Igelhaare und ein Gesicht wie ein Pfannkuchen. So saß er da und grüßte alle, die an ihm vorbeiliefen. Als wir die Treppe rauf zur Konferenz trotteten, folgte er uns. Brohmschulte stellte ihn vor und bat ihn, zwei Sätze zu sich selbst zu sagen. Röhrbein sagte, er habe schon gesehen, wir hätten Probleme mit der neuen Software. Er könne uns helfen. Er kenne sich aus.

Später am Morgen saß Pohlmann vor seinem Bildschirm und schimpfte, weil alles anders aussah. Er fand einen Knopf nicht. Röhrbein sagte, er müsse in den Kontextmenüs suchen. Pohlmann wusste nicht, was das ist. »Die Pulldown-Leiste«, sagte Röhrbein. Pohlmann sagte, er könne das schon alleine.

Gab es ein Problem, stand Röhrbein auf und fragte, ob es ein Problem gebe. So gelang es ihm, noch im Verlauf des Nachmittags zum Feindbild zu werden. Vor allem für Karl. Röhrbein war ein Klugscheißer. Und Klugscheißer konnte Karl nicht leiden.

»Haste denn auch schon mal was anderes geschrieben als Computerprogramme?«, fragte er.

»Kannst mich ja mal googeln«, sagte Röhrbein und verwies auf Praktika bei Spiegel Online, der Bild-Zeitung, dem Stern und einem Jugendmagazin, dessen Namen ich noch nie gehört hatte. Außerdem sei er bei Twitter, Facebook und noch ein paar anderen Netzwerken zu finden. Und er habe ein Blog. Karl googelte Röhrbein nicht.

Als Röhrbein am Abend gegangen war, sagte Karl: »Was ist denn das für 'ne Flachpfeife?«

»Den norden wir schon ein«, sagte Dalia.

Am nächsten Morgen fragte Röhrbein in der Konferenz, warum kaum einer unserer Artikel im Internet zu finden sei.

»Weil wir noch immer eine Zeitungsredaktion sind«, sagte Dalia schnippisch.

Röhrbein sagte, das Internet sei aber wichtig. »Viele Menschen informieren sich morgens bei der Arbeit online. Wenn sie da bei uns nichts finden, ist das schlecht.«

»Die sollen ja auch die Zeitung kaufen«, sagte Karl.

»Keine Zeitung wird auf Dauer ohne Online auskommen«, sagte Röhrbein.

»Aber noch machen wir hier Zeitung«, sagte Karl.

»Noch«, sagte Röhrbein.

Zwei Tage später kam Dorkov zu Besuch und kündigte Veränderungen an. Mit hochgekrempelten Hemdsärmeln saß er vor uns, die Hände auf dem Tisch zur Faust geballt. Rechts neben ihm Röhrbein. »Online wird immer wichtiger. Wir müssen sicherstellen, dass auf unserer Internetseite mehr passiert. Vor allem morgens. Da informieren sich die meisten«, sagte Dorkov. Röhrbein nickte. Und Dorkov hatte noch mehr Neuigkeiten. »Das Internet gibt uns neue Möglichkeiten, die müssen wir nutzen. Facebook, Twitter, Live-Ticker, Blogs. Damit müssen wir uns beschäftigen«, sagte er.

»Und wann sollen wir das alles machen? Wir haben gar keine Zeit für solche Spielereien«, sagte Rita.

Dorkov sah sie an und sagte: »Frau Hemberger, das sind keine Spielereien. Das ist die Zukunft.«

Röhrbein saß da, als hätte er Dorkov die Worte in den Mund gelegt. Dorkov sagte, er habe Röhrbein geschickt, damit der hier etwas Aufbauarbeit leiste. Die neue Software Babylon biete alle Voraussetzungen.

»Wenn sie denn mal laufen würde«, sagte Karl.

»Ich weiß, es gab ein paar Startschwierigkeiten. Aber die dürften spätestens am Wochenende behoben sein«, sagte Dorkov. Röhrbein fügte hinzu, er habe das im Griff. Brohmschulte schwieg. Dorkov schwitzte. Röhrbein sagte, er habe da ein paar ganz tolle Ideen, die er auch sehr gern noch vorstellen würde. Dorkov sagte, das klinge sehr spannend, aber er müsse leider schon weiter.

– – – – – – – – –

Im Laufe der Woche wurde die Hitze unerträglich. Silke meckerte so unaufhörlich über die miese Klimatisierung, dass Brohmschulte sie in den Baumarkt schickte, um Ventilatoren zu kaufen. Auch damit war sie unzufrieden.

Anderthalb Stunden war es wunderbar ruhig. Dann kam sie mit drei großen Kartons zurück, und es gab Streit, wo die Ventilatoren stehen sollten. Silke sagte, einen bekäme ja wohl sie. Sie habe die Dinger ja schließlich gekauft. Den zweiten beanspruchte Brohmschulte für sich. Den dritten wollte sich Dalia auf den Schreibtisch stellen. Aber dagegen hatte Karl etwas. Carsten und Rita schlugen sich auf Karls Seite, so dass Dalia sich auf einen Kompromiss einlassen musste. Am Ende stand der Ventilator auf einem Tisch in der Mitte. Er ratterte laut, half von dort aber niemandem.

Weil Brohmschulte sah, dass das kleine Gerät alleine nicht in der Lage war, seinen Qualm-Kubus in einen Frischluft-Würfel zu verwandeln, öffnete er die Tür. Der Gestank strömte heraus. Karl drehte sich immer wieder um. Man sah, wie es in ihm brodelte. Dann begann er, seine Wut an Röhrbein auszulassen. Er gab ihm eine Aufgabe, die mit Internet nichts zu tun hatte.

»Schnapp dir mal 'ne Kamera und frag die Leute in der Stadt, wie sie sich gegen die Hitze schützen«, sagte er.

Röhrbein war sofort begeistert. »Super Idee«, sagte er und schlug vor, die besten fünf Vorschläge als Bilderstrecke ins Netz zu stellen. »Ich ruf dann auch noch die Freibäder an und frag, wie voll es ist und was der Eintritt kostet. Dann such ich noch raus, wo man sonst noch schwimmen kann. Ich frag einen Arzt, was man gegen die Hitze machen kann. Das können wir dann gleich auch twittern.«

»Mach erst mal die Umfrage. Wichtig ist, dass die Zeitung zu ist. Wir wollen hier heut früh raus«, sagte Karl.

Röhrbein nahm einen Block und die Kamera. Nach einer Stunde kam er zurück. Sei alles super gelaufen, sagte er. »Ich hab zwölf Tipps, vier Leute haben sich fotografieren lassen. Ich hab ein kleines Video gemacht. Eine Frau war super. Die hat erzählt, dass sie …«

»Schreib's auf. Dann lesen wir's ja«, sagte Karl.

»… in die Kirche geht und liest, weil's da kalt ist – und ruhig. Ist doch genial!«

»Schreib!«, sagte Karl.

Nach einer Viertelstunde sagte Röhrbein: »So, der Text für die Zeitung wär jetzt fertig. Ich mach dann mal die Sachen fürs Netz.«

Karl las die Umfrage und konnte lediglich kritisieren, dass der Baggersee an der Autobahn kein Geheimtipp war. »Da gehen alle hin«, sagte er. Röhrbein änderte es. Dann rief er die Freibäder an, fand einen Arzt und im Archiv auch Fotos zu den Orten, die ihm die Leute auf der Straße empfohlen hatten.

»Es gibt schon die ersten Reaktionen bei Twitter«, sagte er. Einer hatte eine kalte Ecke in der Eisdiele neben der Kirche empfohlen. Ein anderer den großen Baum im Stadtpark. Carsten ließ sich von Röhrbein erklären, was er gemacht hatte. Und Norbert fand das Ergebnis zumindest in diesem Fall gut.

In den Tagen darauf ließ Karl Röhrbein zufrieden. Dorkov lobte den neuen Volontär in einer E-Mail, die er an alle schickte. »Herr Röhrbein zeigt mit dieser Geschichte eindrucksvoll, wie sich die Möglichkeiten des Internets nutzen lassen«, schrieb er.

In der Konferenz erzählte Röhrbein, dass es ihm gelungen sei, in nur fünf Tagen einhundertzwölf Follower zu gewinnen. Carsten sagte, das sei ja nicht schlecht. Rita sagte: »Folloher? Kenn ich nich.«

»Das sind Leute, die uns bei Twitter folgen«, sagte Röhrbein.

»Und was ham wir davon? Die soll'n unsere Zeitung abonnieren, nich unser Twitter«, maulte Rita.

»Es liest eben nicht mehr jeder Zeitung«, sagte Röhrbein.

»Wenn wir alles in Twitter schreiben – kein Wunder«, sagte Rita.

Röhrbein bot Rita an, ihr Twitter zu erklären. Sie ließ sich darauf ein. Röhrbein wollte ihr zeigen, wie man einen Tweet schreibt. Weil es gerade nichts mitzuteilen gab, schrieb er: »Super Wetter. Ich kauf mir jetzt erst mal ein Eis.«

Danach verlor Rita das Interesse. »Ich will gar nicht wissen, wer sich alles Eis kauft«, sagte sie.

Röhrbein sagte, es gehe nicht um das Eis. Rita antwortete, es interessiere sie aber auch nicht, wie oft andere Leute sich Kaffee kochen. Röhrbein wollte ihr noch Facebook zeigen, aber Rita wusste bereits, dass Menschen da die privatesten Dinge preisgeben und Facebook die Daten dann irgendwie zu Geld macht. Auch damit wollte sie nichts zu tun haben. »Ich treff mich mit meinen Freunden lieber in der richtigen Welt«, sagte sie.

Röhrbein ärgerte sich darüber, dass seine Bemühungen so fruchtlos geblieben waren. »Wer so denkt, landet irgendwann auf dem Abstellgleis«, sagte er. Das fand nicht nur Rita unverschämt, sondern auch Karl.

Am nächsten Tag forderte Brohmschulte Röhrbein auf, sich für seine Äußerung zu entschuldigen. Röhrbein sagte widerwillig, er habe niemanden verletzten wollen, aber bei seiner Äußerung bleibe er. Rita war empört.

»Das ist eine Frechheit. Wir machen hier guten Journalismus«, sagte sie.

»Steinzeitjournalismus«, sagte Röhrbein. Doch damit war er zu weit gegangen. Jetzt wurde auch Brohmschulte sauer.

»Herr Röhrbein, Sie sind hier Volontär«, sagte er.

Zwei Tage später stand Dorkov wieder auf der Matte. Er bat Röhrbein zu einem Gespräch.

»Dem werden jetzt schön die Flügel gestutzt«, sagte Rita.

Eine Viertelstunde lang hörte man nichts. Dann bat Dorkov auch die anderen dazu. Er sagte, es habe offenbar ein Problem gegeben, das man nun irgendwie lösen müsse. Röhrbein habe versichert, dass er niemanden verletzen wollte. Falls das doch geschehen sei, wolle er sich entschuldigen. Röhrbein nickte. Rita saß mit verschränkten Armen da. Dorkov sagte, er wolle noch etwas Grundsätzliches anmerken. »Uns allen muss bewusst sein, dass das Internet die Zukunft ist. Wer sich dem verschließt, wird in diesem Beruf auf Dauer Probleme bekommen.« Aber weil das in dieser Redaktion ja nicht der Fall sei, sehe er keine Probleme.

Die Verhältnisse waren damit klar. Röhrbein machte das nicht beliebter, aber der Widerstand gegen ihn schmolz. Und die Hoffnung, dass das Internet mit all seinen Unannehmlichkeiten nur ein vorübergehendes Phänomen sein könnte, wich der Zuversicht, dass Röhrbein nur ein halbes Jahr bleiben sollte.

Kurz vor dem Wochenende riet Röhrbein Günter Bocklund, das Heimspiel des SC Borkendorf mit einem Live-

Ticker zu begleiten. »Wer nicht ins Stadion kann, kann zu Hause am Computer mitlesen«, sagte Röhrbein. Bocklund hatte kein Interesse, aber ihm war bewusst, dass er Interesse haben musste. Also überlegte er sich, wie er den Live-Ticker trotz guten Willens zum Scheitern bringen konnte.

»Im Stadion ist kaum Empfang«, sagte er.

Röhrbein bot an, sich in die Redaktion zu setzen und mit Bocklund per Telefon in Kontakt zu bleiben. Bocklund zögerte. »Ich kenn niemanden, der sich ein Kreisliga-Spiel im Internet anschaut«, sagte er. Röhrbein wandte ein, das sei ja bislang auch nicht möglich. Bocklund musste ihm recht geben. Er räumte ein, das sei sicher eine gute Idee, aber doch alles sehr kurzfristig. »Probieren wir's aus. Aber beim nächsten Heimspiel«, schlug er vor.

»Alles klar«, sagte Röhrbein.

- - - - - - - - -

In der Konferenz am darauffolgenden Morgen rutschte Pohlmann unruhig auf seinem Stuhl herum, bis er irgendwann sagte: »Also, ich könnte vielleicht ...«

Brohmschulte sah ihn an: »Was könnten Sie?«

»Na, vielleicht mal ausprobieren, einen Live-Ticker ...«

»Vom Fußball?«

»Nee ...«

»Ja, wovon denn?«

»Weiß nich, würd ich aber gern mal ausprobieren.«

»Ja, dann machense sich mal Gedanken«, sagte Brohmschulte.

Nach der Konferenz schnappte Röhrbein sich Pohlmann. Anderthalb Stunden lang saßen beide vor Röhrbeins Computer. Pohlmann zeigte immer wieder verständig auf den Bildschirm. Als er mit seinem Bürostuhl zurück an seinen

Platz rollte, sagte er: »Ist ja alles gar nicht so schwer. Muss man nur mal ausprobieren.«

In den Tagen darauf nahm sein Interesse weiter zu. Dann und wann benutzte er Google. Und als er an einem Freitagmorgen in der Konferenz einen Zettel auf den Tisch legte und sagte, das habe er bei Twitter gefunden, sahen Dalia und Brohmschulte ihn an, als hätte er ihnen die Schatzkarte zum Bernstein-Zimmer auf den Tisch gelegt. Allerdings war es dann doch nur ein Foto vom Jägerzaun vor dem Pfarrheim der Stadtkirche. Irgendwer hatte ihn weiß gestrichen und das Foto ins Netz gestellt. »Das haben wir exklusiv«, sagte Pohlmann.

Brohmschulte nahm den Zettel, warf einen flüchtigen Blick auf das Foto, schob ihn wieder zurück und brummte: »Dann kümmernse sich da mal drum.«

»Und was ist die Schlagzeile? Gemeinde streicht Jägerzaun? Warum schreibt er nicht darüber, dass der Pfarrer gestern sein Fahrrad geputzt hat. Das hamwer auch exklusiv«, rief Karl.

»Nu’ lassense mal«, sagte Brohmschulte. Es war offensichtlich, dass er Pohlmanns ungewohnten Elan nicht gleich ausbremsen wollte. Karl murmelte, das sei doch scheiße. Die Konferenz endete. Und wir alle sahen verwundert, wie Pohlmann als Erster den Raum verließ. Sein Phlegma war wie weggegoogelt.

Wenige Minuten darauf hatte Pohlmann die Gemeinde schon angerufen und sich alle wichtigen Fragen beantworten lassen. Er wusste, warum sie den Zaun gestrichen hatten (alte Farbe war abgeblättert), was die Farbe gekostet hatte (47 Euro 98) und vor allem, wer zuständig gewesen war: Der Neffe vom Pfarrer hatte die Arbeit erledigt. Er hatte es auch getwittert. Als Pohlmann ihm via Twitter eine Nachricht zukommen ließ, erfuhr er, dass noch weitere Projekte anstanden. Das Gartenhaus sollte ebenfalls neue Farbe bekommen. Auch das wollte er sich natürlich ansehen. Er vereinbarte einen Termin. Dann schrieb er einen Text fürs Internet.

Gegen Mittag erschien auf der Internetseite des Borkendorfer Boten folgende Meldung:

St. Joseph: Zaun wurde weiß angestrichen
BORKENDORF – Der Jägerzaun vor der Stadtkirche ist endlich wieder ansehnlich. Wie der Borkendorfer Bote exklusiv erfuhr, strich Marcel Erftmann, der Neffe von Pfarrer Helmut Erftmann, gestern die zwölf Zaunelemente. Die Kosten belaufen sich auf 47 Euro 98. »Wir sind wirklich sehr zufrieden«, erklärte Marianne Krampke, Sekretärin im Pfarrbüro. Es sei auch mal wieder Zeit geworden. Der Zaun hätte doch sehr runtergekommen ausgesehen. Auch der Pfarrer zeigte sich zufrieden. »Ich danke besonders meinem Neffen Marcel. Er hat sehr gute Arbeit geleistet«, so Pfarrer Erftmann. Der neue Gartenzaun vor der Stadtkirche ist ab sofort zu besichtigen.

Von den Plänen mit dem Gartenhaus schrieb Pohlmann nichts. Das hatte er ja wieder exklusiv.

Ich sah nicht genau, womit Pohlmann beschäftigt war, aber es schien seine volle Konzentration zu beanspruchen. Er drückte mit zwei Fingern die Enter-Taste, drehte sich um und blickte mich an, als sei es ihm endlich gelungen, sich Zugang zum Pentagon zu verschaffen. Dann sagte er: »Ich hab's jetzt auch noch getwittert.«

Ich stand auf, schaute über seine Schulter und las auf dem Bildschirm:

@reporterpo Exklusiv: Zaun von St. Joseph wurde neu gestrichen. borkendorferbote.de / lokal / …

»Was heißt denn Reporterpo?«

»Reporterpohlmann. War aber zu lang. Sind nur zehn Zeichen erlaubt.«

»Aha.«

»Mal schauen, was jetzt passiert«, sagte Pohlmann.

Es passierte nichts.

»Wie viele Leute können das denn sehen?«

Pohlmann fuhr den Mauszeiger in die rechte obere Ecke: »Fünfzehn«, sagte er.

Nach dem Mittagessen meldete Pohlmann den sechzehnten Follower. Röhrbein sagte, das sei für den Anfang gar nicht so schlecht. Davon angespornt, schrieb Pohlmann seinen dritten Tweet.

@reporterpo Morgen exklusiv bei uns: Überraschung

Carsten las auf dem Bildschirm mit und fragte: »Wie – Überraschung?«

Über den Inhalt hatte Pohlmann sich noch keine Gedanken gemacht. Er sagte, ihm werde schon was einfallen.

»Schreib doch, dass die Zeitung teurer wird. Das haben wir sicher exklusiv«, spottete Karl.

Pohlmann sagte, zur Not werde er den Tweet einfach löschen.

Röhrbein sagte: »Das geht nicht.« Man lösche keine Tweets. Das sei ein ungeschriebenes Gesetz. Halte man sich daran nicht, würden die Leute bei Twitter sauer. Und das nenne man dann Shitstorm.

Pohlmanm wollte keinen Shitstorm riskieren. »Ich hab's. Ich ruf die Gemeinde an«, sagte er. Vielleicht könne er sich das Gartenhaus schon heute ansehen. Carsten wandte ein, die große Überraschung sei das aber auch nicht. Pohlmann sah das anders. Er wählte die Nummer vom Pfarrheim: »Ich hab aus Versehen getwittert, dass wir morgen 'ne Exklusivmeldung bringen. Und ich dachte, ich könnte vielleicht heute wegen des Gartenhauses ... Würde ich auch als Aufmacher mitnehmen. Vierspaltig«, sagte er.

Ich hörte, dass er mit einer Frau telefonierte. Aber die schien nicht zu verstehen, was er wollte.

»Nee, nee, nichts mitnehmen. Da verstehen Sie mich falsch. Ich wollte ins Gartenhaus – für den Aufmacher«, sagte Pohlmann.

Ich hörte wie die Frau rief: »Was wollen Sie? Einen Aufmacher? Das Gartenhaus ist offen!«

»Frag doch einfach, ob der Pfarrer da ist«, sagte Carsten.

»Ist der Pfarrer da?«, fragte Pohlmann. Wieder war nichts zu hören. Dann sagte er: »Gut, ich würde jetzt gleich vorbeikommen.«

Röhrbein riet Pohlmann, gleich einen ganzen Haufen Fotos zu schießen. Die könne man dann als Bilderstrecke ins Netz stellen. Pohlmann sattelte den Rucksack mit der Kamera. Die schwere Last drückte seine Arme nach vorn. Aus der Tasche ragte das Objektiv. »Los, zeig's ihnen!«, rief Karl. Als Pohlmann herausging, schlug das Objektiv an den Türrahmen. Karl schüttelte den Kopf.

Zehn Minuten später klingelte Pohlmanns Telefon. Normalerweise nahm niemand seine Anrufe entgegen, wenn er nicht da war. Er wusste das. Trotzdem hatte er seine eigene Nummer gewählt. Carsten hob eher durch Zufall ab. »Was gibt's?«, fragte er. Pohlmann rief irgendwas in den Hörer.

Carsten schrieb auf einen Zettel: »Mühlenweg ... und du sitzt da drin, oder was?«

(...)

»Können wir. Aber 'nen Live-Ticker. Ich glaub nicht, dass wir da ...«

Röhrbein signalisierte heftig kopfnickend seine Zustimmung.

»Wir melden uns, ich klär das«, sagte Carsten.

»Was ist los?«, fragte Röhrbein.

Carsten schraubte betont gelassen den Deckel von seiner Wasserflasche, ein Schluck sprudelte in sein Glas. »Nur die Ruhe. Pohlmanns Bus ist liegengeblieben«, sagte er. Der Bus stehe vor einer Ampel. Die Türen gingen nicht auf. Das sei alles.

»Das muss sofort online«, sagte Röhrbein.

»Wir warten mal ab. Pohlmann will sich gleich wieder melden. Wenn der Bus dann immer noch vor der Ampel steht, fragen wir die Polizei«, sagte Carsten.

Röhrbein kündigte an, er werde das jetzt erst mal twittern. Sonst hätten die anderen es nachher eher als wir.

Karl sagte: »Dann twitter's doch nicht.«

Wieder rief Pohlmann an. Er war aufgeregt. »Was ist denn los? Hier geht nichts mehr. Wie sieht's aus mit dem Live-Ticker?«, fragte er.

Ich reichte das Telefon weiter an Röhrbein. Er klemmte sich den Hörer zischen Schulter und Wange. Dann tippte er ein paar Worte und legte wieder auf. Kaum lag der Hörer auf dem Telefon, klingelte es wieder. Röhrbein nahm den Hörer, sagte »Ja« und schrieb weiter.

»Und, wie sieht's aus?«, fragte ich.

»Alles im Netz«, sagte Röhrbein.

Es klingelte, er hob den Hörer ab und sagte: »Ja.« Dann schrieb er. Ich öffnete die Internetseite der Zeitung, um mir das Ergebnis der Korrespondenz anzusehen. Auf der Startseite sah ich das Bild eines fahrenden Linienbusses. Daneben in dicken Buchstaben:

Acht Fahrgäste nach Busausfall in Borkendorf eingeschlossen
BORKENDORF – *Auf der Kreuzung zwischen Kiebitzheide und Mühlendamm ist ein Bus liegengeblieben. Die Türen lassen sich nicht öffnen. Acht Menschen sind eingeschlossen. Unser Reporter ist vor Ort. Folgen Sie unserem Live-Ticker.*

Ich klickte den Link zum Live-Ticker an, wo Röhrbein den Hergang beschrieb und im Minutentakt Pohlmanns Aktualisierungen einfügte.

15.12 Uhr
Als die Linie 4 um 15 Uhr 03 den Busbahnhof verließ, konnte keiner der acht Fahrgäste ahnen, dass die Fahrt schon nach sechs Minuten enden würde. Gegen 15 Uhr 09 stoppte der Bus vor einer roten Ampel auf dem Mühlendamm. Aber auch als es grün wurde, blieb er stehen: »Aufgrund eines technischen Defekts können wir vorerst nicht weiterfahren«, teilte der Busfahrer den verdutzten Fahrgästen mit. Unter ihnen befand sich auch unser Reporter Frank Pohlmann, der blitzschnell reagierte und sofort in seine Rolle als Journalist schlüpfte. Er meldete den Zwischenfall an die Redaktion, wo wir alles weitere einleiteten. Wir verbreiteten die Nachricht per Twitter, informierten sofort die Polizei. Für den Fall, dass es zu einer Panik kommt, ist auch die Feuerwehr im Bilde. Die Techniker des Busunternehmens Winnemann sind auf dem Weg. Wir berichten.

15.28 Uhr

Die Techniker sind noch immer nicht eingetroffen, meldet unser Reporter. Vereinzelt hupen Autofahrer, die nicht unmittelbar erkennen, dass der Bus eine Panne hat. Doch im Großen und Ganzen ist es ruhig.

15.31 Uhr

Auf dem Bürgersteig steht ein Mädchen und winkt den eingeschlossenen Fahrgästen zu. Einige winken zurück. Inzwischen regelt ein Polizist den Verkehr um den Bus herum. Der Busfahrer hat ein kleines Fenster geöffnet und raucht eine Zigarette.

15.34 Uhr

Unser Fotograf hat erste Fotos vom liegengebliebenen Bus geschossen, die wir Ihnen gleich in einer Bilderstrecke präsentieren werden.

15.38 Uhr

Unser Reporter berichtet von einem Telefonat des Busfahrers mit dem Busunternehmen Winnemann. Die Techniker sind offenbar noch mit einer anderen Reparatur beschäftigt. Daher verzögert sich die Bergung noch mindestens um eine Viertelstunde.

15.41 Uhr

Weiterhin nichts Neues. Der Wetterdienst meldet für den späten Nachmittag Regen. Beim Busunternehmen Winnemann geht man nicht davon aus, dass sich die Reparaturarbeiten dadurch verzögern werden.

15.47 Uhr

Eine Mutter spielt mit ihren beiden Kindern Mensch-ärgere-dich-nicht. Alle bleiben gelassen. Ein Fahrgast befragt unseren Reporter nach seinem Beruf als Journalist. Wir in der Redaktion arbeiten auf Hochtouren weiter.

15.55 Uhr

Es regnet. Nach wie vor tut sich nichts. Unser Reporter berichtet, ein Kind bekommt langsam Hunger. Eine alte Frau hat Schmerzen im Bein. Wenn die Techniker bis zum frühen Abend nicht ankommen, dürfte es langsam kritisch werden.

15.59 Uhr

In der Redaktion sind zwei Reporter mit der Recherche beschäftigt. Morgen in der Zeitung liefern wir umfangreiche Hintergrundberichte.

»Zwei Reporter? Wer denn noch?«, fragte ich.

»Norbert. Der ruft gerade einen Psychologen an«, sagte Röhrbein.

»Einen Psychologen?«

»Ja, wir haben da einen Experten gefunden, der schon mal ganz gute Sachen gesagt hat, als ein Aufzug steckengeblieben ist.«

»Was?«

»War ganz interessant«, sagte Norbert.

»Und was hat der gesagt?«

»Ja, also, dass es, wenn so was passiert ... also dass dann eine Gruppe entsteht. Und eine Hierarchie ...«

»Aha«, sagte Röhrbein.

Wieder rief Pohlmann an. Er sagte, er habe Streit mit dem Busfahrer.

»Wie ist das denn passiert?«

»Die Frau vom Busfahrer hat angerufen. Sie hat den Live-Ticker gelesen. Da steht, dass ihr Mann raucht. Zu Hause raucht er nie.«

»Dann entschuldige dich.«

»Bringt nichts. Der redet nicht mehr mit mir.«

»Sind denn die Techniker schon da?«

»Ja, die schrauben hier schon rum.«

Als ich Röhrbein von den Technikern erzählte, geriet er in Hektik. Er schrieb es gleich ins Netz.

16.11 Uhr

Endlich, die Retter sind angekommen. Im Bus wird es langsam ungemütlich. Unser Reporter berichtet von schlechter Stimmung. Vor allem der Busfahrer verliert langsam die Ruhe.

Auch dieser Eintrag hatte für Pohlmann Folgen. Der Chef des Busunternehmens rief den Busfahrer persönlich an. Er forderte ihn auf, sich wie ein Vorbild zu verhalten. Und er verbot ihm, im Bus zu rauchen. Als Pohlmann sich wieder meldete, sagte er, der Busfahrer werde ihm langsam unheimlich. Er habe so Andeutungen gemacht.

Nur Minuten später gelang es einem Techniker, die Bustür zu öffnen. Pohlmann erzählte am Telefon, wie die Bustür sich geöffnet und der Techniker dem Busfahrer zugerufen habe: »Das hättense auch eigentlich selbst können müssen.« Aus Rücksicht auf Pohlmann verzichtete Röhrbein darauf, auch das in den Live-Ticker aufzunehmen, denn er musste noch eine Bitte übermitteln. Brohmschultes Bitte. Der wünschte sich ein Interview mit dem Busfahrer. Pohlmann sagte, das werde er auf keinen Fall machen. Dann nahm Brohmschulte den Hörer, und auf einmal ging es doch. Den Termin am Gartenhaus ließ Pohlmann ausfallen. Er bat mich, im Pfarrheim anzurufen und abzusagen. Dort hatte ohnehin niemand auf ihn gewartet. Die Frau am Telefon sagte, sie habe das alles für einen Scherz gehalten.

- - - - - - - -

Als Pohlmann in die Redaktion stolperte, hielt er in seiner Hand die Kamera. Der Rucksack schleifte neben ihm über den Boden. Seine Haare klebten auf der verschwitzten Stirn.

»Gute Arbeit«, sagte Röhrbein.

Pohlmann stöhnte, warf den Rucksack auf seinen Tisch und sagte:»Das ist ja nun mal mein Job.« Dann setzte er sich und schrieb das Interview.

Karl-Heinz Wenzikowski ist seit neunzehn Jahren Busfahrer. Gestern blieb sein Bus auf dem Mühlendamm liegen. Unser Reporter Frank Pohlmann sprach mit ihm.

Herr Wenzikowski, ist Ihnen so etwas schon mal passiert?

Wenzikowski: *Nein.*

Sind Sie als Busfahrer auf solche Fälle vorbereitet?

Wenzikowski: *Ja.*

Wissen Sie schon, warum der Bus nicht weiterfahren konnte?

Wenzikowski: *Nein.*

Der Schock steckt Ihnen sicher noch in den Knochen. Was machen Sie heute Abend?

Wenzikowski: *Das weiß ich noch nicht.*

Danke für das Gespräch!

DER KUHDAMPFER

A m Emsufer lag ein altes Schiff, das sie in Borkendorf den Kuhdampfer nannten. Der Kuhdampfer war früher viel unterwegs gewesen. Jahrelang hatte er durstige Festgesellschaften über den Fluss geschippert. Dann war er ausrangiert worden. Jetzt dümpelte er am Anleger. Am Bug war noch schwach der Schriftzug »Santa Lucia« zu erkennen, denn so hieß das Schiff eigentlich. Der Beiname leitete sich aus einer dünnen Analogie zum Berliner Ku'damm ab. Niemand wusste mehr, wer sie hergestellt hatte, aber sehr wahrscheinlich war es betrunken passiert. Für das Schiff war der Vergleich schmeichelhaft. Allerdings bestand die Analogie im Grunde nur darin, dass auch an Bord viel Alkohol geflossen war – und möglicherweise auch gewisse andere Körperflüssigkeiten. Es hielt sich hartnäckig das Gerücht, dass gegen Geld gern leichte Frauen aus der Umgebung mitgefahren waren. Das belastete den Ruf des Schiffes, festigte aber seinen Beinamen.

Nachdem die Stadt den Kuhdampfer ausrangiert hatte, verkaufte sie es nach Amsterdam, wo es zwanzig Jahre lang als Hausboot vor Anker lag. Doch irgendwann wurde selbst das zu riskant. Die neuen Eigentümer dachten laut über die Verschrottung nach. So laut, dass Seppi Wohlers und seine Freunde in Borkendorf aufmerksam wurden. Sie legten all ihre Ersparnisse zusammen, um die Santa Lucia zurückkaufen zu können – und mit ihr auch ein Stück Vergangenheit.

Wohlers hatte vor seiner Pensionierung im Versorgungsamt gearbeitet. Aus dieser Zeit stammte seine Verbindung zu Norbert. Die beiden hatten regelmäßig telefoniert. Norbert vor allem, um zu erfahren, worüber in der Stadtverwaltung geredet wurde. Doch seit seiner Pensionierung wusste Wohlers das nicht mehr. Norbert gab sich keine Mühe, den Kontakt aufrechtzuerhalten. Aber das musste er auch nicht. Wohlers rief trotzdem an. Er schimpfte darüber, dass im Versorgungsamt alles drunter und drüber gehe, seit er nicht mehr da sei. Und wenn er genug geschimpft hatte, erzählte er von seinem Restaurationsprojekt. Zusammen mit seiner grauen Mannschaft wollte Wohlers das Schiff wieder seetüchtig machen.

In Borkendorf hatte man die Ankündigung mit Freude aufgenommen, wenn auch niemand so richtig an den Erfolg glaubte. Außer vielleicht Norbert, der das aber nicht zugab. Seit der Rückkehr des Schiffes war er oft zum Anleger gefahren, um sich den Fortgang der Arbeiten erklären zu lassen und den Kuhdampfer zu fotografieren.

Die Bilder erschienen regelmäßig in der Zeitung. Aber selbst wenn man sie nebeneinander auf den Tisch legte, war kaum ein Fortschritt zu erkennen. Als mir das klar wurde, fragte ich Norbert: »Sag mal, warum veröffentlichen wir ständig die Bilder von diesem Schiffswrack?«

Er sagte, das sei kein Schiffswrack, sondern die Santa Lucia.

»Und was ist mit der Santa Lucia?«, fragte ich.

»Nichts ist damit«, sagte er.

Also fragte ich Carsten. Und der erzählte mir die ganze Geschichte. Carsten hielt das Vorhaben für hoffnungslos, denn er war überzeugt davon, dass schon die Absicht fehlte, überhaupt fertig zu werden. »Dann droht ja wieder die Langeweile«, sagte er.

Außerdem waren von sechs Rentnern inzwischen nur noch drei übrig. Zwei waren tot, der dritte im Streit gegangen. Blieben Seppi Wohlers, Fritz Horstmeier und Reinhard Dirksen, die zwar immer noch viel Zeit im Schiff verbrachten. Doch was sie da machten, wusste keiner so genau.

- - - - - - - - -

Eines Nachmittags hatte ich Seppi Wohlers am Telefon: »Ja, Wohlers hier. Guten Tag. Ist Norbert nicht da?«, fragte er.

»Der hat heut frei. Kann ich Ihnen helfen?«, sagte ich.

»Geht um die Santa Lucia. Da wissense auch nicht Bescheid, ne?«

»Doch, sicher. Das alte Schiff unten an der Ems. Sie restaurieren das doch, oder?«

»Ach, kennse? Ja, is nämlich so, dass wir gern 'nen Reporter bestellen würden.«

»Wegen des Fotos? Sag ich Norbert morgen. Dann kommt er vorbei.«

»Nee, nich wegen des Fotos. Wir hätten da was mitzuteilen.«

»Sag ich ihm. Da kommt er auch vorbei.«

»Meinense denn, das reicht morgen noch?«

»Worum geht's denn?«

»Würd ich ungern am Telefon drüber sprechen.«

»Dann kann ich's Ihnen leider nicht sagen.«

»Norbert hat ja gesagt, wir sollen uns sofort melden, wenn's was Neues gibt, damit's nicht vorher im Anzeiger steht.«

»Wissense was, ich komm einfach mal vorbei.«

Von einem rostigen Geländer am Ufer aus sah ich die Santa Lucia zum ersten Mal aus der Nähe. Das Schiff lag schwer im Wasser. Die Fenster hatten sie von innen mit Sperrholz vernagelt. Hinter einer Gittertür führte ein notdürftig geflickter Holzsteg an Bord. Über dem Tor baumelten moosige Lampions. Als ich am Gitter rüttelte, öffnete sich eine Schiffstür. Wohlers steckte seinen kahlen Kopf heraus. Sein Gesicht kannte ich aus der Zeitung. »Klemmt manchmal«, sagte er, humpelte mir über den Holzsteg entgegen und riss an der Klinke, bis die Tür aufsprang. »Wir haben telefoniert«, sagte er. Seine Hand war kalt wie das Eisentor. Ich hangelte mich hinter ihm am Geländer entlang an Bord. Wohlers wies mir den Weg ins dunkle Innere des Schiffs, wo Umzugskartons den Durchgang versperrten.

Durch einen Spalt schlüpften wir in einen schwach beleuchteten Raum, der wohl zuletzt als Wohnzimmer gedient hatte. Dort wartete ein zweiter Mann, der so groß war, dass er nur gebückt durch die Tür passte. »Horstmeier, Fritz Horstmeier«, sagte er.

»Sieht schon nicht schlecht aus, was?«, sagte Wohlers. Horstmeier drückte einen Lichtschalter. Der schwache Schein einer Stehlampe fiel auf ein Ecksofa.

»Gemütlich«, sagte ich.

»Hamwer auch schon einiges an Zeit reingesteckt«, sagte Wohlers. Er zog einen Vorhang zur Seite. Es kam eine weitere Nische zum Vorschein. Inmitten von Gerümpel stand ein Etagenbett. Auch auf dem Bett lagerten Kisten. »Hier hamwer die Kajüte«, sagte Wohlers.

Ich hatte noch immer nichts entdeckt, was den Eindruck erweckte, schon repariert worden zu sein. Horstmeier öffnete eine weitere Tür neben einer Luke, hinter der ich die Küche vermutete. Ich sah drei weiße Farbeimer.

»Ah, Sie streichen gerade?«, fragte ich.

»Das wär dann als Nächstes gekommen. Das wollte Reinhard machen«, sagte Horstmeier, wischte mit dem Fuß ein Brett zur Seite und sah mich betroffen an.

»Tja«, sagte Wohlers. Ich begann zu ahnen, warum sie mich herbestellt hatten. »Schlaganfall. Mit nich mal vierundsiebzig.« Horstmeier steckte sich eine Zigarette an.

»Scheiße«, sagte ich.

»Intensiv«, sagte Wohlers.

Wir sahen uns an. Es war still. Kleine Wellen plätscherten gegen die Schiffswand. Wohlers wusste nicht, wohin mit seinen Händen. Horstmeier nahm einen langen Zug an seiner Zigarette.

»Et is, wie et is«, sagte Wohlers und riss den Vorhang noch ein Stück weiter zurück. Wir sahen auf einen Turm aus Bierkisten. Wahrscheinlich war das auch ein Hinweis darauf, was sie zwei Jahre lang hier gemacht hatten. Horstmeier öffnete drei Bier.

»Auf Reinhard«, sagte Wohlers. Die Flaschen klirrten aneinander.

»Und wie geht's jetzt weiter?«, fragte ich.

Wohlers rieb sich mit der flachen Hand über die Glatze. Horstmeier sagte: »So wie's aussieht, gar nicht.«

»Das is' natürlich schade, wo wir schon so weit gekommen sind«, sagte Wohlers.

»Zwanzig Stunden die Woche haben wir hier reingesteckt«, sagte Horstmeier.

»Mindestens«, sagte Wohlers.

»Das ist wirklich 'ne Menge«, sagte ich und sah mich noch einmal um, aber es war wirklich nichts zu entdecken, das wenigstens angefangen aussah. Ich fragte vorsichtig, ob denn noch viel zu tun sei.

»Sie können anfangen wo sie wollen, es nimmt nie ein Ende.«

Ich fragte, ob denn schon irgendetwas fertig sei. Horstmeier sagte überraschend deutlich: »Nein.«

Wohlers begann zu erklären, wie sie die Renovierung organisiert hatten. Langsam verstand ich, wo das Problem lag. Es hatte Monate gedauert, bis Wohlers und seine Leute sich geeinigt hatten, wer welche Aufgabe übernimmt. Jeder der sechs Rentner hatte einen Zuständigkeitsbereich. Am ungünstigsten war die Verteilung für den ausgefallen, der sich um die Entrümpelung kümmern sollte. Er war kurz darauf gestorben. Ähnlich erging es dem, der das Schiff vom Rost befreien sollte. Bis zu seinem Tod verging ein knappes Jahr. Die Zeit hatte er immerhin genutzt, um Werkzeuge zu bestellen.

Das verbliebene Quartett hatte die Aufgaben neu geordnet, aber auch das brachte Probleme. Drei waren der Meinung, der Vierte sei mit den Fenstern nicht genügend ausgelastet. Der Vierte sah das anders. Er war nicht bereit, sich auch noch um den Rost an der Außenwand zu kümmern. Es kam zum Streit. Am Ende war auch das Ressort Fenster wieder frei.

Wohlers, Horstmeier und Dirksen änderten dennoch nichts an der alten Ordnung, denn es gab noch weitere Probleme. Wohlers Knie spielten nicht mehr mit, so dass er sich nicht mehr um den Boden kümmern konnte, wie er es vorgehabt hatte. Horstmeier litt unter einem unerklärlichen Schwindel, der ihm die Arbeit auf der Stehleiter unmöglich machte. Aber die Decke konnte Dirksen nicht auch noch übernehmen. Deswegen stritten sie darüber, was wichtiger sei: die Decke oder der Boden. Während sie stritten, kam Dirksen auch mit den Wänden nicht weiter. Jetzt stand das Projekt vor dem Aus.

»Die Decke ist nicht so meine Sache«, sagte Wohlers.

Auch Horstmeier konnte sich nicht vorstellen, das Parkett in den Boden zu hämmern, denn da war auch noch sein

Rücken. Er beugte den Rumpf nach vorn und deutete auf die Wirbelsäule. »Nichts zu machen«, sagte er.

So waren beide zu dem unvermeidlichen Schluss gekommen, dass sie ihre Arbeit nicht fortsetzen konnten. Das wollten sie nun mitteilen. »Wir wollen einen Artikel schalten, in dem steht, dass wir aufhören«, sagte Wohlers.

»Genau«, sagte Horstmeier.

– – – – – – – – –

Brohmschulte hatte in dem Schiff immer ein vergebliches Projekt gesehen. Er brummte leise, als ich ihm die Geschichte erzählte. Dann fragte er: »Und was machen die jetzt mit dem Schiff?« Das hatte ich dummerweise gar nicht in Erfahrung gebracht.

»Ich glaub, das wissen die noch gar nicht«, sagte ich.

»Wenn sie nicht mehr weitermachen, müssen sie's verschrotten lassen. Oder glauben Sie, dass das noch jemand kauft?«, sagte Brohmschulte.

»Wahrscheinlich nicht. Dann werdenses wohl verschrotten.«

»Kriegenwer das bis heute Abend rund?«

»Ich glaub, eher nicht.«

»Rufense die mal an. Ich nehm' das auf der Eins mit«, sagte Brohmschulte.

Ich versuchte, ihn von der Idee abzubringen. Von Verschrotten hatte weder Wohlers noch Horstmeier gesprochen. Brohmschulte sagte: »Jaja, machense mal.«

Wohlers nahm sein Telefon nicht ab. Auch beim zweiten Mal meldete sich nur die Mailbox. Ich bat ihn, so schnell wie möglich zurückzurufen. Horstmeiers Nummer konnte ich nicht finden. Irgendwann fiel mir ein, dass Norbert seine Adressen in einem blauen Zettelkasten aufbewahrte. Als ich den Kasten öffnen wollte, kippte er mir über die Tischkante auf den Boden. Hunderte Kärtchen verteilten sich auf den Fliesen. Ich ordnete die Zettel so wieder ein, dass auf den ersten Blick alles in Ordnung schien.

»Was ist mit Dirksen?«, fragte Brohmschulte.

»Liegt noch immer auf Intensiv«, sagte ich.

Brohmschulte wies mich an, es weiter zu probieren. Als Wohlers sich um halb sechs noch immer nicht gemeldet hatte, sagte er, um eine Alternative hätten wir uns eher kümmern müssen. Er habe sonst nichts für die Eins.

Ich bog die Geschichte so zurecht, dass sie möglichst spektakulär klang, aber vage blieb. In die Überschrift schrieb ich, die Santa Lucia werde verschrottet. In den Text, das Schiff werde aller Wahrscheinlichkeit nach verschrottet. Weiter hinten schwächte ich die Behauptung noch etwas ab. Im letzten Satz stand, es stehe alles noch nicht fest.

Brohmschulte war zufrieden. Er versuchte, mir meine Sorgen zu nehmen, indem er sagte: »Und wenn's nicht stimmt, haben wir zu Dienstag noch 'ne Geschichte.« So sehr beruhigte mich das nicht, aber übers Wochenende meldete sich niemand. Das war ein gutes Zeichen. Es konnte allerdings auch bedeuten, dass weder Horstmeier noch Wohlers die Zeitung gelesen hatten, doch das hielt ich für unwahrscheinlich.

Am Montag wunderte ich mich über Norberts gute Laune. Er federte in seinen Turnschuhen an mir vorbei und sagte: »Morgen.« Ich befürchtete, sein Zustand würde sich ändern, sobald er in die Zeitung oder seinen Zettelkasten sah, doch so lange dauerte es gar nicht. Den Kopf gesenkt schaukelte Norbert seinen Bauch vor sich her. In Höhe von Brohmschultes Büro blieb er stehen.

»Am Wochenende hab ich gehört, Reinhard Dirksen liegt im Krankenhaus. Schlaganfall. Den Kuhdampfer könnense damit wohl verschrotten«, sagte er. Dann schlenderte er weiter. Brohmschulte sagte: »Hatten wir Samstag schon drin.«

»Wie – schon drin?«, fragte Norbert.

Ohne sich umzusehen reichte Brohmschulte die Zeitung nach hinten. Norbert kam zurück und schnappte sie ihm aus der Hand, riss die Seiten auseinander, sah auf die erste Lokalseite und las schweigend den Text. »Gibt's doch nicht«, rief er, ließ die Zeitung auf den Tisch fallen und verschwand in der Küche. Als er zurückkam, jammerte er: »Kann man denn da nicht mal Bescheid sagen. Ihr wisst doch, dass das mein Thema ist.«

»Ich hab mich nicht drum gerissen, aber du warst nicht da«, sagte ich.

»Da kann man ja auch mal 'n Tag warten«, meckerte er.

»Wenn du Wohlers nicht eingeimpft hättest, dass er sich bei jeder Schraube, die abbricht, sofort melden muss, wär das alles eh nicht passiert«, sagte ich.

Norbert sah das anders. »Die Arschlöcher«, murmelte er, griff den Hörer, klappte seinen Zettelkasten auf und legte den Hörer wieder auf die Gabel.

»Wer war das?«, rief er.

»Ich wollte es dir noch sagen. Ich hatte aus Versehen …«, aber ich sah schon, dass es für Erklärungen zu spät war. Norbert stemmte seinen schweren Körper aus dem Stuhl.

»Erst klaust du mir die Geschichten, dann zerstörst du meinen Adresskasten. Was haste denn als Nächstes vor?«, schrie er.

Karl versuchte, ihn zu besänftigen. »Ruhig Norbert«, sagte er, stand auf und legte seine Hand auf Norberts Unterarm. Doch das brachte ihn noch mehr auf. Norbert schlug die Hand weg, stach mit seinem Zeigefinger in die Luft und giftete:

»Wenn du das nächste Mal irgendwas auf meinem Schreibtisch anfasst, dann fährst du ab morgen freihändig Fahrrad.«

Brohmschulte stieß die Tür auf und rief: »Lass mal gut sein, Norbert!«

Norbert setzte sich, kippte den Zettelkasten vor sich aus und begann, den Inhalt Karte für Karte wieder einzusortieren. Nach einer knappen Stunde sagte er: »So«, stellte den Kasten an den Rand des Schreibtisches, nahm den Hörer und wählte die Nummer von einer Visitenkarte, die vor ihm lag. Dann stauchte er den zusammen, der auf der anderen Seite den Hörer abnahm. Entweder Wohlers oder Horstmeier. »Seit Jahren schreibe ich über jeden Nagel, den ihr in den verdammten Kahn haut. Und dann gibt's einmal was zu berichten, und ihr könnt nicht einen Tag warten«, schrie er. Der Angerufene antwortete, aber Norbert fiel ihm gleich wieder ins Wort: »Mich solltet ihr anrufen, Josef! Mich!«, rief er. Wohlers war sich offenbar keiner Schuld bewusst. »Braucht ihr nicht! Keine Sorge! Dann müsst ihr das machen«, rief Norbert und knallte den Hörer auf die Gabel. »Arschlöcher«, sagte er.

Eine halbe Stunde später stellte Silke mir einen Anruf durch. »Ein Herr Wohlers. Er will dich sprechen«, sagte sie und legte auf. Ich hörte ein Räuspern. Mir war noch immer mulmig wegen des Artikels vom Wochenende, aber Wohlers war überraschend freundlich gestimmt.

»Vielen Dank für den Bericht«, sagte er.

»Ich, äh, ja freut mich, dass er …!«

»Ich hatte es eigentlich Norbert sagen wollen, aber wir

hatten einen kleinen Streit, wie Sie vielleicht gehört haben.«

»Ja, hab ich gehört, aber was gibt's denn?«

»Nach Ihrem Bericht hat sich ein Kegelclub bei uns gemeldet. Die wollen uns helfen, den Kahn wieder flott zu kriegen.«

»Ja, äh, das ist toll.«

»Sagen Sie Norbert, er soll sich melden, wenn er sich wieder beruhigt hat.«

Ich versprach, es ihm zu sagen, aber noch war es dafür zu früh. Als ich ihm von dem Anruf erzählen wollte, schnauzte er: »Lass mich in Ruhe.«

Ich ging zu Brohmschulte. Während ich ihm die Geschichte erzählte, tippte er die Überschrift auf der ersten Seite: »*Santa Lucia gerettet*«. Röhrbein schrieb eine Eil-Meldung fürs Internet.

»Die Sackgesichter«, schrie Norbert, als er die Meldung auf Röhrbeins Bildschirm entdeckte. Er schwor laut fluchend, nie wieder ein Wort mit Wohlers zu wechseln, was er umgehend widerrief, als Brohmschulte daraufhin mich zum Fototermin mit dem Kegelclub schickte. Aber es war zu spät. »Ich glaube, es ist besser, wenn du dich erst mal beruhigst«, sagte Brohmschulte. Norbert schlug mit der flachen Hand auf den Schreibtisch und schrie: »Ich bin ruhig, verdammt nochmal!«

Brohmschulte bat mich, Wohlers anzurufen und Franjo mitzunehmen.

- - - - - - - - -

Als ich aus dem Wagen stieg, hatte der Kegelclub sich schon am Steg versammelt. Ich sah die Böschung herunter und entdeckte Wohlers, der mir mit einem Handzeichen signalisierte, dass er mich auch gesehen hatte. Von oben sah es aus, als würde die Santa Lucia gleich ablegen, auf den zweiten Blick erkannte man, dass daran nicht zu denken war.

Auf meiner Uhr war es fünf vor zehn. Ich war etwas früher gekommen, um Franjo nicht warten zu lassen, aber jetzt konnte ich schlecht oben an der Treppe stehen bleiben, während sie unten auf mich warteten. Ich hörte, wie einer aus der Keglertruppe sagte: »Der Zeitungsfuzzi ist da.«

Wohlers kam sofort auf mich zu. »Schön, dass Sie kommen konnten«, sagte er. Als Erstes erzählte er mir, dass Reinhard Dirksen in der Nacht zum Montag gestorben war.

»Das tut mir leid«, sagte ich. Aber so lange wollte sich Wohlers damit gar nicht aufhalten.

»Es gibt ja zum Glück auch gute Nachrichten«, sagte er und deutete auf die Männer vom Kegelclub, die spontan applaudierten. Seppi Wohlers klang jetzt sehr offiziell.

»Der Kegelclub ›Die feuchte Bahn‹ hat sich bereit erklärt, uns bei der Renovierung der Santa Lucia zu helfen. Fritz und ich freuen uns sehr«, sagte er.

Wieder gab es Applaus. Dann sahen alle auf einen Mann mit weißem Scheitel und großen Ohren.

»Lieber Seppi, lieber Fritz, wir haben in der Zeitung von eurer Notlage gelesen. Da sind wir natürlich gern bereit zu helfen«, sagte er. Er wandte sich zum Schiff und sagte: »Ich hoffe, dass wir den alten Kahn gemeinsam wieder flott kriegen.«

Voller Begeisterung sah er auf die Santa Lucia. Ich wählte Franjos Nummer. Er ging nicht ran. Neben mir sagte Blacky Breuner: »Wir kenn' uns doch.«

»Klar«, sagte ich. Er gab mir ein Bier. Ich stieß mit ihm an, trank aber nicht. »Tolle Sache, das mit dem Schiff«, sagte ich anerkennend.

Blacky Breuner nickte zögerlich. Er goss sich das Bier in

den Hals, als wolle er es nur schnell umfüllen. Dann sah er mich an und sagte: »Joa.«

»Und wie geht's jetzt weiter?«, fragte ich.

Breuner sah mich skeptisch an. »Müssenwer mal sehen. Wichtig is jetzt erst mal, dass wir hier unterkommen«, sagte er.

»Wieso unterkommen?«, fragte ich.

»Bei Grautermann ham die uns doch vor die Tür gesetzt«, sagte Breuner. Dann erzählte er, dass die Kegelbahn in der Gaststätte Grautermann nach einem Wasserschaden Wellen geschlagen hatte. Zum Kegeln war sie nicht mehr zu gebrauchen. Das Schiff sah der Verein als Übergangslösung. Wohlers und Horstmeier hatten sie das so nicht erzählt.

Hinter uns schleppten die Kegelbrüder Bierkästen an Deck. Mitten im Strom sah ich Franjo. Auch ihm hatten sie eine Kiste in die Hand gedrückt.

»Wo warst du?«, rief er.

»Ich dachte, du findest mich.«

»Ich steh da oben und warte. Und du bist hier am Saufen«, schimpfte er.

»Ich hab gar … Tut mir leid, ich wollte anrufen.«

Horstmeier nahm Franjo die Bierkiste aus der Hand.

»Und was soll das hier?«, rief Franjo.

»Wir brauchen ein Foto vom Kegelclub.«

»Und ich soll die jetzt alle zusammentrommeln?«

»Ich mach schon«, sagte Breuner. »Machenwer eben dat Foto«, rief er seinen Leuten zu.

Die Männer sammelten sich vor dem Gittertor. Franjo hatte zwei Kameras mitgebracht. Eine baumelte an seiner Schulter. Das Objektiv reichte bis zum Knie, aber diese Kamera schien er gar nicht zu brauchen. »Hilf mir mal«, sagte er. Ich hielt seinen Rucksack, während er aus den

Gurten stieg. Dann zog er eine Kompaktkamera aus der Seitentasche.

»Sindwer denn soweit?«, rief einer der Kegelbrüder.

»Jaja, sofort«, rief ich zurück.

Franjo schraubte einen gewaltigen Blitz auf die kleine Kamera, stellte sich vor die Gruppe und rief: »So geht dat nicht.«

»Jetzt mach mal hinne. Einfach auf'n Knopf drücken. Fertig«, rief einer aus der Gruppe.

»Ich drück gleich mal bei dir auf'n Knopf«, rief Franjo.

»Bleibt mal ruhig, Jungs«, mahnte Wohlers.

Franjo stellte sich vor Gruppe und sagte: »Wir gehen da rüber.« Die Kegler marschierten nach links.

»Ist gleich vorbei«, sagte Wohlers.

»Die müssen irgendwas in die Hand nehmen«, rief Franjo.

»Was denn?«, fragte ich.

»Is mir egal. Aber so geht dat nicht.«

»Könnt ihr irgendwas in die Hand nehmen?«, rief ich Wohlers zu.

»Was denn?«

»Ist egal. Aber so geht's nicht.«

Wohlers hob ratlos die Schultern.

»Jungs, holt euch 'ne Pulle«, rief Blacky Breuner. Die Kegler schnappten sich Bierflaschen und hielten sie in Brusthöhe ins Bild. Franjo war noch nicht zufrieden.

»Das sieht scheiße aus. Irgendwer muss aufs Schiff zeigen«, rief er. Alle zeigten aufs Schiff. »Verdammt nochmal. Nicht alle«, rief Franjo.

»Jetzt mach das Scheißfoto«, brüllte einer aus der Gruppe.

»Dann nur Seppi und Fritz«, rief Breuner.

Wohlers und Horstmeier zeigten nach hinten, wo das Schiff vor Anker lag. Es sah aus, als meinten sie die Bierflaschen in den Händen der Männer hinter ihnen. Franjo war das egal. Er drückte auf den Auslöser, verstaute seine Kamera und war plötzlich verschwunden.

Als Brohmschulte die Bilder sah schüttelte er den Kopf, löschte sie und rief Wohlers an. Der schickte ihm ein anderes Foto von den Kegelbrüdern per E-Mail. Darauf war das Schiff nicht zu sehen, aber dafür erkannte man die Gesichter.

Am nächsten Morgen rief Wohlers an, um sich für den Artikel zu bedanken. Er war gut gelaunt. So gut, dass er mich bat, ihn zu Norbert durchzustellen. Ich wählte Norberts Durchwahl, das Telefon auf seinem Schreibtisch klingelte.

»Wohlers ist dran«, sagte ich.

Norbert nahm den Hörer, begrüßte Wohlers, hörte ihm einige Sekunden lang zu und sagte: »Klar, du kannst dich gerne wieder melden – aber erst, wenn der Kahn abgesoffen ist.« Dann legte er auf.

KNEIPENSTERBEN

In der zweiten Herbstferienwoche stellte Dalia fest, dass uns die Themen ausgegangen waren. Es war keine Überraschung, man hätte damit rechnen können. Aber Brohmschulte hatte Urlaub, deswegen hatte sich niemand darum gekümmert. In der ersten Woche zehrten wir von den Resten. Am Montag war die Reserve aufgebraucht. Daila eröffnete die Morgenkonferenz mit den Worten: »So, wir ham nix mehr.«

Auf dem Tageskalender stand ein Termin. 10 Uhr Baumpflanzaktion der Jungen Union am Grünen Esch.

»Das ist kein Aufmacher«, sagte Pohlmann.

»Exakt«, sagte Dalia. Allgemeines Grübeln. Schweigen. Dalia trommelte mit dem Zeigefinger auf den Tisch. »So kommen wir nicht weiter. Ideen!« Schweigen.

»Ich hätte da vielleicht was«, sagte Pohlmann.

»Schieß los«, sagte Dalia.

»Was ist mit den Ferienaktionen?«

»Pohlmann, wir brauchen was für morgen.«

»Das wär für morgen. Wir könnten doch die Geschichte mit den Prominenten und den Taschen machen.«

Karl ließ den Kopf auf seine Hände sinken.

»Welche Geschichte mit den Prominenten und den Taschen?«, fragte Dalia.

»Wir wollten doch Prominente fragen, was sie in ihrer Hosentasche haben.«

»Genau, warum nicht?«, sagte Rita.

Karl ließ den Kopf noch tiefer sinken.

»Und wen wollt ihr da fragen?«

»Helga Hirsch-Hahnemann, den Bürgermeister …« Mehr fielen Pohlmann auf Anhieb nicht ein. Mit dem Gesicht in den Händen schüttelte Karl den Kopf.

»Das liest jeder«, befand Norbert.

»Na, meinetwegen. Aber damit allein kommen wir nicht über die Runden«, sagte Dalia.

»Was ist mit Kneipensterben?«, fragte Röhrbein. Ein Freund aus Köln hatte ihm erzählt, dass fast jede zweite Kneipe betroffen sei. Die Süddeutsche habe das auch schon berichtet.

»Wir haben hier nur drei Kneipen«, sagte Karl.

»Ja, und eine steht bald leer«, sagte Norbert.

»Weil Beckmann nach Hannover zieht. Das hat aber nix mit Kneipensterben zu tun«, sagte Carsten.

»Aber das Thema klingt gut«, sagte Dalia. Und Röhrbein hatte den Auftrag.

Mir fiel eine E-Mail ein, die ich vor zwei Tagen bekommen hatte. An die Betreffzeile konnte ich mich noch erinnern, weil mir das Wort so seltsam vorgekommen war: »Neues Netfast in Borkendorf«. Ich sagte, ich wisse nicht, was das sei, aber möglicherweise könne man darüber schreiben. Dalia notierte es. Gleich nach der Konferenz suchte ich die E-Mail, fand eine Telefonnummer und rief an. Jemand nahm den Hörer ab, sagte aber nichts.

»Hallo?«, sagte ich.

»Hallo«, sagte eine helle Stimme. Es kam mir vor, als sei ein Kind in der Leitung.

»Wer ist denn da?«, fragte ich.

»Johannes Schulze Wichtrup«, sagte die helle Stimme.

»Hallo Herr Schulze Wichtrup, Sie hatten mir geschrieben. Es geht um das Netfast. Klingt interessant. Was ist denn das?«

»Ich weiß nicht, wie lange Sie Zeit haben.«

»Ach, erzählen Sie ruhig«, sagte ich. Schulze Wichtrup begann zu erzählen. Was er vorhatte, ließ sich schnell erklären. Er plante ein Frühstück für Menschen, die im Beruf auf Kontakte angewiesen sind: Versicherungsvertreter, Rechtsanwälte, Kaufleute – im Grunde für jeden, der Kunden hat. Ich verstand das sofort, aber er redete trotzdem weiter. Minutenlang erzählte er von den Vorläufern seiner Idee in Amerika, der chinesischen Kultur und der Philosophie des Geschäftemachens. Das Wort Netfast hatte er aus den englischen Wörtern »Breakfast« und »Net« zusammengefügt. Das erklärte er zwei Mal. Erst als er ausführte, warum sieben Uhr genau die richtige Uhrzeit sei, machte er eine Pause, denn das wollte er von mir wissen.

»Herr Schulze Wichtrup, ich hab das verstanden«, sagte ich.

»Und, wissen Sie, warum sieben Uhr die richtige Zeit ist?«, fragte er.

»Erzählen Sie es mir, aber bitte kurz«, sagte ich.

»Weil um sieben Uhr niemand Termine hat. Verstehen Sie?«, sagte er.

Den zweiten Teil meiner Bitte ignorierte er. Weiter ging es mit einem Vortrag über die zentrale Bedeutung von Vertrauen in der Welt der Wirtschaft. Er reihte einen Schachtelsatz an den anderen. Immer, wenn es aussah, als könnte sein Plädoyer gleich enden, erhob er die Stimme und verlor sich in der nächsten Erklärung. Ich legte den Hörer auf den Schreibtisch und lauschte dem Gemurmel, bis es verstummte. Dann nahm ich den Hörer wieder auf und bat ihn, mir kurz zu sagen, wann das Treffen denn stattfinde – und was man machen müsse, um teilzunehmen. »Kurz«, wiederholte ich.

»Ich schicke Ihnen eine E-Mail«, sagte er und fügte an, er habe das alles auch in seinem Buch erklärt. Das werde er mitschicken.

Es waren zwanzig Minuten vergangen. Ich konnte nicht glauben, dass er wirklich aufgelegt hatte.

Kurz darauf kam seine E-Mail. An der Nachricht hingen etliche Dokumente, Bilder, Zeugnisse und eine Urkunde der Volkshochschule aus dem Jahr 1997, mit der er die Teilnahme an einem Grundkurs im Maschinenschreiben belegte. Sein Gesellenbrief war noch nicht ganz so alt. Vor acht Jahren hatte er seine Lehre als Elektriker abgeschlossen. Allerdings erst im zweiten Anlauf. Die praktische Prüfung war im ersten Versuch mangelhaft ausgefallen. Auch das stand auf dem Zeugnis. Außerdem schickte er einen spanischen Zeitungsartikel über ein Frühstückstreffen, das seinem ähnelte, eine Info-Broschüre über die Riester-Rente und ein Passfoto, das ich mir lange ansehen musste. Johannes Schulze Wichtrup sah aus wie ein Junge, der gealtert war, ohne sich umzuziehen. Sein kariertes Hemd war sicher zwei Nummern zu klein, die Geheimratsfurchen hatten in ihrer Mitte nur einen schmalen Lockenpinsel übrig gelassen. In die Lücken zwischen seinen Zähnen hätten weitere Zähne gepasst. Die Daten der Veranstaltung fand ich nicht. Sie kamen kurz darauf in einer zweiten Mail, in der er ebenfalls mitteilte, das Buch sei unterwegs.

Als Dalia fragte, was aus der E-Mail geworden sei, redete ich die Sache klein. »Mehr als eine Meldung ist das nicht«, sagte ich. Sie wollte es genauer wissen.

»Das ist so 'n Typ, der 'n Frühstück für Leute aus der Wirtschaft veranstalten will.«

»Und warum?«

»Damit die sich treffen.«

»Klingt interessant.«

»Ist aber wirklich nicht interessant.«

Dalia öffnete auf ihrem Bildschirm ein Fenster. Ich sah die leere Seite eins.

»Was ist mit der Promi-Geschichte?«, fragte ich.

Sie zuckte mit den Achseln, drehte sich um und zeigte auf Pohlmann. Der saß an seinem Schreibtisch und schraubte hochkonzentriert einen Kugelschreiber auseinander.

»Ich geh mal davon aus, dass das nichts wird«, sagte Dalia.

»Und das Kneipensterben?«

»Ich weiß nicht«, sagte sie.

Wir drehten uns zu Röhrbein um. Er starrte auf seinen Bildschirm, als sei er mit einer komplizierten Sache beschäftigt. Er gab etwas ein. Es öffnete sich Google.

»Wie läuft's mit dem Kneipensterben?«, fragte ich.

»Schlecht«, sagte Röhrbein.

»Was haste denn rausgefunden?«

»So viel noch nicht. Bei Grautermann hat keiner Zeit. Der von der Alten Ziege hat gesagt: Hier gibt's kein Kneipensterben. Und Beckmann hab ich nicht erreicht.«

»Wir könnten bei Beckmann vorbeifahren. Dann hätten wir auch gleich 'n Foto«, sagte ich.

»Könntenwer machen«, sagte Röhrbein.

»Dann macht das«, sagte Dalia.

- - - - - - - - -

Die Gaststätte Beckmann lag etwas versteckt in einem Waldstück auf dem Weg zum Kinderheim. Röhrbein saß auf dem Beifahrersitz und schwieg.

»Und, wie gefällt dir der Job?«, fragte ich.

»Och, ganz gut«, sagte er.

Ich erzählte von der Schwangerschaft und meiner Versetzung. Er sagte, wenn er ehrlich sei, gefalle ihm der Job doch nicht so gut. Wir hatten nie länger miteinander gesprochen. Im Grunde wusste ich nichts über Röhrbein. Nicht mal, dass wir fast Nachbarn waren. Er wohnte in einer Parallelstraße. Ich bot ihm an, ihn morgens mitzunehmen. Er sagte, das wäre großartig. Neben uns huschte ein Schild vorbei, das in zweihundert Metern Beckmanns Gaststätte ankündigte. Hinter einer Klinkersäule bog ich ab. Ein gepflasterter Weg führte zu einem leeren Parkplatz.

»Sieht tatsächlich 'n bisschen nach Kneipensterben aus«, sagte Röhrbein.

Wir parkten den Wagen und folgten einem Kiesweg zum Haus. Hinter der grünen Holztür brannte Licht. Wir klopften an die schwere Holztür. Es tat sich nichts, aber die Tür war offen. Hinter dem Eingang hing ein schwerer Vorhang aus glattem Leder. Gegenüber der Tür stand ein verrußter Ofen. Die Theke glänzte. Unter dem Zapfhahn war es noch feucht, aber es war niemand zu sehen.

»Hallo?«, rief Röhrbein. Nachdem er nochmals gerufen hatte, hörten wir, wie sich eine Tür öffnete. Eine Frau mit Gummihandschuhen und einem Wischeimer in der Hand guckte in die Wirtsstube.

»Hallo, Entschuldigung, wir suchen Herrn Beckmann«, rief Röhrbein.

»Raaaaainer!«, schrie die Frau.

»Jaja«, antworte dumpf eine Männerstimme. Ein stämmiger Mann, nicht älter als vierzig, kam mit großen Schritten eine Treppe runter. Als er uns sah, sagte er: »Wir haben geschlossen.«

»Tschuldigung, wir sind vom Borkendorfer Boten. Ich habe versucht, Sie anzurufen, aber Sie waren leider nicht …«

»Wat is denn passiert?«, fragte Beckmann. Seine Wangen waren rot, als käme er aus der Kälte.

»Nee, nee, ist nichts los. Wir recherchieren an einer Geschichte. Es geht um Kneipensterben«, sagte Röhrbein.

Beckmann grinste. »In Borkendorf? Wat soll denn hier noch sterben?«, fragte er.

»Ich weiß ja, dass Sie die Kneipe zumachen, weil sie wegziehen. Aber Beckmann gibt's dann nicht mehr, oder?«

»Dat steht noch nicht fest. Wir sind noch in Verhandlungen.«

»Ach, wer will die Kneipe denn übernehmen?«

»Kann ich nich sagen.«

»Also niemand?«

»Hörense mal. Ist dat hier 'n Verhör oder wat?«

Ich versuchte Beckmann zu beruhigen. »Herr Beckmann, wir wollen gar nichts von Ihnen …«

»Na, dann macht euch vom Acker.«

»Wir hätten nur ein paar Fragen zum Kneipensterben.«

»Herrgott, ich weiß nix vom Kneipensterben. Wir machen den Laden dicht, weil wir wegziehen. Hier stirbt keine Kneipe. Fragense Grautermann. Oder fragense bei der Alten Ziege. Die Leute rennen denen die Bude ein. Und bis vor acht Wochen war dat hier auch so.«

»Aber seit acht Wochen läuft's nicht mehr?«, fragte Röhrbein.

»Wir haben den Laden dicht gemacht!«, rief Beckmann, jetzt außer sich. »Verschwindet!«, schrie er und trieb uns heraus.

»Können Sie denn ausschließen, dass die Kneipe schließt?«, rief Röhrbein.

»Ich kann gar nichts ausschließen«, rief Beckmann.

Hinter uns knallte die grüne Holztür. Der Schlüssel drehte

sich zwei Mal. Durch die geschlossene Tür hörten wir: »Euch kann ich ausschließen.«

»Schade«, sagte Röhrbein.

Auf der Fahrt zurück sprachen wir kein Wort. Die erste Seite war immer noch weiß. Pohlmann hatte den Kugelschreiber fast wieder zusammengesetzt. Es fehlte nur noch eine kleine Spange, aber die montierte er gerade.

»Und?«, fragte Dalia.

Röhrbein winkte ab: »Das war nix.«

»Was hat er denn gesagt?«

»Hat uns rausgeworfen.«

»Wie – und warum?«

»Weil wir gefragt haben, was aus seinem Laden wird.«

»Und?«

»Sagt er nicht. Also wahrscheinlich nichts.«

»Dann wär's 'ne Geschichte.«

»Steht aber alles nicht fest«, sagte ich und erzählte von den Verhandlungen, die Beckmann erwähnt hatte.

Dalia überlegte. Dann sagte sie: »Na ja, wenn die Leute Schlange stehen würden, wär der Laden nach acht Wochen wohl verpachtet, oder?«

»Aber wie wollen wir das schreiben?«, fragte Röhrbein.

»Überlegt euch was«, sagte Dalia.

Rita recherchierte auf einem Reiseportal. Pohlmann betrachtete zufrieden seinen Kugelschreiber.

»Gibt's was Neues von den Prominenten?«, fragte Dalia.

»Neee«, sagte Pohlmann.

Auf meinem Schreibtisch fand ich zwei Zettel. Auf dem einen stand: »Schulze Wichtrup anrufen!« Darunter seine Nummer. Auf den anderen hatte irgendwer »Rückruf! Dringend!« gekritzelt. Daneben die gleiche Nummer.

Schulze Wichtrup hatte mir auch geschrieben. Zwei Mal.

In seiner ersten E-Mail teilte er mit, ich müsse in meiner Ankündigung auf jeden Fall erwähnen, dass kostenlose Parkplätze vorhanden seien. In der zweiten wies er darauf hin, dass beim Netfast natürlich auch Frauen willkommen seien.

Hinter mir telefonierte Pohlmann: »Guten Tag Herr Höffner, Pohlmann hier vom Borkendorfer Boten. Herr Höffner, störe ich gerade extrem?«

(...)

»Natürlich Herr Höffner, später, jaja, kann ich machen. Dann ruf ich später an. Ja, vielen Dank, Herr Höffner. Bis nachher dann!«

Pohlmann legte auf und schrieb etwas auf einen Zettel. Den Zettel legte er auf das Pult über seinem Bildschirm. Dann lehnte er sich zurück, als müsse er sich ausruhen. Ein paar Minuten später saß er noch immer so da. Die Arme verschränkt, die Beine übereinandergeschlagen. Kurz darauf griff er wieder zum Hörer. Die Ziffern sagte er leise vor sich hin. Die Nummer kannte ich. Er rief Helga an.

»Hallo Frau Hirsch-Hahnemann. Pohlmann hier vom Borkendorfer Boten. Frau Hirsch-Hahneman, darf ich Sie kurz stören? Oder ist es gerade sehr ungünstig?«

(...)

»phantastisch, Frau Hirsch-Hahnemann ...«

(...)

»Natürlich, Helga. Helga. Sicher, ist mir natürlich recht. Helga, ich habe ein kleines Anliegen. Wir machen da eine Aktion. Und da würde ich Sie bitten, mir eine Frage zu beantworten.«

(...)

»Ja, selbstverständlich. Frau Hir..., äh, Helga, unsere Aktion heißt: Was haben Prominente in ihrer Tasche? Und da hab ich natürlich gleich an Sie gedacht. Helga, was haben Sie, äh, was hast du in deiner Tasche. Helga, das würd ich gern von dir wissen.«

Pohlmann nahm das Blatt vom Pult und notierte. Während er schrieb, sprach er die Wörter langsam nach: »Taschentücher, ein Zwei-Cent-Stück, Lippenstift, Rouge, Ohrringe, Haarbürste, Traubenzucker aus der Apotheke. Danke, Helga. Super, da hast du mir sehr geholfen. Und entschuldige noch mal, dass ich dich gestört habe, Helga. Vielen Dank!«

Pohlmann legte auf und sagte: »So, das hätten wir.«

Dann ließ er sich wieder nach hinten fallen und starrte an die Decke. Röhrbein legte mir den ersten Entwurf seines Textes auf den Schreibtisch.

Droht Kneipensterben auch in Borkendorf?

BORKENDORF – *Immer mehr Kneipen in Deutschland schließen, weil die Kundschaft ausbleibt. Jetzt sind auch im Gasthaus Beckmann die Lichter ausgegangen. Erreicht das Kneipensterben Borkendorf?*

Für viele Wirte in Deutschland sieht die Zukunft düster aus. Statt sich abends in der Kneipe zum Bier zu treffen, versorgen sich zahlreiche Deutsche lieber im Supermarkt mit Hochprozentigem. Für viele Gaststätten bedeutet das das Aus. Aber nicht für alle.

»Wir sind die nächsten Wochen ausgebucht«, erklärt Herbert Kröger, Inhaber der Gaststätte Grautermann. Und weiter: »Wer zu Weihnachten noch einen Tisch haben möchte, sollte sich jetzt schnell per Telefon oder über unsere Internetseite bei uns melden.« Dann wendet er sich wieder seiner Arbeit zu.

Auch in der Alten Ziege läuft das Geschäft hervor-

ragend. »Wir können nicht klagen«, sagt Wirt Kurt Hagenbrock. Für ihn laufe es schon seit Jahren gut. »Die Alte Ziege liegt einfach sehr günstig. Im Sommer ist das ideal. Viele lassen ihre Radtour bei uns ausklingen«, sagt Hagenbrock. Er hat keine Sorgen.

Anders sieht es im Gasthaus Beckmann aus. »Bis vor acht Wochen lief es bei uns gut«, sagt Rainer Beckmann, der mit seiner Familie demnächst nach Hannover ziehen wird. Was aus seinem Gasthaus wird? »Wir befinden uns in Verhandlungen«, sagt der Familienvater. Aber noch ist kein Vertrag unterschrieben. Ob es viele Interessenten gibt, darüber schweigt Beckmann sich aus. Aber von einem Kneipensterben will er nicht sprechen.

»Kann man das machen?«, fragte Röhrbein.

Natürlich nicht, dachte ich und sagte: »Na ja.«

»Was kann man machen?«, fragte Dalia. Sie kam rüber, riss mir das Blatt aus der Hand, überflog den Text und sagte: »Ist doch okay.« Um sich zu versichern, las sie noch ein zweites Mal, fand aber offenbar nichts Kritikwürdiges, so dass sie lediglich anmerkte, da fehle aber noch mindestens eine Zwischenzeile.

»Haben wir ein Foto?«, fragte Dalia.

»Vergessen«, sagte Röhrbein.

»Dann such eins aus dem Archiv.«

Röhrbein öffnete die Bilddatenbank. Es gab Dutzende Fotos, auf denen die Kneipe zu sehen waren. Aber immer stand irgendwer im Weg. Eine Gruppe Radfahrer. Ein Schützenkönigspaar. Ein Kegelverein. Die Jäger mit ihren Hunden. Wir hatten schon fast aufgegeben, da sagte Röhrbein: »Das hier ist gut.« Er vergrößerte das Bild. Zu sehen war der Biergarten der Gaststätte Beckmann. Eine Kellnerin balancierte ein Tablett. Über den ganzen Hof waren Tische verteilt. Ein freier Platz war nicht zu sehen.

»Das ist nicht schlecht, aber für 'nen Text übers Kneipensterben?«, sagte ich.

»Stimmt«, sagte Röhrbein.

Dalia sah das Bild und fand auch das völlig okay. »Das fangen wir in der Bildzeile auf«, sagte sie. Als ich die ausgedruckte Seite im Kopierer fand, stand unter dem Foto: *»Keine Spur vom Kneipensterben: Ein Bild aus besseren Zeiten.«*

Pohlmann versuchte es ein zweites Mal bei Höffner: »Herr Höffner. Guten Tag, Pohlmann vom Borkendorfer Boten noch mal. Ich hatte vorhin schon angerufen. Ist es jetzt günstiger? Oder störe ich sehr?«

(...)

»Ah, ja, nee, kein Problem, Herr Höffner. Ich versuch's morgen noch mal. Vielen Dank, Herr Höffner! Auf Wiederhören!«

Dalia fragte, was denn jetzt mit den Prominenten sei.

»Krieg ich heute nicht mehr rund, aber ich bin da weiter dran«, sagte Pohlmann.

- - - - - - - - -

An einem Dienstagmorgen holte ich zum ersten Mal Röhrbein ab. Er wohnte zwei Straßen weiter, und am ersten Tag war er gleich zehn Minuten zu spät. Als Röhrbein einstieg, entschuldigte er sich. Ich sagte, das sei schon in Ordnung. »Wirklich?«, fragte er. Ich musste es ihm drei Mal versichern. Schließlich ging mir seine Fragerei so sehr auf den Senkel, dass ich sagte, es wäre natürlich schon besser, wenn er morgens pünktlich sei. Er sagte: »Ich hab doch gemerkt, dass du genervt warst.«

Schon an der zweiten Ampel wies Röhrbein mich darauf hin, dass es einen besseren Weg gebe. Er holte sein Smartphone heraus, ließ die Strecke berechnen und fand heraus, dass ich einen fünfhundert Meter langen Umweg fuhr. »Wollt ich nur sagen«, sagte er, verstaute das Telefon in seiner Tasche und legte seine Hände auf die Knie. So blieb er sitzen, bis ich auf die Umgehungsstraße abbog. Dann kam er auf unser altes Gespräch zurück. »Was machste eigentlich, wenn die dich am Ende behalten wollen?«, fragte er.

Ich hatte mir die Frage nie ernsthaft gestellt. »Ich hab ja zwei Monate Kündigungsfrist«, sagte ich und lachte.

Röhrbein kramte sein Smartphone wieder aus der Tasche, tippte irgendwas ein und sagte: »Drei Monate.«

- - - - - - - - -

Als Heribert Lackmann am nächsten Morgen in der Zeitung das Wort »Netfast« las, spürte er Unbehagen. Dieses Unbehagen thematisierte er in einem Leserbrief. In einer Art Essay erklärte er, warum englische Wörter in der deutschen Sprache nichts zu suchen haben – und aus englischen Wörtern zusammengesetzte Begriffe erst recht nicht. Als Alternative schlug er das Wort »Netzwerk-Frühstück« vor. Silke hatte den Leserbrief ausgedruckt. Er lag auf Johannes Schulze Wichtrups Buch, das ebenfalls angekommen war. Das Buch hieß: »Ich spinne – wie Netzwerke entstehen«. Schulze Wichtrup hatte es im Selbstverlag drucken lassen. Über dem weißen Buchrücken breitete sich ein Spinnennetz aus. Am Umschlag befestigt war ein USB-Stick, auf dem ich keine Daten fand. Ich blätterte in dem Buch. Auf Seite achtundsechzig erklärte Schulze Wichtrup, wie aus Kontakten Freunde werden:

- Melden Sie sich, wenn Sie etwas für Ihren Kontakt tun können. Nichts schweißt Freundschaften mehr zusammen als kleine Gefallen.
- Melden Sie sich, auch wenn Sie kein Anliegen haben. Fragen Sie, wie es Ihrem Kontakt geht. Vielleicht gibt es irgendetwas, das Sie für ihn tun können.
- Loben Sie, sagen Sie Danke. Nichts ist wertvoller als gegenseitige Wertschätzung.
- Machen Sie kleine Geschenke. Sie sollten nicht zu groß sein, aber nützlich (z. B. Schlüsselanhänger, Kalender, USB-Stick).

Ich rechnete mit einem Anruf, aber Schulze Wichtrup meldete sich nicht. Nach dem Mittagessen hatte ich ihn fast vergessen. Dann plötzlich stand er vor mir. Er war größer, als seine helle Stimme vermuten ließ. Und er trug eine Regenjacke, obwohl es nicht regnete.

»Ich wollte mich für den tollen Artikel bedanken«, sagte er.

»War ja nur eine kurze Meldung«, antworte ich.

»Ist aber sehr gut geworden. Mein Buch haben Sie erhalten?«

Es lag direkt vor mir. Er konnte es sehen. Ich nahm es in die Hand, zeigte es und bedankte mich. »Könnse ja mal reinschauen, wennse Zeit haben. Kommense denn morgen früh?«

Mit Terminen konnte ich mich nicht rausreden. Dagegen hatte er sich ja abgesichert.

»Wir haben eine Fahrgemeinschaft. So früh komme ich leider nicht nach Borkendorf«, sagte ich.

»Ich kann auch mit der Bahn fahren«, rief Röhrbein.

»Sonst schicken Sie mir doch einfach ein Foto, und wir telefonieren dann nachher«, sagte ich.

»Sie sind herzlich eingeladen«, sagte Schulze Wichtrup. Aber natürlich könne er auch ein Foto schicken.

Röhrbein bemerkte, dass er mir in den Rücken gefallen war und sagte: »Morgen geht gar kein Zug.« Ich versprach Schulze Wichtrup, auf jeden Fall über das Treffen zu schreiben.

Pohlmann versuchte ein weiteres Mal, Höffner zu erreichen. Diesmal ging er auf Nummer sicher: »Herr Höffner, guten Tag, Pohlmann vom Borkendorfer Boten noch mal. Herr Höffner, auch wenn ich gerade extrem störe, eine kurze Frage. Wir machen eine neue Serie. Und da fragen wir Prominente, was sie in ihrer Tasche haben. Herr Höffner, dürfte ich Sie vielleicht auch fragen …«

(…)

»Nein Herr Höffner, ich will Sie nicht verarschen. Es geht um eine neue Serie. Herr Höffner, es ist für eine gute Sache.«

(…)

»Nein, nein, keine Spendenaktion. Herr Höffner, einfach nur für die Serie. Also dann nicht für eine gute Sache, aber die Leute wollen das doch wissen.«

(…)

»Herr Höffner, das ist wirklich nett. Ich schreibe das mal eben auf: ein Feuerzeug, einen Kassenbon und … Das war's schon? Ja, Herr Höffner, aber trotzdem vielen, vielen Dank noch mal!«

»Die Serie wird ja der Kracher«, sagte Karl.

»Wart mal ab, wie die Leute das lesen«, sagte Norbert.

Pohlmann sagte, jetzt fehle nur noch der Polizeipräsident. Den erreichte er kurz darauf. Küppler war nicht so schwer zu knacken wie der Bürgermeister. Er fand einen Zehn-Euro-Schein in seiner Gesäßtasche. Das war alles. Aber so hatte der Anruf auch ihm etwas gebracht. Pohlmann schrieb alles zusammen. Röhrbein stellte den Text online. Nach einer halben Stunde sagte er: »Dreihundert Klicks.« Nach einer Stunde sagte er: »Fast fünfhundert.« Nach zwei Stunden: »Wir sind jetzt bei tausend.«

Pohlmann rief immer wieder seinen Artikel auf. Er sagte: »War ja ganz gut, dass ich die Serie noch gemacht habe.« Er schlug vor, sie gleich fortzusetzen und noch mehr Prominente anzurufen. Wäre ja überhaupt kein Problem, sagte er. Dalia fand, die Idee sei gut. Aber vielleicht sei es besser, jetzt erst mal abzuwarten. Pohlmann war einverstanden.

- - - - - - - - -

Um sieben sollte das Netfast beginnen. Schon um acht fand Johannes Schulze Wichtrup Zeit, ein Foto per E-Mail zu schicken. Das Bild zeigte Kurt Hagenbrock, den Wirt der Alten Ziege, Johannes Schulze Wichtrup in seiner Regenjacke und einen schmächtigen Mann in einem blauen Pullover. Alle drei standen vor einem Kachelofen in der Alten Ziege. Zog man den Wirt ab, blieb genau ein Teilnehmer. Einen Misserfolg sah Johannes Schulze Wichtrup dennoch nicht. In seiner E-Mail schrieb er: »*Da ist natürlich noch etwas Luft nach oben. Aber so ein Treffen muss sich erst mal herumsprechen.*«

Als er zwei Stunden später anrief, sagte er: »Ich hätte da was für Sie.«

»Und zwar?«

»Ich habe heute Morgen einen sehr interessanten Menschen kennengelernt. Einen Immobilienexperten. Und der sagt: Borkendorf droht eine Immobilienblase. Der Mann ist auch sehr gut vernetzt. Der kennt Prominenz, teilweise sogar bis nach Hamburg. Und drittens: Der hat eine Uhr dabei, die kostet 30 000 Euro, und die zeigt nicht nur die Dimensionen an, die wir kennen, sondern auch andere. Und sein

Geld verdient er damit, dass er alte Telefone umrüstet, so dass die nachher ein Display haben. Hätten Sie da Interesse?«

»Äh, geben Sie mir am besten seine Nummer. Ich schau mir das dann mal an.«

»Schick ich Ihnen per Mail«, sagte er, bat mich, einen schönen Gruß auszurichten, und versprach, sich wieder zu melden. Den Namen des Mannes gab ich bei Google ein. In Internetforen warnten sie vor ihm. Dass er auch mit Adressdaten handelte, hatte Schulze Wichtrup nicht erwähnt.

Es verging eine Woche, dann hatte ich Schulze Wichtrup wieder in der Leitung. Ich erwartete die Frage, was aus dem Treffen mit dem Immobilienexperten geworden sei. Aber er fragte nicht. Er bat mich, das nächste Treffen anzukündigen. Am Mittwoch. Wieder um sieben. »Werden Sie doch Mitglied. Dann könnten wir uns gegenseitig Gefallen tun«, sagte er. Ich erklärte ihm, dass ich dann aber nicht mehr über die Treffen schreiben könnte. »Verstehe, verstehe«, sagte er.

Am Dienstag kündigte ich das Netfast in der Zeitung an. Am Mittwoch schrieb Schulze Wichtrup keine Mail. Bis zum Mittag hörte ich nichts von ihm. Dann rief er mich an. Er klang bedrückt. Diesmal war niemand gekommen. Nicht mal der Mann im blauen Pullover. Aber Schulze Wichtrup hatte eine neue Idee. Sieben Uhr sei vielleicht doch etwas zu früh, sagte er. Daher werde das nächste Treffen abends um acht stattfinden. »Und wissen Sie, was der Vorteil ist?«, fragte er.

»Um acht sind keine Termine mehr?«

»Nein, um acht hätten doch auch Sie Zeit.«

DIE MONDZYKLEN

Auf meinem Weg vom Parkplatz zur Redaktion lief ich Morgen für Morgen an einer Dönerbude vorbei. Kundschaft sah ich nie. Der Budenbesitzer lehnte fast immer auf der Theke, manchmal stand er vor der Tür und rauchte eine Zigarette. Er trug schon morgens ein verschwitztes T-Shirt. Auf seinem Kopf stand ein graues Stoppelfeld, im Gesicht wucherte ein Vollbart. Er war immer freundlich. Nach einigen Wochen hatte er begonnen, mich morgens zu fragen: »Na, wie geht es dir?« Beim ersten Mal war ich so überrascht von der Frage, dass ich nur »Gut« sagte, grinste und weiterging. Als er am nächsten Morgen wieder fragte, sagte ich »Gut« und fragte, wie es ihm gehe. Er sagte: »Auch gut.«

Seitdem führten wir dieses Gespräch jeden Morgen, wenn wir uns sahen. Carsten erzählte mir, dass der Mann Selcuk hieß. Er pflegte mit ihm das gleiche Ritual. Sah Selcuk mich abends an seiner Bude vorbeigehen, fragte er: »Na, mein Lieber, schon Feierabend?«

Die Uhrzeit war völlig egal. Einmal kam ich abends von einer Versammlung der Dorf-Grünen. Sie hatten stundenlang diskutiert und am Ende alles vertagt. Es war fast halb neun, den Text musste ich noch schreiben. Selcuk sah mich und fragte: »Na, schon Feierabend?« Dass ich in die falsche Richtung lief, fiel ihm gar nicht auf. Zwei Stunden später stand er immer noch da. »Jetzt aber«, sagte er.

»Endlich«, sagte ich und betrat zum ersten Mal seine Bude.

»Was darf ich dir machen, mein Lieber?«, fragte er.

Ich las die komplette Speisekarte, war mir aber nicht ganz sicher. Es gab vier verschiedene Gerichte vom Lavasteingrill. Einen Lammspieß, einen Hähnchenspieß, einen Putenspieß und einen Köfteteller. Es gab Folienkartoffeln in allen Varianten. Ich dachte kurz über einen Auflauf nach, schwenkte über zum Schnitzelteller, war mir einen Moment lang unsicher, ob eine Pizza nicht doch das Beste wäre. Dann bestellte ich einen Döner.

»Mit Schaf oder ohne mit Schaf?«, fragte Selcuk.

»Mit Hähnchen«, sagte ich und begriff erst, was er meinte, als er auf das Chilipulver zeigte. »Mit scharf. Ja«, sagte ich. Er ließ bedrohlich viel Chili auf das Fleisch rieseln und drückte das Brot zusammen wie eine zu enge Anzugjacke. Ich biss an der schmalsten Stelle in den Teig und war sehr begeistert. Ich hatte lange keinen so guten Döner gegessen.

Wenn Selcuk jetzt morgens fragte: »Na, mein Lieber, wie geht es dir?«, antwortete ich: »Ach Selcuk, wie immer. Und dir?« Er sagte: »Mir auch!«

Röhrbein wunderte sich über das seltsame Gespräch. »Woher kennst du den?«, fragte er.

»Vom Vorbeigehen«, sagte ich und empfahl ihm den Döner. Mittags aßen wir bei Selcuk. Karl und Carsten hatten nichts dagegen. Norbert ging nur noch mit, wenn ich nicht dabei war. Er begleitete jetzt Rita zum Essen.

Selcuk freute sich sehr, uns als Kunden gewonnen zu haben. Er brachte Raki, aber vor dem Volontär trauten wir uns nicht, ihn zu trinken.

»Was glaubt der eigentlich? Dass wir uns hier mittags Schnaps reinkippen?«, fragte Röhrbein.

»Keine Ahnung«, sagte Carsten.

Selcuk stellte uns seine Frau vor. Sie hieß Romina, hatte einen runden Körper und ein rundes Gesicht. Sie war mir vorher nie aufgefallen, aber offenbar kannte sie uns. »Eine gute Artikel über die Krankenhaus«, sagte sie.

Karl bedankte sich. »Schön, dass er Ihnen gefallen hat«, sagte er. Als Romina in der Küche verschwunden war, fragte er: »Was meint 'n die?«

Selcuk kam zu uns und fragte: »Was wollt ihr essen, meine Lieben?«

»Döner«, sagte ich. Karl faltete die Karte auseinander, sah sich die andere Seite an. »Der Döner ist wirklich gut«, sagte ich. Selcuk grinste breit. Karl, Carsten und Röhrbein waren sich ausnahmsweise einig. Sie bestellten Bratwurst mit Pommes. Das Essen kam so schnell, als hätte es schon in der Küche gestanden. Die Bratwurst glänzte hellbraun. Die Pommes waren goldgelb und kross.

»Wahnsinnig lecker«, sagte Carsten.

»Und ihr wart vorher noch nie hier?«, fragte Röhrbein.

»Nö«, sagte Carsten.

Zurück in der Redaktion schwärmte Karl von der Döner-bude. Aber die Resonanz blieb bescheiden. Dalia brachte sich meistens etwas mit. Norbert hatte kein Interesse. Rita daher auch nicht. Erst als Carsten am Tag darauf in die Runde fragte, ob noch wer mitkommen wolle, rief Bocklund: »Was gibt's denn da so?«

»Döner, Pommes, Pizza. Schnellimbiss halt«, sagte Carsten.

Bocklund zierte sich: »Ich würd ja schon gern, aber ich weiß ja nicht«, sagte er.

Karl kürzte den Entscheidungsprozess ab: »Du komms' jetzt mit.«

»Na gut«, sagte Bocklund. Auf dem Weg erzählte er, dass er Dönerbuden eigentlich meide. Die seien ja doch sehr un-gesund. Dann standen wir vor der Glastheke mit den Hack-fleisch-Würsten, und Bocklund bestellte drei Bami-Taschen, einen Cheeseburger und eine große Pommes rot-weiß. Romina erschien wie ein Geist aus der Küche und sagte: »Ahhhh, von die Zeitung.« Selcuk schüttelte den Kopf.

Nach ein paar Minuten kam er zu uns an den Tisch. Er sagte: »Eine Freundin von Romina ist Fotografin. Sie macht eine Ausstellung Freitag in Rathaus.«

Karl tupfte sich mit einer Serviette das Fett aus den Mundwinkeln und sagte, das sei ja interessant«. Sein Gesicht drückte das Gegenteil aus. Er sog seine Unterlippe ein und sah Selcuk an, als müsse er etwas sehr Trauriges mitteilen. »Freitag habe ich selbst leider keine Zeit. Aber einer von meinen Kollegen kommt sicher gern«, sagte er. Sein Blick blieb an mir hängen.

»Ja, äh, ich könnte, äh, sicher, wenn ich …«

»Das wäre so toll. Romina wird sich sehr freuen.«

Als wir zahlen wollten, sagte Selcuk: »Kost heut nix.« Ich wollte ablehnen, aber Karl hatte sich schon bedankt. Draußen vor der Tür klopfte er mir auf die Schulter.

– – – – – – – – –

Eine Einladung gab es nicht, aber der Hausmeister wusste Bescheid. »Freitag? Ja, da soll hier was sein. Ich glaub, um 13 Uhr«, sagte er am Telefon. Mehr wusste er auch nicht. Ich kannte nicht mal den Namen der Künstlerin, sonst hätte ich sie im Internet gesucht. Abends auf der Schnellstraße fiel mir ein, dass ich Selcuk danach fragen wollte. Als ich ihn morgens begrüßte, hatte ich es wieder vergessen. Am Donnerstag passierte das Gleiche. Insgeheim hoffte ich, dass der Hausmeister mir die falsche Zeit gesagt hatte und um 13 Uhr schon alles vorbei war.

Am Freitagmittag sah es aus, als könnte mein Wunsch in Erfüllung gehen. Vor dem Rathaus parkte nur ein grauer

Kombi. Neben der Tür standen zwei Fahrräder. Viele konnten nicht da sein. Ich öffnete die schwere Rathaustür, lief die Stufen hoch und hörte schon das Gelächter. Ich ging durch eine Glastür, und da standen sie mit ihren Sektgläsern an Stehtischen. Mittendrin der Bürgermeister. Ich sah Gerda Knöter vom Borkendorfer Anzeiger. Die hatten es also auch erfahren. Gerda war vertieft in einen Zettel. Ihre Lederhandtasche stand vor ihr auf dem Tisch. Ich stellte mich zu ihr. Auf ihrem Blatt las ich: »*Impressionen vom Mond – ein Zyklus aus 20 Fotografien*«. Ich sah mich um. Im Foyer hatten sie graue Stellwände im Ziehharmonika-Muster verteilt. An jeder Wand zwei Bilderrahmen. Die Aufnahmen waren fast durchweg schwarz. Nur der weiße Fleck in der Mitte unterschied sich in Größe und Form.

»Na, sieht man dich auch mal wieder?«, sagte Gerda.

»Wer ist denn die Künstlerin«, fragte ich.

»Monika Biermann? Keine Ahnung. Die da hinten vielleicht?«, sagte sie und zeigte vage in Richtung einer Frau mit Sektglas.

Neben uns am Tisch blätterte ein Mann mit Schnäuzer in einer Broschüre. Ich fragte ihn: »Entschuldigung, wissen Sie, wer Monika Biermann ist?«

Er sagte: »Ich denke schon. Das ist meine Frau.«

»Oh, äh, da gratuliere ich aber.«

»Zu meiner Frau?«

»Nein, äh, ich meine zu der Ausstellung«

»Danke«, sagte er. Zu freuen schien er sich nicht.

Ich fragte, wo seine Frau denn sei. »Das ist die da beim Bürgermeister«, sagte er und deutete auf Höffner, der zu einer kleinen Dame mit kurzen Haaren und großen Ohrringen herabsah, während er mit ihr sprach. Monika Biermanns Mann machte auf mich nicht den Eindruck, als hätte er diesem Tag entgegengefiebert. Ich fragte, ob er sich denn nicht freue. Er sah mich eindringlich an und sagte:

»Wissen Sie, meine Frau war zwanzig Jahre lang Hausfrau. Dann habe ich ihr zu Weihnachten eine Digitalkamera geschenkt. Seitdem ist nichts mehr, wie es war. Sie hat sich zu Hause ein Atelier eingerichtet. Sie spricht nicht von ihren Fotos, sondern von ihren Werken. Wenn ich ein Bild von einer Wiese mache, dann ist das ein Bild von einer Wiese. Macht sie das gleiche Bild, dann ist das Kunst. Sie ist jetzt Mitglied im Künstlerkreis Borkendorf. Die haben ihr gesagt, sie soll ihre Fotos doch mal ausstellen. Das war vor zwei Monaten. Danach ist meine Frau nachts aufgestanden, um den Mond zu fotografieren. Morgens bleibt sie im Bett. Deshalb sehen wir uns nur noch abends. Seit Wochen dreht sich alles nur noch um diese Ausstellung. Und wenn ich ganz ehrlich bin, muss ich Ihnen sagten: Nein, ich freue mich nicht.« Der Mann goss sich einen Schluck Wasser ein.

»Das tut mir leid«, sagte ich.

»Das braucht Ihnen nicht leid zu tun. Sie haben ihr ja nicht die Kamera geschenkt«, sagte er.

Gerda Knöter stellte sich zu Monika Biermann und Höffner. Ihren Block hatte sie schon in der Hand. Ich sagte, ich müsse da jetzt auch mal kurz hin. Der Mann sagte: »Ich gönn es ihr ja.« Ich sagte, ich könne ihn verstehen.

Als Höffner mich sah, nickte er. Ich war überrascht, dass er mich erkannte, gab ihm die Hand und sagte: »Hallo!« Er sagte: »Höffner.«

»Sind Sie auch von der Zeitung?«, fragte Monika Biermann.

»Vom Borkendorfer Boten«, sagte ich.

»Beide Zeitungen sind da – das ist ja toll«, sagte sie.

»Die Borkendorfer Presse weiß eben, was gut ist«, ulkte Höffner, hüstelte und tätschelte mir die Schulter.

Gerda Knöter sagte, ich hätte mich vorgedrängelt.

»Ihre Begehrtheit ist wirklich enorm, Frau Biermann«, sagte Höffner.

Monika Biermann entschärfte die Situation, indem sie anbot: »Sie können mir gern beide Fragen stellen.«

Ich ließ Gerda den Vortritt. Sie fragte: »Frau Biermann, wie sind Sie zur Fotografie gekommen?«

Monika Biermann überlegte lange. Dann sagte sie: »Fotografie hat mich schon immer begeistert. Eigentlich schon, seit ich ein Kind bin.«

Gerda Knöter fragte: »Erinnern Sie sich noch an Ihr erstes Foto?«

»Das ist eine gute Frage«, sagte Monika Biermann, legte ihre Fingerspitzen auf die Schläfen und sagte: »Ein Baum.«

»Ein Baum?«

»Ja, ich habe einen Baum fotografiert.«

»Haben Bäume für Sie eine besondere Bedeutung?«, fragte Gerda.

Ich war froh, dass sie die Fragen stellte. Mir fiel keine einzige ein.

»Ja, sehr sogar. Bäume waren für mich immer sehr wichtig. Im Garten meiner Großmutter stand ein Kastanienbaum. Das waren diese stachligen, wie heißen die noch …?«

»Maronen.«

»Ja genau, Maronen. Die waren wie kleine Igel. Wir haben die dann eingesammelt, und meine Großmutter hat sie geröstet. Das war wunderbar. Ja, Bäume haben in meinem Leben immer eine sehr große Bedeutung gehabt.«

»Waren sie für Sie auch so etwas wie eine Inspiration?«

»Natürlich. Bäume inspirieren mich sehr. Und Bäume stehen ja für das Leben.«

Endlich fiel mir auch eine Frage ein: »Wie kommt es denn, dass Sie den Mond fotografieren? Der steht ja für den Tod«, sagte ich.

»Für den Tod? Wusste ich nicht«, sagte Monika Biermann.

Gerda Knöter nickte, als müsse sie mir leider zustimmen. Aber Monika Biermann fand gleich eine Erklärung. »Das ist ja das Tolle an der Kunst – das Unbewusste«, sagte sie und führte alles darauf zurück, dass sie eben ein sehr gegensätzlicher Mensch sei. »Ich liebe das Leben. Das ist meine Energie. Aber der Tod ist auch eine Energie. So wie das Yin und das Yang«, sagte sie.

»Das ist interessant. Da muss ich noch mal nachhaken«, sagte Gerda.

Höffner verlor langsam die Geduld. »Ich fang jetzt gleich mal mit meiner Rede an«, sagte er, ging nach vorn, nahm das Mikrophon, das man ihm auf den Tisch gelegt hatte, und stellte fest, dass er es gar nicht brauchte. »Ich glaub, ich bin so ganz gut zu hören. Oder hört mich irgendwer nicht?«, fragte er. Keiner antwortete. Höffner zog einen gefalteten Zettel aus der Innentasche und sagte:

»Sehr geehrte Damen und Herren, liebe Gäste, ich muss Ihnen sagen: Als ich vor zwei Monaten einen Brief erhielt, in dem ich gebeten wurde, das Borkendorfer Rathaus für eine Ausstellung zur Verfügung zu stellen, habe ich einen Moment gezögert. Wir werden ja geradezu überschwemmt von Ausstellungen. Müssen wir da auch noch das Rathaus hergeben? Ich habe mich das gefragt. Dann habe ich mir Monika Biermanns Bilder angesehen. Und ich habe gedacht: Ja.

Sehr geehrte Damen und Herren, liebe Gäste, ich freue mich, Ihnen heute eine ganz besondere Künstlerin vorstellen zu dürfen. Die Vorsitzende des Kunstvereins – wo ist sie? Frau Bechtold? Ah ja, da vorn – liebe Frau Biermann, die Vorsitzende des Kunstvereins, Frau Bechtold sagt über Ihr Werk, ich darf sie zitieren: ›Monika Biermanns Arbeiten zeigen uns die Welt im Spiegel einer Generation von Frauen, die in der Wiederkehr des Alltäglichen das Besondere gefunden haben. Ihr Blick auf die Welt ist ein weiblicher Blick, der geprägt ist vom unbedingten Wunsch, etwas Außergewöhnliches zu schaffen und die Welt mit ihrer Kunst zu bereichern.‹ Das ist ein sehr schöner Satz. Liebe Gäste, begrüßen Sie gemeinsam mit mir Monika Biermann.«

Monika Biermann verbeugte sich im Applaus. Ihr Mann zog müde die Hände aus der Tasche. Höffner klatschte am lautesten.

Monika Biermann sagte: »Vielen Dank, sehr geehrter Herr Bürgermeister, liebe Gäste. Ich freue mich sehr, dass ich heute hier sein darf. Ganz besonders möchte ich dafür meinem Mann danken, der mich immer unterstützt hat. Da vorne steht er.« Ihr Mann schien damit überhaupt nicht gerechnet zu haben. Er rang sich ein gequältes Lächeln ab und nickte. »Dann möchte ich Sabine Bechtold danken, die mir – ich darf es so sagen – meine künstlerischen Augen geöffnet hat. Aber auch Ihnen allen sage ich: Vielen Dank! Und jetzt wünsche ich Ihnen viel Spaß mit meinen Werken.«

Höffner umarmte Monika Biermann. Dann führte sie selbst einen kleinen Rundgang an. Eine ältere Frau drückte ihren Kopf nah an einen der Bilderrahmen und sagte: »Das hier ist aber wirklich sehr schön.« Eine andere Frau sagte: »Vollmond.« Eine dritte begutachtete das Bild darunter und sagte: »Toll.« Auf einem Foto ragte der vergrößerte Mond an zwei Seiten aus dem Bild. Auf dem nächsten war er eine schmale Sichel im Dunkeln. Die Aufnahme daneben war fast identisch. Nur die Sichel war etwas dunkler und hatte einen leichten Orangeton. »Ganz fantastisch«, sagte Höffner.

Monika Biermann war umringt. Ich sah sie nicht, hörte aber wie sie sagte: »Nachts bin ich am kreativsten.«

Ein Mann fragte: »Und wie sind Sie darauf gekommen, den Mond zu fotografieren?«

Meine Vermutung war, dass es so viele Alternativen nicht gab, wenn man nachts aus dem Schlafzimmerfenster knipste. Monika Biermann sagte: »Der Mond ist so vielgestaltig. Mal ist er ein Kreis, mal ein spitzes Ei, mal eine dünne Sichel. Mal ist er hell, mal dunkel, mal orange. Das hat mich sehr fasziniert.«

Die Vorsitzende des Kunstvereins trat einen Schritt zurück, legte ihr Kinn zwischen Zeigefinger und Daumen und sagte: »Der Mond ist irgendwie so, na ja, nackt.«

Nach der fünften Stellwand begannen die Motive sich zu wiederholen. Wieder war der Mond als Sichel zu sehen. Wieder als Kreis. Wieder in Orangetönen. »Die hier sind sich aber sehr ähnlich«, sagte Höffner.

Monika Biermann erklärte, die Variationen seien im Detail zu finden. »Hier, sehen Sie«, sagte sie und malte mit dem Zeigefinger über die Mondsilhouette. Ich sah nichts. Höffner blickte noch mal genauer hin und sagte: »Ach sooo.«

»Frau Biermann, ich brauche noch ein Foto«, sagte Gerda Knöter.

»Wo könnten wir das denn machen?«, fragte Monika Biermann.

Gerda Knöter dirigierte sie mit ihrer Kamera vor eine Stellwand. »Können wir das Bild hier kurz runternehmen?«, fragte sie und rüttelte am Rahmen, doch der ließ sich nicht lösen. »Geht leider nicht«, sagte Höffner. Gerda Knöter sagte, dann müsse Monika Biermann irgendwas anderes in die Hand nehmen. Zum Beispiel ihre Kamera. »Haben Sie Ihre Kamera dabei?«, fragte sie. Monika Biermann schüttelte den Kopf.

»Sonst nehmen wir einfach 'n Blumenstrauß«, sagte Höffner.

Gerda Knöter zögerte. Das sei natürlich nicht optimal, sagte sie, fand dann aber, ein Blumenstrauß sei immer noch besser als nichts. Höffner ließ einen Blumenstrauß herbeischaffen. Monika Biermann nahm die Blumen. Höffner stellte sich daneben. Gerda Knöter fotografierte.

Danach war ich an der Reihe. Ich bat Monika Biermann, den Blumenstrauß aus der Hand zu legen. Sonst könne man ihre Bilder nicht sehen. »Das stimmt natürlich«, sagte sie. Eine Frau nahm ihr die Blumen ab. Wieder stellten sich beide auf. Ich fotografierte.

Als Gerda Knöter sich verabschiedete, sagte sie: »War doch 'ne gute Idee mit dem Blumenstrauß. Jedenfalls besser als ganz ohne.« Monika Biermann nickte.

- - - - - - - - -

Durch das Schaufenster der Dönerbude sah ich im Vorbeigehen Romina. Sie stand vor dem Spieß und wischte sich an ihrer Schürze die Hände ab. Ich klopfte an den Türrahmen. Romina kam hinter der Theke hervor und begrüßte mich, als hätten wir uns Jahre nicht gesehen. »Wie gäht's?«, fragte sie.

Ich griff in ihre ölige Hand und sagte: »Gut, und dir? Ich komme gerade von der Ausstellung.«

»Welche Ausstellung?«, fragte sie.

»Die von deiner Freundin. Im Rathaus. Die Fotos vom Mond«, sagte ich. Sie sah mich ratlos an. »Monika Biermann«, sagte ich.

»Ahh, Monika Biermann«, sagte sie.

»Warum warst du nicht da?«, fragte ich.

»Ohh, ich hatte viel zu tun hier«, sagte sie.

»Selcuk sagte, das sei deine Freundin«, sagte ich.

»Ja, ich kenne gut. Sie war schon oft hier im Laden«, sagte sie.

Ich bestellte einen Döner, obwohl ich keinen Hunger hatte. Danach lief ich in die Redaktion und versuchte, über die Ausstellung zu schreiben. Doch das war nicht so leicht. Ich wollte halbwegs bei der Wahrheit bleiben, aber auch nicht gemein sein. Nur, mit Kunst hatte das, was ich gesehen hatte, wenig zu tun. Andererseits musste ich an Monika Biermann denken. Sie war nett. Sie nahm kein Geld für die Ausstellung. Was sie machte, tat niemandem weh. Und vielleicht würde unter einem Verriss vor allem ihr Mann leiden. Der war auch nett. Ich schrieb einen Satz, löschte ihn, schrieb wieder einen Satz und kam kein Stück weiter. Als Röhrbein gegen halb acht fragte, ob ich ihn mit nach Hause nehmen könne, brach ich den Versuch ab.

Am nächsten Morgen lag auf meinem Schreibtisch eine Seite aus dem Borkendorfer Anzeiger. Dort war Gerda Knöters Text über die Ausstellung schon erschienen. Während ich meine Jacke aufknöpfte, las ich die ersten Zeilen. Norbert rief: »Warum haben die uns das vorgesetzt?«

»Hab ich gestern nicht mehr fertig gekriegt«, sagte ich.

»Ja, und jetzt?«

»Machenwer morgen.«

»Ja, groß müssen wir das morgen auch nicht mehr bringen.«

»Warum?«

»Die anderen lachen sich doch tot, wenn wir das morgen als Aufmacher nachziehen.«

Ich sagte, das müsse er selbst wissen, setzte mich und las Gerda Knöters Artikel zu Ende.

Der schneeweiße Himmelskörper

Monica Biermann präsentiert eine Bilderserie der besonderen Art

Der Mond ist einer der vielgestaltigsten Punkte am Himmel. Mal zeigt er sich uns groß, mal klein, mal voll, mal halb – und immer prächtig. Unter dem Motto »20 Impressionen vom Mond« stellte die Künstlerin Monica Biermann jetzt Fotos unseres kosmischen Nachbarn im Rathaus aus. »Der Mond hat für mich eine ganz besondere Bedeutung«, erklärte sie bei der Eröffnung der Ausstellung. Der Künstlerin kommt sehr entgegen, dass der Erdtrabant erst nach Sonnenuntergang zu sehen ist. »Nachts bin ich am kreativsten«, sagt sie. Auch Bürgermeister Alfons Höffner war von der Ausstellung begeistert. Monica Biermanns Fotografien zeigen den geheimnisvollen Begleiter unseres blauen Planeten aus einer ganz neuen Perspektive. Lichteffekte und Schattenrisse kennzeichnen Monica Biermanns Werke. Sie umschreibt das Spiel des schneeweißen Himmelskörpers mit eindrucksvollen Kontrasten und eröffnet so überraschende Einblicke in fremde Galaxien. Ihre Bilder scheinen das Licht auffangen zu wollen. Das Spiel mit Hell und Dunkel sorgt dabei für eine ganz besondere Note. In den kommenden zwei Wochen sind Monica Biermanns Fotografien im Rathaus zu den üblichen Öffnungszeiten zu sehen. Wer Zeit hat, sollte sich diese Chance auf keinen Fall entgehen lassen.

Ich legte den Artikel Carsten auf den Schreibtisch und sagte: »Du kennst doch die Geschichte mit der Hausfrau und den Mondbildern. Lies dir das mal durch.«

Er überflog den Text und sagte: »Na ja, Gerda Knöter eben.«

»Eine Bilderserie der besonderen Art?«

»Jaja, bei der ist immer alles der besonderen Art.«

»Nicht mal der Name stimmt«, sagte ich. Carsten nickte.

Norbert hatte mir für den Artikel nur sehr wenig Platz zugedacht. Das war nicht schlimm. Ich schrieb, dass Monika Biermann im Rathaus zwanzig Fotos vom Mond ausstelle und die meisten sich sehr ähnlich seien. Ich fügte die Öffnungszeiten an und dahinter, dass ein Besuch sich sicher lohne. Den letzten Satz löschte ich wieder. Norbert fand den Artikel zu kurz.

»Das is so nix«, sagte er.

»Was fehlt denn?«, fragte ich.

»Lies dir mal den Artikel im Anzeiger durch. Das mit dem Bürgermeister, mit den Lichteffekten und den fremden Galaxien. Das ist besser«, sagte er.

Ich erwähnte auch in meinem Text, dass Höffner begeistert gewesen war. Ich schrieb: »*Der strahlende Schein des Mondes markiert im changierenden Wechselspiel zwischen Hell und Dunkel einen interessanten Kontrapunkt zur ubiquitären Finsternis.*« Ich war mir nicht sicher, ob das überhaupt irgendetwas bedeutete, aber Norbert fand den Artikel jetzt okay. Er sagte, so könne man das stehen lassen. Jetzt klinge es wenigstens ein bisschen nach Feuilleton.

ÄRGER MIT WOLLE

– – – – – – – – – – – – – –

Dalia leitete die Konferenz, und weil sich wie üblich niemand meldete, als sie fragte, ob irgendwer etwas zur Zeitung sagen wolle, sagte sie selbst etwas. Auf den ersten Seiten gab es nicht viel zu kritisieren. Ein paar Kleinigkeiten. Formale Fehler. In einer Überschrift fehlte ein Buchstabe, aber im Großen und Ganzen war alles in Ordnung. Dann kam die Seite sechs. Pohlmann hatte dort über den wiedererwachenden Pferdetourismus in der Region rund um Borkendorf geschrieben. Wir blätterten gleichzeitig um. Vor uns lag Pohlmanns Artikel. Dalia sah auf die Seite und sagte: »Pohlmann, das ist nicht dein Ernst?« Pohlmanns Text nahm die gesamte obere Hälfte ein. »*Reiten wieder im Kommen*«, stand in fetten Buchstaben über dem Artikel. Darüber groß und quadratisch ein Foto. Man hätte ein Pferd erwartet, aber auf der Seite war kein Pferd zu sehen, sondern ein Schaf – aufgenommen von der Seite. Kauend blickte es in die Kamera, als hätte man es gerufen. Ungefähr so wie das Schaf guckte jetzt auch Pohlmann. Er strich die Zeitung glatt, als könne so aus dem Schaf vielleicht doch noch ein Pferd werden.

»Pohlmann, wie kann denn so etwas passieren?«, rief Dalia über den Tisch. Karl schüttelte apathisch den Kopf. »Pohlmann, jetzt sag was!«, rief Dalia.

Pohlmann sagte: »Hab ich echt nicht mehr gesehen.« Er strich ein weiteres Mal über die Zeitung. Das Schaf blieb ein Schaf.

Rita fragte: »Können Kinder nicht auch auf Schafen reiten?«

Dann öffnete sich die Tür. Bocklund kam herein, sah das Schaf auf Seite sechs, blieb stehen und sagte. »Ach du Scheiße. Wolle!«

»Wolle?«, fragte Dalia.

Bocklund zeigte auf das Schaf: »Das ist Wolle. Das Maskottchen vom SC Borkendorf.«

»Ach so, Wolle. Natürlich«, sagte Dalia »Und kannst du mir vielleicht sagen, was Wolle da macht?«

Bocklund ließ seine Tasche neben den Stuhl fallen, setzte sich und sagte: »Ich weiß es nicht.«

Dalia blätterte weiter. Lokales, Kultur, Service, sie schlug den Sport auf, knallte ihre flache Hand auf die Zeitungsseite, und an der Stelle, wo auf der Sechs Wolle zu sehen war, tat sich hier ein weißes Quadrat auf. »Das kann doch nich wahr sein«, rief Bocklund.

Unter dem nicht vorhandenen Bild stand der Satz: »*Das Maskottchen Wolle ist heute Abend bei der Sport-Gala mit von der Partie.*« Bocklund verschränkte die Hände im Nacken und ließ seinen Kopf hineinfallen. Den Blick zur Decke gerichtet, sagte er: »Das ist dumm.«

Dalia sagte: »Das ist sehr dumm.«

Man hätte die Frage erwartet: Und was machen wir jetzt? Aber es blieb bei ratlosen Mienen. Was hätte man auch machen sollen? Dass auf der Sportseite ein Bild fehlte, konnte ja jeder sehen. Dass Wolle kein Pferd war, auch.

»Ich kann's nicht ändern«, sagte Bocklund. Könne er sich jetzt auch nicht mehr mit aufhalten. Er müsse abends früher weg – wegen der Sportler-Gala. Hätten wir ja gesehen. »Kann mir einer helfen? Ich hab die ganzen Vorberichte vor der Brust«, fragte er. Norbert tat, als hätte er die Frage nicht gehört. Pohlmann fand plötzlich wieder großes Interesse an der Zeitung. Rita blieb gelassen. Sie wusste, dass sie nicht in Frage kam. Mein Gott, dachte ich, dann mach ich's halt.

»Kriegst du das hin?«, fragte Bocklund.

Was soll man da schon nicht hinkriegen, dachte ich und sagte: »Ich werd's probieren.«

- - - - - - - - -

Die Fußball-Teams der unteren Klassen spielten fast ausschließlich samstags. Einen Tag vorher rief Bocklund die Trainer an. Wie läuft's? Wie seid ihr drauf? Was habt ihr vor? Die meisten wollten gewinnen.

Als ich mich nach der Konferenz zu ihm setzte, telefonierte er. »Ihr seid Tabellensiebter. Morgen geht's gegen den Tabellenführer. Kann man da sagen, ihr seid Außenseiter, fühlt euch aber trotzdem nicht chancenlos?«, fragte er.

Den Hörer zwischen Wange und Schulter kritzelte er zittrige Buchstaben in seinen Block. Während er zuhörte, wiederholte er monoton ein nasales Brummen, das wohl nur den einen Zweck hatte: zu signalisieren, dass er zuhörte. Die Antwort wollte nicht enden. Wie kann man auf so simple Fragen so ausufernde Antworten geben?, dachte ich. Aber das schien kein Problem zu sein.

»Würden Sie sagen, dass Ihre Mannschaft dem nächsten Spiel entgegenfiebert?«, fragte Bocklund. Es war, als wäre er in einer Endlosschleife seines eigenen Brummens gefangen. Die Antwort endete abrupt.

»In den letzten Spielen habt ihr ja 'n bisschen Pech gehabt. Zwei Niederlagen, ein Unentschieden. Kann man sagen, dass für euch jetzt was Zählbares herauskommen muss?«

Wieder verging fast eine Minute. Dann legte Bocklund auf und sagte: »So, die anderen sieben können wir aufteilen. Ich geb dir mal die fünf hier.«

Vor mir lag eine Liste mit Telefonnummern. Mir war nicht klar, was genau zu tun war. Bocklund sagte, er werde seinen Text schon mal schreiben. Könne ich mir anschauen, dann wisse ich Bescheid. Es ging sehr schnell. Ich hatte die Ergebnisse der letzten Woche kaum aufgeschlagen, da sagte er: »So, fertig.« Ich sah es mir an:

Borkendorf braucht Sieg gegen Spitzenreiter
Die Kicker vom Borkendorfer SC hatten zuletzt Pech. Zwei Niederlagen, ein Unentschieden. Für die Mannen von Trainer Bodo Schulte zählt jetzt nur ein Sieg. Dem nächsten Spiel fiebert die Mannschaft ganz besonders entgegen. Der Tabellensiebte trifft auf den Tabellenführer Concordia Seesen. Borkendorf ist klarer Außenseiter, aber chancenlos fühlt sich das Team von Schulte nicht. »Wir sind in einer schwierigen Situation. Wir müssen in unseren Grenzbereich gehen. Am Ende muss was Zählbares rauskommen«, sagt der Coach. Denn auch er weiß: Nur ein Erfolg hilft aus der Krise.

Das Prinzip hatte ich verstanden. »Mach erst mal die Bezirksliga. Namen stehen da alle drin«, sagte Bocklund, gab mir einen dicken Hefter aus Klarsichtfolien mit Tabellen und verschwand mit seinem Schnurlostelefon in der Küche. Ich blätterte orientierungslos durch die vollgekritzelten Seiten und fand nur durch Zufall die Nummer von Peter Bregenz, dem Spielertrainer von Teutonia Helmdorf. Bocklund hatte beim Essen von ihm erzählt, weil er mit knapp fünfzig in der gleichen Mannschaft spielte wie sein Sohn. Teutonia Helmdorf war Vorletzter.

Ich erwischte Bregenz beim Einkaufen. Im Hintergrund piepte eine Registrierkasse. Ich verstand kein Wort. »Hallo?«, rief ich. Dann setzte hallend eine Werbeansage ein. Es war, als wolle irgendwer dieses Gespräch um jeden Preis verhindern. »Soll ich gleich noch mal anrufen?«, rief ich. Bregenz wollte das Gespräch lieber sofort hinter sich bringen. »Na gut«, sagte ich, verstand noch immer nichts, versprach aber, mich zu beeilen.

»Herr Bregenz, Ihr Team hat die letzten Wochen nicht ganz so gut gespielt. Sie sind Vorletzter. Jetzt muss ein Sieg her?«, fragte ich und hatte auf Anhieb einen wunden Punkt erwischt.

»Nich gut gespielt?«, brüllte Bregenz. »Wegen dem Eigentor oder was? Ich hab dir letzte Woche schon gesagt, da konnte ich nichts für. Hörst du nich zu, oder was?«

Ich hatte nie vorher mit ihm gesprochen. Von einem Eigentor wusste ich nichts. »Ich frage nur, weil Sie Vorletzter sind«, sagte ich, aber es half nichts.

»Sechs Punkte aus zwei Spielen. Mehr geht nun mal nicht«, schrie er in die dudelnde Werbung der Fleischabteilung.

»Tschuldigung, da hab ich mich missverständlich ausgedrückt«, sagte ich.

»Scheiße redest du! Das ist das Problem!«, schrie er. Ich sagte, auch das könnte sein.

Es war noch nicht so viel brauchbares Material zusammengekommen. Daher lenkte ich das Gespräch vorsichtig auf das bevorstehende Spiel: »Morgen geht's gegen Grün-Weiß Fichtrup. Was haben Sie da vor?«, fragte ich.

»Na, gewinnen wollen wir. Was denn sonst?«, sagte er.

Ich wünschte ihm viel Erfolg.

Der nächste Trainer auf meiner Liste hieß Wolfgang Reifheimer. Reifheimer? Nie gehört. Nach Bocklunds Liste gehörte er zur Zweiten Mannschaft von Schwarz-Weiß Dören.

Reifheimers Team stand ziemlich genau im Mittelfeld. Ich las, was Bocklund die letzten Wochen geschrieben hatte. Ein paar Siege, zwei knappe Niederlagen. Und jedes Mal hatte Reifheimer gesagt, für ihn sei es eine große Überraschung, dass seine Mannschaft jetzt da stehe, wo sie stehe. Reifheimer ließ das Telefon lange klingeln. Als er sich meldete, sagte er erst gar nichts, dann hörte ich ein langsames, fernes »Hallo?«. Reifheimer klang so weit weg, als säße er in einem Brunnenschacht.

»Hallo Herr Reifheimer. Ich glaube, die Verbindung ist sehr schlecht. Ich rufe an wegen des Spiels am Wochenende. Ham Sie kurz Zeit?«

»Jaaaa«, sagte er. Er klang wie sein eigenes Echo.

»Super, dann fang ich gleich mal an. Morgen geht's gegen Gössel. Bei Ihnen sind alle fit?«

»Joah, kann man saaagen.«

»Gut, Gössel ist Neunter, Sie sind Siebter. Ich denk mal, da kann das Ziel nur ein Sieg sein.«

»Das ist richtig.«

Ich hatte kurz die Hoffnung, es könnte noch eine Erklärung kommen, aber wieder hallte nur der Satz nach. Ich versuchte es mit Bocklunds Methode. »Würden Sie sagen, Ihre Mannschaft kann noch viel mehr, als Sie bislang gezeigt hat? Und glauben Sie, Ihre Spieler werden sich in den nächsten Wochen noch deutlich steigern?«

Reifheimer überlegte. Er überlegte lange. Dann sagte er: »Na ja, es ist natürlich so, dass wir in der aktuellen Situation in gewissem Maße unsere Möglichkeiten …« Wollte es dann aber doch anders ausdrücken und erklärte: »Man kann sicher sagen: Wir sind sehr motiviert.«

Ich sagte, ich würde mich später vielleicht noch mal melden. Als ich Bocklund von der seltsamen Befragung erzählte, sagte er: »Reifheimer ist 'ne Trantüte. Der sagt nichts.«

»Aber dir erzählt er jede Woche was – dass er sich wundert, wo sein Team steht und so.«

»Ach, einmal. Da hatt' ich Glück. Ich glaub, da hatte er einen drin.«

»Wie – und du schreibst das jetzt jede Woche?«

»Wieso denn nich? In der Tabelle hat sich doch nix verändert.«

Ich war verwundert, aber das stimmte natürlich. Irgendwie.

»Wen musste denn noch anrufen?«, fragte Bocklund. Ich gab ihm die Liste. Die beiden ersten Nummern hatte ich abgehakt. Er ging die weiteren Namen durch. »Schulte, ja, der ist nett. Der gibt dir 'n paar gute Zitate. Weiner dürfte auch kein Problem sein. Hügner, nee, den brauchste nicht anrufen. Der schreibt selbst.«

»Wie – schreibt selbst?«

»Der schickt uns nachher 'n Text rein.«

»Als Trainer?«

»Wieso? Ist doch nicht schlecht. Da hat er das ganze Spiel gesehen.«

Im ersten Moment überzeugte mich die Logik. Ich fragte nicht weiter nach.

Schulte und Weimer machten keine Probleme. Beide gaben bereitwillig Auskünfte über den Stand der Vorbereitung (»Sind auf den Punkt fit«), über die Chancen für den langen Rest der Saison (»Gibt keinen Anlass, unser Saisonziel in Frage zu stellen«) und über die Ambitionen fürs Wochenende (»Wollen gewinnen«). Schultes Team spielte gegen die Sportfreunde Arngossen. Er sagte: »Das ist eine große Mannschaft. Da müssen wir eine große Leistung bringen.« Weimers Gegner hieß VfR Abbedüssen. Er sagte: »Meine Mannschaft muss ihr gesamtes Potenzial abrufen. Wir müssen einhundertzehn Prozent geben. Die letzten zehn Prozent sind Emotionen.« Mit ihren Antworten hätten Weimer und Schulte ein dickes Phrasenschwein ernähren können.

Nach dem Gespräch mit Schulte ließ ich mich in den Stuhl sinken und verschnaufte einen Moment. Bocklund sah mich so sitzen und schloss daraus, dass ich fertig sein musste.

»Du«, sagte er, »ganz dumm, ich bin noch nicht ganz durch, kannst du vielleicht noch …« Legte mir einen Stapel Papier auf die Ablage und bat mich, daraus Meldungen zu tippen. Dann zog er sich eine halbe Stunde früher als angekündigt die Jacke über und sagte, er müsse leider schon los. Sei alles etwas dumm gelaufen. Hätte er auch nicht gedacht.

»Was kommt unter den Aufmacher?«, fragte ich.

»Musst dich nicht drum kümmern. Das Spiel ist heute Abend. Das schreibt Noltenhans.«

Bocklund eilte raus. Als er draußen am Schaufenster vorbeilief und winkte, winkte Dalia ihn wieder rein. Widerwillig trottete er zurück, riss die Tür auf und fragte: »Was ist denn los?«

»Schreibst du noch was aktuell?«

»Nee, das is' purer Stress heut Abend. Das mach ich zu Montag.«

– – – – – – – – –

Am Samstagmorgen im Supermarkt stand ich vor der Frage: Dorade oder Forelle? Ich konnte mich nicht entscheiden. Der Fischverkäufer blieb äußerlich geduldig, legte die Gabel und das für den Fisch gedachte Papier aber erst mal zurück neben die Waage. Hinter mir räusperte sich eine alte Frau, da klingelte das Telefon. Carsten. Ungewöhnlich. Die alte Frau hinter mir räusperte sich abermals. Der Fischverkäufer hob mit der Gabel die Dorade an. Ich nahm das Gespräch entgegen, deutete mit der linken Hand auf die Forelle und nickte. Der Fischverkäufer ließ die Gabel unter den Steinbutt gleiten. Ich schüttelte den Kopf. Carsten sagte: »Du, Bocklund ist verschwunden. Hast du 'ne Ahnung, wo der sein könnte?«

Der Fischverkäufer verstand mich nicht: »Welchen wollen Sie denn?«

»Keine Ahnung.«

»Entscheiden Sie sich mal«, meckerte die Frau hinter mir.

»Die Forelle«, sagte ich und tippte mit dem Finger auf die Fischthekenscheibe. Das Telefon fiel mir aus der Hand. Durch den Handylautsprecher hörte ich Carstens eingeschnürte Stimme rufen: »Hallo? Hallo?«

Die alte Frau fragte: »Hamses jetzt?«

Ich hob das Telefon auf, der Fischverkäufer fragte: »Außerdem?«

Aus dem Telefon knarzte Carstens Stimme: »Sagst du nichts mehr?«

Ich sagte: »Nein, das war's!«

Carsten legte auf. Erst jetzt begriff ich, was er gesagt hatte. Günter Bocklund verschwunden?

Carsten war nicht mehr zu erreichen. Ich ließ es klingeln, bis ich die Warteschlange vor der Kasse erreicht hatte. Dann versuchte ich es bei Bocklund. Der Anrufbeantworter meldete sich. Ich rief Dalia an. Sie ging sofort ran.

»Bocklund ist verschwunden?«, fragte ich. Dalia wusste Bescheid, schien aber nicht besorgt zu sein.

»Der taucht schon wieder auf«, sagte sie.

»Woher wisst ihr das denn eigentlich?«

»Irgendwer von den Fußballern hat angerufen. Die vermissen wohl auch zwei andere aus dem Verein. Und das Maskottchen.«

»Wolle?«

»Ich geh mal davon aus. Um Bocklund mach ich mir jedenfalls keine Sorgen. Der soll sich eh mal warm anziehen.«

»Warum?«

»Der Anzeiger hat die Sportlerwahl gestern Abend noch ins Blatt gehoben. Das Spiel, über das Noltenhans schreiben sollte, ist ins Wasser gefallen. Und Günter Bocklund war saufen.«

»Ach du Scheiße. Und was hat Noltenhans gemacht?«

»Geschrieben, dass das Spiel ausgefallen ist.«

»Auf 'ner halben Seite?«

»Genau.«

Ich hörte, wie Dalia, die Zeitung herauskramte. Während ich meine Einkäufe aufs Band legte, las sie aus dem Artikel vor.

Gestern Abend um 19 Uhr sollte die zweite Mannschaft des SC Borkendorf gegen Grün-Weiß Derkenstedt antreten. Wir würden Ihnen gerne berichten, wie das Spiel ausgegangen ist. Doch das ist leider nicht möglich. Es hat nicht stattgefunden. Beide Tore standen unter Wasser, der Mittelkreis war eine runde Pfütze. Die Absage war auch schon am Nachmittag abzusehen. Aber leider hat niemand daran gedacht, die Zeitung zu informieren. Spielankündigungen dagegen werden nie vergessen. Hätten wir von der Absage erfahren, hätten wir uns darauf einstellen können. Jetzt bleibt dem Autor leider

nichts anderes übrig, als noch einmal zu wiederholen,
dass in Borkendorf gestern nicht gespielt werden konnte,
weil das Spielfeld unter Wasser stand. Möglicherweise
sind die Telefonleitungen einem Wasserschaden zu
Opfer gefallen. (...)

Die Kassiererin fiel ihr ins Wort: »Die Wasserkiste bitte aus dem Wagen nehmen.«

»Du, ich steh an der Kasse. Ich melde mich gleich«, sagte ich und legte auf. Danach erreichte ich auch Dalia nicht mehr. Ich fuhr nach Hause, räumte die Einkäufe ein. Als ich Bocklund schon fast wieder vergessen hatte, klingelten gleichzeitig beide Telefone. Auf dem Festnetz rief Carsten an, auf meinem Handy Dalia. Ich nahm das Gespräch auf dem Handy entgegen und sagte: »Warte mal kurz, in der anderen Leitung ist Carsten.«

»Keine Zeit, ein Notfall. Einer von uns muss nach Borkendorf fahren. Bocklund hat ein Problem. Carsten ist auf dem Weg ins Stadion. Ich sitze beim Friseur. Außer dir erreich ich niemanden.«

»Was ist denn los?«

»Frag lieber nicht. Fahr einfach los.«

»Ich würd schon gern wissen, was passiert ist.«

»Fahr los! Emsufer 458. Nimm zweihundert Euro mit. Und beeil dich!«

»Sag mal, spinnst du? Zweihundert Euro? Erzähl mir, was da passiert ist.«

»Fahr los«, sagte Dalia und legte auf.

Ich versuchte, die Adresse zu googeln, fand aber nichts. Zweihundert Euro lagen noch in meinem Sparbuch. Ich machte mich auf den Weg.

– – – – – – – –

Der Wasserspiegel am Emsufer war bedrohlich gestiegen. So nah wie die Häuser am Ufer standen, mussten sie ständig unter Wasser stehen. Möglicherweise erklärte das auch ihren traurigen Zustand. Verwaschene Wände, herausgebrochene Steine, in den Vorgärten Gestrüpp. Nur der Schriftzug über dem Briefkasten von Hausnummer 458 war relativ frisch. Auf einer dezenten Tafel stand in weniger dezenten Buchstaben leuchtend rot: Club Erika. Das Haus war weiß, die Fensterläden grün und geschlossen. Ich klingelte zwei Mal und hoffte, mich geirrt zu haben. Als ich schon wieder in Richtung Gartentor lief, öffnete sich die Tür. Eine dicke Frau im Lackrock trat heraus und sagte nichts.

»Äh, ich glaub, ich bin hier falsch«, sagte ich.

»Kommst du, um die Schweine und das Schaf abzuholen?«, fragte die Frau.

»Äh, ich suche eigentlich nur meinen Kollegen. Der ist …«

»Komm rein«, befahl die Frau.

Sie schloss die Tür von innen ab. Das schummrige Licht fiel auf einen samtroten Teppich. Durch einen Vorhang gelangten wir in eine Bar mit einer Rückwand aus Spiegeln, davor Schnapsflaschen, eine alte Stereoanlage und ein Foto der dicken Frau, auf dem sie lachte. »Unsere Erika ist die Beste«, hatte irgendwer mit Kuli draufgekritzelt. In den Geruch von altem Bier und Qualm mischte sich der Gestank von Ammoniak. Ich hielt mir die Nase zu. Eine Wand trennte den Raum vor der Bar von einem noch größeren Raum mit einer Tanzfläche. Darüber baumelte eine blinde Diskokugel. Zu den Seiten zweigten Separees ab. Neben einem Tischbein stand das Schaf. Sie hatten es festgebunden. Es machte: »Mööööööö.«

»Sei endlich still!«, rief die Erika.

Das Schaf machte wieder: »Mööööö.«

Das war Wolle. Kein Zweifel. Nur, warum war Wolle hier?

»Das Viech hat alles vollgepinkelt. Da. Da. Da. Da.«

Mit kreisenden Handbewegungen zeichnete Erika die Stellen in die Luft, an denen Wolle Duftmarken hinterlassen hatte. Er musste schon eine Weile hier stehen. Ich traute mich nicht zu fragen, zu welchem Zweck sie das Tier mitgebracht hatten. »Ich hab hier ja schon viel erlebt, aber ein Schaf hat noch keiner mitgebracht. Das gab's noch nie«, sagte sie.

»Das ist das Maskottchen vom Sportverein«, sagte ich. Aber das schien sie nicht zu interessieren.

»Wo ist denn mein Kollege?«, fragte ich.

»Wo sind denn die zweihundert Euro für die Reinigung?«, fragte sie. Ich griff in meine Innentasche. Während ich die Scheine herausfingerte, fragte ich beiläufig, was denn passiert sei.

»Ich hätte die gar nicht reinlassen sollen«, schimpfte Erika. »So was«, wiederholte sie, »hab ich noch nie erlebt. Und ich bin lange dabei. Wirklich lange.«

Ich zählte vier Fünfziger ab und legte das Geld auf die Bar. Sie nahm die Scheine, schleuste mich durch eine Tür hinter der Theke und führte mich durch einen bekritzelten Holzrahmen in einen kalten Flur. Nach rechts öffnete sich knarzend eine weitere Tür. Über einem kniehohen Holztisch mit Brandlöchern baumelte eine Glühbirne, deren Licht gerade ausreichte, um die Tischplatte zu beleuchten. Auf einem violetten Sofa hockte Bocklund. In seiner Hand glühte ein runtergebrannter Zigarettenfilter. Neben ihm kauerte ein Rentner, zerzauste Haare, das Hemd nur notdürftig in der Hose. Den dritten sah ich nicht sofort. Er saß ein Stück außerhalb des Lichtkegels auf einem Sessel und war deutlich jünger, aber nicht minder erledigt. Alle drei starrten auf den überquellenden Aschenbecher in der Tischmitte. Sie saßen da wie der traurige Rest einer Jugendbande, der nun von den Eltern abgeholt wurde. Ein breiter Mann mit blonden Locken bewachte das Trio.

»Hallo«, sagte ich.

»Hallo«, sagte Bocklund. Hände im Schoß. Zusammengesunken. Die beiden anderen blickten auf Bocklund, als sei der Rest jetzt seine Aufgabe.

»So, ihr Schweine. Jetzt geht's nach Hause«, sagte Erika. Der Aufpasser griff von einer Stuhllehne die Jacken der drei Schnapsgeiseln und warf sie ihnen entgegen. Bocklund streckte den Arm aus. Die Jacken landeten vor ihm auf dem Aschenbecher. Die drei erhoben sich und marschierten an Erika vorbei in den Flur. Der Blonde kappte Wolles Fußfessel und scheuchte ihn in Richtung Ausgang. »So, jetzt raus hier«, rief sie. Als Wolle in der Tür stehen blieb, gab sie ihm einen Tritt. »Lasst euch hier nicht wieder blicken«, rief sie, knallte die Tür zu, und weil sich das vielleicht doch zu sehr nach Hausverbot angehört hatte, öffnete sie die Tür wenige Sekunden später wieder und rief: »Jedenfalls nicht mit euren Haustieren.«

Dann war es still. Bocklund zündete sich eine Zigarette an. Der alte Mann schwankte.

»Wie seid ihr denn hier?«, fragte ich.

»Taxi«, sagte Bocklund.

Wir verstauten das Schaf hinten im Kombi. Im Wagen stank es nach Alkohol und Zigaretten. Ich drehte die Lüftung auf. Dadurch wurde es nicht wärmer, aber der Gestank verteilte sich. In die Stille hinein sagte Bocklund: »Danke!«

»Schon in Ordnung«, sagte ich und fragte: »Warum habt ihr denn eigentlich das Schaf dabei?«

»Gute Frage«, sagte Bocklund, drehte sich um und sah den Rentner an.

»Was fragst du mich?«, sagte der. Der Jüngere beteuerte, auch er habe mit der Sache nichts zu tun.

»Dann hat's uns jemand ins Taxi geladen«, sagte Bocklund.

Ich übersah eine Bodenwelle. Es rumpelte. Das Schaf blökte im Kofferraum. Der Jüngere dirigierte uns in ein Neubaugebiet. Wir bogen so oft rechts ab, dass ich das Gefühl hatte, wir seien im Kreis gefahren. Irgendwann sagte er: »Da vorne.« Wir hielten vor einem Einfamilienhaus. Der Mann sagte, seine Frau sei bestimmt sauer. Der Rentner sagte, seine Frau sei zum Glück schon tot. Wir verabschiedeten uns und fuhren weiter zum Vereinsheim. Der Rentner bedankte sich und sagte, vielleicht sei der Frühschoppen ja noch nicht vorbei. Dann wankte er über den Parkplatz. Das Schaf nahm er mit.

DIE SCHNEEKATASTROPHE

Nach ein paar kühlen Novembertagen kam der Winter an einem Freitagnachmittag sehr plötzlich. Mit der Dunkelheit wurde es draußen ungemütlich. Die Schaufenster gegenüber der Redaktion verschwammen im Schneetreiben. Der Wetterdienst gab eine Unwetterwarnung für den frühen Abend. Brohmschulte kam aus seinem Büro, stellte sich mitten in den Raum und sagte: »Wir müssen zeitig fertig werden. Es wird früher gedruckt.« Pohlmann fragte, wie das denn bitteschön gehen solle, von seinen beiden Texten sei noch nicht einer fertig. Brohmschulte sagte, es handle sich um eine reine Vorsichtsmaßnahme. Dann wurde es dunkel. Brohmschulte war nur noch in Umrissen zu erkennen. Die Spitze der Zigarette in seinem Mund glühte auf und fiel zu Boden.

»Stromausfall«, sagte Rita.

»Wir sehen's«, sagte Karl.

»Und nu?«, fragte Norbert.

»Abwarten«, sagte Dalia.

Wir warteten, aber es passierte nichts. Es blieb dunkel. Norbert fand in der Küche Kerzen. Brohmschulte rief Dorkov auf dem Handy an. Dorkov sagte, dann müssten wir dem Spätdienst in der Nachrichtenredaktion die Texte eben per Telefon diktieren. Der werde sie dann in die Zeitung setzen.

Spätdienst hatte an diesem Abend Werner Hecker. Er war nicht begeistert, als Norbert sein Anliegen schilderte. Hecker sagte, sie hätten selbst genug zu tun, aber weil Dorkov die

Anweisung gegeben hatte, blieb ihm nicht viel anderes übrig, als Norberts Texte mitzuschreiben. Die Verbindung war so schlecht, dass Norbert so laut schreien musste, als würde er durch ein Rohr telefonieren. Röhrbein bot an, Pohlmanns Texte per Smartphone zu tippen und sie per E-Mail an Werner Hecker weiterzuleiten. Zu unserer Überraschung war Röhrbein auf der Smartphone-Tastatur schneller als Pohlmann auf der normalen. Im Radio sagten sie, das Schneetreiben werde wohl so schnell nicht enden. Vermutlich sei es erst der Anfang.

Um kurz nach neun waren wir fertig. Röhrbein und ich stapften durch den Schnee zum Parkplatz. Als ich die Autotür öffnete, fiel eine Schneeleiste vom Türrahmen auf den Sitz. Erst beim dritten Versuch sprang der Motor an. Der Wagen rollte in Schrittgeschwindigkeit vom Parkplatz und dann vorbei an dunklen Vorgärten und ausgeschalteten Ampeln. Im ganzen Dorf brannte keine einzige Laterne. Erst nach ein paar Minuten auf der Schnellstraße sahen wir hinter einem Feld eine beleuchtete Siedlung.

Am Samstagnachmittag hörte ich in den Nachrichten, dass Borkendorf noch immer ohne Strom sei. Mittlerweile seit fast einem Tag. Die Ursache für den Stromausfall sei noch immer nicht bekannt, aber die Suche laufe auf Hochtouren. Möglicherweise sei das Problem schon am Nachmittag behoben. Am Abend berichtete die Tagesschau. Hinter dem Nachrichtensprecher war das Foto einer lichtlosen Häuserreihe in der Dämmerung zu sehen. Dann kam ein Sprecher des Stromnetzbetreibers Weststrom zu Wort. Er sprach von einer »außergewöhnlichen Wetterlage« und er versicherte: »Unsere Techniker arbeiten auf Hochtouren an der Behebung der Störung«, deren Ursache noch immer nicht bekannt war.

Auf der Internetseite des Borkendorfer Boten war das Foto eines eingeschneiten Brunnes zu sehen. Darüber stand: »*Top-Meldung*«. Darunter: »*Frau Holle hat die ersten vereinzelten Schneeflocken über Borkendorf herabrieseln lassen. Experten rechnen damit, dass die weiße Pracht nicht lange bleiben wird. Bis der richtige Winter kommt, wird also wohl noch etwas Zeit vergehen.*« Röhrbein hatte den Text am Freitag ins Netz gestellt. Mit einer Aktualisierung war frühstens Sonntag zu rechnen. Samstag hatten ja alle frei.

- - - - - - - - -

Am Wochenende schneite es fast ohne Pause. Als ich am Sonntagmorgen im Schlafzimmer die Vorhänge zur Seite zog, lag der Schnee wie eine Matratze auf dem Vordach gegenüber. Die Straße vor dem Haus war nur schwer vom Bürgersteig zu unterscheiden. Da musste ich jetzt durch. Um elf begann der Sonntagsdienst. Ich war über zwei Stunden unterwegs.

In der Redaktion saß Brohmschulte vor einer Kerze. Aufgrund der außergewöhnlichen Umstände hatte er auch Rita, Carsten und Karl einbestellt, die eigentlich frei hatten. Röhrbein war zu Dorkov gefahren, um von dort die Texte entgegenzunehmen, zu layouten und ins Internet zu stellen. Rita sagte, das werde doch niemals klappen.

Noch größer als das Problem mit der Technik war das mit den Geschichten. Die Stadt befand sich in einem Ausnahmezustand. In anderen Worten: Es passierte noch weniger als sonst. Der einzige Ort, an dem so etwas wie öffentliches Leben stattfand, war das Notlager in der Turnhalle der Realschule. Ich sagte, ich könne da wohl hinfahren – und kam damit Karl zuvor, der die Idee ebenfalls gehabt hatte, aber nun von Brohmschulte in die Fußgängerzone geschickt wurde, um ein Stimmungsbild einzufangen, was ihm überhaupt nicht gefiel. Er sagte, das sei ja wohl der letzte Scheiß. Brohmschulte wollte das Stimmungsbild trotzdem.

Auf dem Bürgersteig vor der Realschule hatte sich ein Fernsehteam postiert. Ein Mann mit einer Kamera und ein Mann mit Mikrofon. Als ich an ihnen vorbeilief, sagte der Mann mit Mikrofon in die Kamera, das Ausmaß der Katastrophe sei zum jetzigen Zeitpunkt noch nicht absehbar. Im Foyer der Turnhalle gab es Kuchen. Vor einem Tisch mit drei Kaffeekannen staute sich eine kleine Schlange. Vier Kinder tanzten einen karateähnlichen Tanz. Ich fragte eine Frau, die mit ihren Freundinnen an einem Biertisch saß, ob ich ihr ein paar Fragen stellen dürfe. Ich sei von der Zeitung. Sie sagte:»Machen Sie ja schon«, und lachte. Die anderen Frauen am Tisch lachten ebenfalls.

Ich sagte:»Sie kommen auch ohne Strom ganz gut klar, was?«

»Na sicher, wir halten uns anders warm«, sagte die Frau.

Eine andere Frau holte eine in Alufolie gewickelte Flasche hervor, stellte ein halbes Dutzend Pinnchen daneben und verteilte hellgrünen Schnaps auf die Gläschen und auf den Tisch.»Auf den Schnee«, sagte die Frau mit der Flasche. Alle anderen kippten das grüne Zeug herunter. Ich bedankte mich und wünschte viel Spaß mit der Schneekatastrophe. Die Frau mit der Flasche sagte, den hätten sie.

Dann lief ich einem Lokalpolitiker in die Arme, dessen Name mir nicht einfallen wollte. Er schien mich zu kennen, aber offenbar hatte auch er meinen Namen vergessen. Der Mann sah gehetzt aus. Er beruhigte mich, obwohl ich noch gar nichts gefragt hatte.»Alles in Ordnung hier. Es sind alle notwendigen Maßnahmen eingeleitet worden, um so schnell wie möglich wieder Normalität einkehren zu lassen«, sagte er. Ich fragte, um welche Maßnahmen es denn gehe. Er sagte, für den Abend sei zum Beispiel ein Gottesdienst geplant. Danach dann ein »gemütliches Beisammensein«. Die Feuerwehr bereite gerade alles vor.

Ich brauchte dringend noch ein paar Stimmen. Am besten nicht nur von glücklichen Menschen. Ich sah einen Tisch mit älteren Menschen. Eine in eine Wolldeckte gehüllte Frau nippte an einer Tasse. Neben ihr saß ein Mann, vermutlich ihr Mann. Ich sagte, ich sei von der Zeitung und wolle über die Situation hier im Notlager berichten. Der Mann nickte. Dann beugte er sich zu mir rüber und sagte: »So wat häv uns schon lange gefehlt.« Seine Frau stimmte ihm zu.

»Gefehlt?«, fragte ich.

»Et is zwar 'n bittken kalt, aber et gift Kaffee und Kuchen.«

»So wat hamwer in Borkendorf gar nich mehr«, sagte die Frau.

Ein Basketball landete in einem Stück Kuchen, rollte vom Tisch und hinterließ auf den Fliesen eine weiße Sahnespur. Die Mutter des Kindes, das den Ball geworfen hatte, stand auf, nahm das Kind am Arm und zog es in Richtung Kabinengang. Das Kind weinte.

Durch das Fenster sah ich vor der Tür den Bürgermeister. Er sprach in ein Mikrophon. An ihm vorbei schleppten Feuerwehrmänner Bierkisten in die Halle. Höffner gab das Mikrophon zurück und schlurfte durch die Eingangstür. Er sah mich sofort.

»Ah, die Zeitung ist auch da. Fleißig am Berichten?«

»Jaja, hier ist ja mächtig was los.«

»Ja, so was schweißt richtig zusammen«, sagte er. Dann zählte er die Sender auf, denen er schon Interviews gegeben hatte. »Da wird unser kleines Städtchen noch richtig prominent«, sagte er und fragte, ob ich auch zur Pressekonferenz kommen werde. Ich wusste nichts von einer Pressekonferenz, sagte aber trotzdem ja. Höffner lachte blechern und ging weiter.

Am Eingang zur Realschule klebte von innen ein Zettel an der Scheibe: »*Zur Pressekonferenz? Den Stimmen folgen.*« Ich hörte keine Stimmen, also folgte ich einer jungen Frau. Im zweiten Stock steuerte sie eine Glastür an, bog links ab und lief in einen langen Flur. Ich hatte den Eindruck, sie würde sich auskennen, verlor ihn aber, als sie sich umdrehte und mich nach dem Weg fragte. Wir fanden einen Mann, der an der Schule zu arbeiten schien. Er führte uns ins Lehrerzimmer. Dort sah alles nach einer Pressekonferenz aus. Vorn hatten Kollegen einen Tisch mit Mikrophonen dekoriert. Hinten drängten sich Menschen um ein Tablett voller Brötchen. Ich setzte mich in die letzte Reihe und wartete.

Irgendwann marschierte Höffner herein, eskortiert von zwei Männern, einer im Anzug, der andere in Feuerwehruniform. Die Männer nahmen Platz an dem Tisch mit den Mikrophonen. Es wurde leise. Höffner sagte: »Meine Damen und Herren, liebe Medienvertreter, ich bedanke mich für das Interesse, auch wenn wir uns sicherlich einen schöneren Anlass für unsere Zusammenkunft vorstellen könnten. Borkendorf ist seit drei Tagen von der Stromversorgung abgeschnitten. Das ist für uns eine Ausnahmesituation. Bis dato haben wir so etwas noch nicht erlebt. Aber wir haben alles in unserer Macht Stehende getan, um die Situation für die Borkendorfer Bürger so erträglich wie möglich zu machen. Dazu beigetragen haben die beiden Herren neben mir, die ich Ihnen jetzt vorstellen darf. Zu meiner Linken der Regionalgeschäftsführer von Weststrom, Heiner Kortenjann, und rechts – viele kennen ihn – der Chef der hiesigen Feuerwehr, Otfried Müller.«

Dann bat Höffner um Fragen. Ein junger Mann mit Laptop auf dem Schoß meldete sich. Höffner verstand nicht, was er fragte. »Würden Sie bitte etwas lauter sprechen?«, sagte er.

Der Mann rief: »Wissen Sie schon Genaueres über die Ursache des Stromausfalls, Herr Kortenjann?«

Kortenjann nickte. »Vielen Dank für die Frage. Zunächst einmal darf ich Ihnen sagen, dass wir als Weststrom die Unannehmlichkeiten, die Sie hier alle haben, sehr bedauern. Ich kann Ihnen versichern: Wir arbeiten mit Hochdruck an einer Lösung. Zurzeit kann ich Ihnen leider nur sagen, dass eine zentrale Versorgungsleitung ausgefallen ist. Wir warten auf ein Ersatzteil. Das kann noch bis zum Wochenende dauern.«

»Die nächste Frage bitte.«

Ein blonder Mann mit Zopf eine Reihe vor mir schlug die Beine übereinander und fragte: »Herr Müller, können Sie schon sagen, wie viel der Einsatz kosten wird?« Während er fragte, krempelte er seinen Ärmel hoch.

Müller überlegte, tippte mit dem rechten Zeigefinger nacheinander auf die Finger der anderen Hand und murmelte Zahlen. Es sah aus, als überschlage er ein paar Summen. Dann sagte er: »Nein, kann ich Ihnen noch nicht sagen.«

Ein dicker Mann mit gleichmäßiger Behaarung im ganzen Gesicht reckte angestrengt seinen Arm in die Höhe.

»Bitte.«

»Köttner vom Weesumer Kreisblatt, guten Tag. Ich hab da mal eine Frage. Ich wohne hier in Borkendorf. Wir haben ein Mehrparteienhaus hinten an der Bahnlinie mit zwei Mietwohnungen. Einer der Mieter will jetzt die Miete mindern, weil der Strom ausgefallen ist. Für mich als Vermieter ist das ja ein Einnahmeausfall. Das ist auch eigentlich keine Frage. Ich wollte nur sagen: Das ist natürlich sehr ärgerlich.«

Höffner nickte. Es klang, als würde nun die Frage kommen, doch es kam keine. Der Mann nickte auch. Von weiter vorne fragte jemand, den ich nicht sehen konnte:»Was werden Sie tun, wenn der Stromausfall auch in dieser Woche nicht behoben werden kann?«

»Davon gehen wir eigentlich nicht aus«, sagte Höffner.

»Ich muss noch mal nachhaken. Aber was ist, wenn der Strom am Wochenende noch immer nicht zurück ist?«

Höffner sah Müller an, aber auch der schien keine Antwort zu haben.»Darüber machen wir uns jetzt noch keine Gedanken«, sagte Höffner.

Dann griff er in seine Jackentasche und holte eine Schneekugel hervor. Die Flocken wirbelten unter der Glaskuppel. Höffner sagte, er würde gern noch etwas vorstellen. Er deutete auf das Innere der Kugel und sagte:»Das ist die Silhouette von Borkendorf.« Im Wirbel war nicht viel zu sehen. Höffner griff noch einmal in seine Tasche, holte einen weißen Bleistift heraus und legte ihn neben die Kugel. Von hinten brachte eine junge Frau eine Rodelschale. Auf der Schale stand der Schriftzug:»*Borkendorf – lebenswert auch ohne Strom.*«

Müller schien ebenso überrascht zu sein wie der Strommanager. Er hob die Rodelschale an, drehte sie und legte wieder zurück.

»Meine Damen und Herren, ungewöhnliche Situationen bedürfen ungewöhnlicher Maßnahmen. Wir haben uns daher Gedanken gemacht. Und ich glaube, ich kann Ihnen heute etwas sehr Außergewöhnliches präsentieren«, sagte

Höffner. Der junge Mann in der ersten Reihe klappte seinen Laptop zusammen, stand auf und verließ den Raum. Höffner begann die Produkte vor ihm auf dem Tisch zu ordnen. Den Bleistift legte er senkrecht zur Tischkante. »Borkendorf erlangt durch die Schneekatastrophe eine einzigartige Medienaufmerksamkeit. Meine Damen und Herren, die wollen wir nutzen«, sagte er. Der Sturm in der Schneekugel war abgeflaut. Höffner nahm die Kugel und deutete wieder mit dem Finger auf das Innere. »Sehen Sie, das hier ist Borkendorf. Ohne Strom, wenn Sie genauer hinsehen.«

Ich sah genau hin, erkannte aber weder Borkendorf noch die dunklen Häuser.

»Der Marketing-Effekt des Stromausfalls ist für den Standort Borkendorf ganz entscheidend«, sagte Höffner. Er sprach von einer »Tourismus-Offensive«. Der Mann mit Zopf sagte, da könne natürlich auch schnell der Eindruck entstehen, man wolle aus der Not Kapital schlagen. »Ach, iwo«, sagte Höffner.

Der Mann, der sich als Köttner vom Weesumer Kreisblatt vorgestellt hatte, sagte, ihm gefalle die Idee sehr gut. Er habe nämlich auch zwei Ferienwohnungen. Höffner unterbrach ihn, indem er sich für die Aufmerksamkeit bedankte. Die drei Männer vorn standen auf und schüttelten sich die Hände. Auf dem Weg nach draußen blieb Höffner neben mir stehen und fragte: »Na, was halten Sie davon?«

Bevor ich antworten konnte, sagte eine blasse Frau neben uns: »Entschuldigen Sie, Heidi Papen, Norddeutscher Rundfunk, können wir vielleicht zuerst?«

»Wir können dann ja gleich noch reden«, sagte Höffner. Die blasse Frau führte ihn hinaus.

Draußen auf dem Schulhof sprach der Reporter des Nachrichtensenders wieder in sein Mikrophon: »Die Lage in Borkendorf ist nach wie vor unverändert. Die Schneekatastrophe hat das öffentliche Leben nahezu lahmgelegt. Die Situation wird von Tag zu Tag dramatischer.«

Im Hintergrund bauten Feuerwehrleute vor der Turnhalle einen Grill auf.

‐ ‐ ‐ ‐ ‐ ‐ ‐ ‐ ‐

Die Kerzen in der Redaktion waren erloschen. Als einzige Lichtquelle blieb Norberts Laptop. Pohlmann saß davor und schrieb. Norbert lehnte dahinter auf seinem Ellenbogen und korrigierte, während Pohmann tippte.

»Ist noch irgendwas passiert?«, fragte ich.

»Nö«, sagte Norbert.

»Spannende Geschichte«, sagte Pohlmann.

Norbert rollte mit den Augen und sank noch ein Stück weiter auf den Tisch. »Jetzt schreib endlich, der Akku ist gleich leer.«

»Was war denn?«, fragte ich.

»Ich hatte Glück. Ich hab 'ne Großfamilie gefunden. Vier Generationen unter einem Dach. Die habe ich eine Stunde begleitet.«

»Wie begleitet?«

»Ich hab mir angesehen, was die so machen ohne Strom.«

»Und was machen die?«

»Die haben einen Holzofen. Und mit dem kann man alles machen. Heizen. Kochen …«

»Und?«

»Nichts und«, sagte Norbert, »und jetzt mach weiter! Ich will nach Hause!«

Pohlmann besaß weder einen Laptop noch einen Computer. Er war auf Norbert angewiesen. Und weil der seinen teuren PC nicht über Nacht in der Redaktion liegen lassen wollte, musste er warten. Nach Hause bringen konnte Pohl-mann ihm das Gerät nicht. Er war mit dem Zug gekommen.

»Ich kann später noch kurz bei dir rumfahren«, sagte ich.

»Wär vielleicht am besten«, sagte Norbert.

Nach dem Ärger um den Dampfer und dem Zettelkasten waren wir uns eine Weile aus dem Weg gegangen. Ich über-legte, ob ich mich für das Missgeschick mit den Visitenkarten noch mal entschuldigen sollte, aber dann war Norbert schon weg. Anderthalb Stunden später bereute ich das Angebot, auf Pohlmann zu warten. »Wie weit bist du denn jetzt?«, fragte ich.

»Jaja, ich hab's gleich rund«, sagte Pohlmann. Dann schrieb er weiter. Ich hoffte, die Laptop-Batterie würden dem Ganzen irgendwann ein Ende bereiten, aber als der letzte Strich zu blinken begann, öffnete Pohlmann die Com-putertasche und holte einen Ersatzakku heraus.

»Wie lange brauchst du denn noch?«, fragte ich.

»Jaja, ist gleich so weit«, sagte Pohlmann. Sei ja auch nicht gerade ein leichtes Thema.

Ich kochte auf dem Gasherd einen Tee, ließ mich in den Sessel am Eingang fallen und blätterte in Werbeprospekten. Irgendwann begann Pohlmann am Drucker zu rütteln.

»Was machst du denn da?«, fragte ich.

»Ich druck den Text aus«, sagte er.

Ich erinnerte ihn an den Stromausfall. Er hörte auf zu rütteln und sagte, dann müsse ich den Text eben am Bild-schirm lesen.

Leckere Kartoffeln in der Kälte

BORKENDORF – *Es brutzelt köstlich auf dem Ofen der Familie Weinheim. Kartoffeln, Karotten, ein leckeres Stück Braten. Schon seit einer Stunde wartet die Fami-*

lie auf das Essen. Heute wird ohne Strom gekocht. Oma
Weinheim wartet, Enkel Lars-Frederik wartet ebenfalls,
auch die Eltern warten. Aber die Stimmung ist gelöst.
Alle starren erwartungsvoll auf den Topf, der die Far-
ben Silber und Gelb aufweist. Schließlich ist das Essen
fertig. »*Wir können jetzt anfangen*«, *sagt die dreiund-*
fünfzigjährige Hildegard Weihnheim. Man darf sogar
probieren. Es schmeckt sprichwörtlich wie bei Muttern.
Familie Weinheim macht der Stromausfall nichts aus.
»*Früher hatten wir auch keinen Strom*«, *betont die*
Oma, Enkel Lars-Frederik ergänzt: »*Kartoffeln sind so*
lecker.« *So genießt die Familie ein köstliches Mahl im*
idyllisch eingeschneiten Städtchen Borkendorf. Von
der Schneekatastrophe spüren sie nichts.

»Und, wie findest du's?«, fragte Pohlmann.

»Äh, 'n bisschen kurz vielleicht«, sagte ich.

»Aber sonst gut?«

»Wir müssen uns langsam beeilen.«

»Und was ist mit Karls Text?«

»Wie, der kommt auch noch?«

»Ich hab ihn noch nicht gesehen.«

Pohlmann öffnete das E-Mail-Postfach, da lag die Mail offenbar schon seit Stunden, und dafür, dass in der Stadt nichts los war, hatte Karl mit ziemlich vielen Leuten gesprochen.

BORKENDORF – *Seit drei Tagen liegt Borkendorf unter*
einem weißen Schleier. »*Es ist schrecklich*«, *sagt Ursula*
Hermels. Ihre Familie ist in der Notunterkunft unter-
gekommen. Sie weiß nicht, wie es weitergehen soll.
»*Wir können weder duschen noch Wäsche waschen*«,

sagt die zweifache Mutter. Auch Ernst Führler geht es
nicht anders. Er geht spazieren, um die Zeit totzuschla-
gen. »Die Stimmung ist am Tiefpunkt. Seit zwei Tagen
habe ich keine warme Mahlzeit mehr gegessen«, sagt
Führler. Die Nacht wird er neben vielen anderen Men-
schen in der Turnhalle verbringen. Es wird still sein. Er
wird viel Zeit zum Nachdenken haben.« (…)

»Bilder hat er nicht geschickt?«

»Nee, der hat gesagt: Das schreib ich kalt.«

»Wie kalt? Die Leute gibt's gar nicht, oder was?«

»Nee, dann wahrscheinlich nicht. Er hat gesagt, er kann sich auch so vorstellen, wie die Leute sich so fühlen.«

»Dann müssen wir den Text ändern.«

»Warum?«

»In der Turnhalle wird heute Abend garantiert niemand in der Stille nachdenken. Die feiern da.«

»Kacke, dann müssen wir Karl anrufen.«

»Dann ruf mal an.«

»Oder? Öh, ich kann das eigentlich auch so ändern.«

Pohlmann drückte ein paar Mal die Entfernen-Taste, schrieb neue Wörter hin und sagte, das sei jetzt wohl okay so. Was er geschrieben hatte, sah ich erst, als die E-Mail schon unterwegs war. Jetzt stand in Karls Text, alles sei schrecklich, die Stimmung am Tiefpunkt angelangt, Ernst Führler sei fast verhungert – aber er freue sich trotzdem auf die Feier. Na ja, es war egal. Ernst Führler gab es ja nicht.

»Und was machst du jetzt noch so?«, fragte Pohlmann.

»Ich fahr zu Norbert und dann nach Hause«, sagte ich und bot ihm an mitzufahren. Für mich war es kein großer Umweg. Pohlmann überlegte kurz, dann sagte er: »Ach komm, ich fahr mit«, als würde er mir damit einen Gefallen tun.

Ein paar Minuten später stand ich vor Norberts Haustür, den Laptop in der Hand, und klopfte. Norbert rief, er sei gleich da. Ich trat einen Schritt zurück, aber er kam nicht. Ich klopfte noch mal. Plötzlich öffnete sich die Tür, er stand vor mir, eingewickelt in eine Wolldecke. Hinter ihm war es dunkel. Ich drückte ihm den Laptop in die Hand sagte: »Wenn's hier zu kalt ist, kannste ja in die Turnhalle fahren. Da wird heute gefeiert.«

Norbert überlegte, dann fragte er: »Kommt ihr mit?«

Ich drehte mich um. Pohlmann saß auf dem Vordersitz und kaute an seinen Nägeln. »Ach, der wird schon nichts dagegen haben«, sagte Norbert.

Ich stieg vorne ein, Norbert hinten. Pohlmann löste sich aus seiner Starre. Norbert hängte sich wie ein Kidnapper zwischen die Vordersitze und sagte: »Wir machen einen Umweg.«

– – – – – – – – –

Vor dem Eingang zur Turnhalle legte ein Mann im Halbdunkel Würstchen auf einen Holzkohlegrill. Noch schien sich niemand dafür zu interessieren. Als ich die Tür zur Turnhalle öffnete, überrollte uns die Wärme. Links neben dem Eingang drängten sich ein paar Leute um irgendetwas, das wir zunächst nicht erkennen konnten. Norbert verschwand, kam mit Bier zurück und sagte, da sei eine Theke. Durch die Tür zur Turnhalle sah ich DJ Steffen Schindler, den Karnevals-DJ. Er stand auf einem Pult aus Gymnastikkästen, das sie unter dem Basketballkorb aufgebaut hatten. Vor dem Brett hinter dem Korb spannte sich ein Banner mit Steffen Schindlers Logo, einer CD mit dem Schriftzug: »*DJ Steffen Schindler – und die Party läuft.*« Eine Frauenclique so um die Dreißig kam herein. Sie hatten Sekt dabei. Es war offenbar nicht die erste Flasche. Die Frauen stellten sich vors Pult, als sei das schon immer ihr Platz gewesen. Steffen Schindler schien sie zu kennen. Er drehte an einem Regler. Ein gedämpftes Gitarrenriff wurde lauter. Drei Frauen hüpften in ihren Winterjacken mehr oder weniger im Takt. Und als es soweit war, riefen sie alle zusammen: »Hölle, Hölle, Hölle!«

Steffen Schindler leuchtete mit einer schwachen Lampe in ihre Richtung. Das Licht verebbte wenige Meter vor seinen Geräten. Die Lampe schwenkte zur Seite wie ein betrunkener Mond und ging neben dem Mischpult unter. Sie war ihm runtergefallen. Schindler griff sein Mikrophon und rief »Ihr seid so geil« in den ausklingenden Schlussakkord. Wir standen etwas abseits. Norbert klatschte verhalten. Um uns herum war es dunkel. Immer mal wieder huschten Leute vorbei. Horst Höllermann sah ich zu spät. Er hatte sich von der Seite angepirscht und begrüßte mich mit einem freundschaftlichen rechten Haken. Ich spürte den Schlag, drehte mich um, sah immer noch nichts und hörte erst dann seine Stimme, die sagte: »Na, wieder schön am Berichten?«

»Wir sind nur, äh, so da«, sagte ich.

Pohlmann kam zurück, in jeder Hand zwei Bier. Norbert nahm eins, knipste den Kronkorken ab und reichte die geöffnete Flasche an Höllermann weiter. Doch der wollte sie nicht nehmen.

»Für mich heut keins«, sagte er.

»Komm, nimm«, sagte Norbert, hielt ihm die Flasche weiter vor die Brust, jetzt noch ein bisschen höher.

»Nää, verträcht sich nich mit meine Tabletten«, sagte Höllermann.

Die Stimmen der Menschen um uns herum verflossen zu

einem Murmeln, das sich wie ein Rauschen unter die Party-musik legte. In eine Pause hinein rief Steffen Schindler: »Und den hier kennter auch!« Dann drehte er den Regler auf. Der Song lief schon. »... wie ein Vulkan«, sang Toni Holiday. Die Frauenclique erkannte den Song sofort und raunte. Norbert bewegte die Bierflasche zur Musik auf und ab. Höllermann stand da wie ein Hinkelstein. Pohlmann sang laut mit: »Tanze Samba mit mir. Samba, Samba, die ganze Nacht. Tanze Samba mit mir, weil die Samba uns glücklich macht.« Norbert holte neues Bier.

Der Samba klang aus. Es war wie eine Erlösung. Doch im gleichen Moment kam Rex Gildo aus einer Kiste gesprungen. Und es wurde noch schlimmer. »Hossa! Hossa!« Pohlmann kannte auch diesen Text. Ich fragte, wo denn das Klo sei. Norbert deutete in eine Ecke der Halle. Er kannte nur die grobe Richtung, aber wie sich herausstellte, stimmte nicht mal die. Vom anderen Ende schickte mich jemand zurück zum Eingang. Ich bog links ab und stand in einem dunklen Gang, der von zwei Handy-Displays beleuchtet wurde. Ich fand das Klo nur mit Mühe, und es wurde ziemlich Zeit. Auf dem Rückweg verirrte ich mich in eine Umkleidekabine und erwischte dort aus Versehen zwei Jugendliche beim Rauchen.

»Oh, sorry«, sagte ich.

»Kein Ding«, sagte der Junge mit der Zigarette.

Ich schloss die Tür und folgte der Musik zurück. »Ich war noch niemals in New York«. Es musste spät sein. Die Frauen aus der Clique hatten sich vor dem Mischpult eingehakt und tanzten in einem Halbkreis Sirtaki. Von der Hallen-wand aus beobachtete ich sie. Ich fragte mich, ob ich das alles vermissen würde. In vier Wochen hatte ich es hinter mir.

Rechts neben mir brüllten sich zwei Feuerwehrleute Witze in die Ohren. Blacky Breuner sah mich und machte im Vorbeigehen eine Trinkbewegung. Ich grüßte ebenfalls und hatte damit wohl eine Bestellung aufgegeben. Kurz darauf kam er mit Bier zurück. Er gab mir ein Glas und schlug seins so heftig gegen meins, dass beide Gläser danach auch schon wieder fast leer waren. »Auf die Schneekatastrophe«, sagte er. Bierselig standen wir nebeneinander und sahen ins Leere. Etwas Besseres war aus diesem Abend nicht zu machen.

Plötzlich kam irgendwer durch die Hallentür und sagte: »Bier is alle!«

Die Feuerwehrmänner sahen ihn an. Einer rief: »Wie – Bier is alle?«

»Ja, nix mehr da«, sagte der Mann.

Der andere Feuerwehrmann ging raus, kam zurück und sagte: »Bier is alle.«

Es dauerte nicht lange, bis sich die Nachricht herumgesprochen hatte. Mit etwas Verzögerung erreichte sie den Lokalpolitiker, der, wie ich herausgehört hatte, Hubert hieß. Er eilte sofort aus der Halle und übernahm das Kommando. Seit fünf Tagen gab es in Borkendorf keinen Strom, aber der Ernstfall war erst jetzt eingetreten. Hubert fragte, wer denn noch zur Tankstelle fahren könne. Niemand sah sich in der Lage. Zusammen marschierten wir zum Eingang, um Feuerwehrmänner zu suchen. Die trugen immerhin noch ihre Uniformen, und sie waren vernünftig genug zuzugeben, dass es zum Fahren wohl schon zu spät sei.

»Höllermann«, sagte ich.

»Höllermann? Soll dat 'n Witz sein«, sagte Breuner.

»Nee, der kann nichts trinken. Der nimmt Tabletten«, sagte ich.

Breuner blieb skeptisch. Wir suchten Höllermann. Irgend-wer hatte ihn vor dem Eingang gesehen, aber da stand er nicht. Jemand anders erzählte, er sei in Richtung Klo ge-laufen, aber auch da war er nicht zu finden. Dann traf ich Norbert. Und der hatte Höllermann gesehen. Vor der Tür. Er übergab sich neben dem Grill. »Tabletten und Alkohol – verträgt sich nicht«, sagte er.

Wen konnten wir noch fragen?

»Die Polizei«, sagte Hubert.

»Die Bullen? Die bringen uns doch kein Bier«, sagte Breu-ner. Auch Norbert fand das unwahrscheinlich.

»Da hinten steht Uli Rennermann«, sagte Hubert.

»Der kann aber auch nich mehr fahren. Guck dir den an«, sagte Norbert. Aber das war auch nicht Huberts Plan. Er fragte Rennermann, ob er nicht den Kollegen von der Wache bitten könne, in der Turnhalle nach dem Rechten zu sehen – und bei der Gelegenheit einen Abstecher zur Tankstelle zu machen. Rennermann war nicht begeistert. Widerwillig wählte er die Nummer seiner Kollegen, aber niemand nahm ab. »Da is keiner«, sagte er und steckte das Telefon zurück in die Tasche.

»Dann kannste ja auch selber fahren«, sagte Breuner.

»Hast du 'n Knall?«, sagte Rennermann.

Fünf Minuten später standen wir draußen vor der Turn-halle. Rennermanns Arm hing aus dem heruntergekurbel-ten Fenster des Polizeibullis. Hubert gab letzte Anweisun-gen. Rennermann fuhr mit knatterndem Motor vom Hof. Als drinnen auch das Bier in den letzten Flaschen zur Neige ging, flaute die Party ab. Die Frauenclique hörte auf zu tan-zen. Und als Rennermann nach einer halben Stunde vor der Turnhalle die Scheibe runterkurbelte und hupte, waren die Ersten schon gegangen.

»Dafür hasse einen gut bei uns«, sagte Breuner, öffnete mit einem Ruck die Seitentür und drehte sich um. »Wat ist dat denn?«, fragte er und trat zur Seite. Auf der Ladefläche standen zwei Kisten Bier.

»Mehr war nicht mehr da«, sagte Rennermann.

»Damit kommwer nicht weit«, sagte Breuner, griff die Kisten und schleppte sie in die Halle. An der Tür kamen uns schon die Nächsten entgegen. Die Musik war aus. In der Turnhalle zerfloss der Mond hinter den dicken Glasscheiben. Hier und da standen noch ein paar Grüppchen herum. Steffen Schindler hatte sein Pult verlassen. Es sah nicht so aus, als wenn das Bier noch gebraucht würde. Pohlmann hatte sich auf den Hallenboden gesetzt. Es schien, als würde er schlafen.

»Alles klar?«, fragte ich.

»Jaja, hab mich nur kurz ausgeruht.«

Ich half ihm hoch und bemerkte erst, nachdem er stand, dass er eigentlich nicht mehr stehen konnte. Er lehnte an meiner Schulter. Am Eingang wartete Norbert.

»Is wohl besser, wenn wir gehen«, sagte er.

»Ihr könnt auch noch bleiben«, sagte Pohlmann.

Ich legte meinen Arm um ihn und stützte ihn von der Seite. Der Himmel über uns war klar. Die Straße glänzte. Norbert spuckte in den Schnee. Mitten auf der Straße liefen wir schweigend zu Norberts Haus.

Im Wohnzimmer rollten wir Schlafsäcke auf dem Teppich aus. Norbert warf Holzscheite in den Kamin und stellte drei Whiskygläser auf den Tisch. Pohlmann hatte sich etwas erholt. Norbert schenkte Whisky ein, setzte sich auf die Lehne seines Ledersessels und sagte: »Prost!« Erschöpft hockten wir um den Wohnzimmertisch. Die Kaminwärme verteilte sich.

Norbert fragte Pohlmann, wo er eigentlich den ganzen Abend gewesen sei. Pohlmann erzählte, wie er mit Höllermann in der Nähe der Theke gestanden und der nach einer Weile gesagt hatte: »Weißte was, ein Schnäpschen wird mich wohl nich umhauen.« Am Ende behielt er damit sogar recht. Umgehauen hatte ihn erst der fünfte. Pohlmann allerdings auch.

»Gut, dasswer da noch hingefahren sind«, sagte Norbert.

Pohlmann schlief auf dem Sofa ein. Norbert goss einen Schluck Whisky nach.

»Wie lange biste jetzt noch da?«, fragte er.

»Vier Wochen«, sagte ich.

- - - - - - - - -

Als ich morgens aufwachte, roch es nach kalter Asche. Mein Bein war eingeschlafen. Am Knie spürte ich den klammen Schlafsack. Pohlmann war nicht mehr da. Ich hörte seine Stimme aus einem Nebenraum. Ich stand auf und schlurfte in Socken in den Flur. Pohlmann saß in Unterhose am Küchentisch. Vor ihm dampfte eine Tasse Tee.

»Gibt's wieder Strom?«, fragte ich.

»Gasherd«, sagte Norbert.

Pohlmann schien den Abend gut überstanden zu haben. Er dachte schon über die nächsten Schritte nach. »Wär das nich 'ne geile Reportage, wenn wir uns ansehen, wie die die Halle aufräumen?«, fragte er.

»Und was willste da schreiben?«

»Wie die das aufräumen – ist doch spannend«, fand Pohlmann.

Norbert sagte, dann müsse er aber damit rechnen, dass sie auch ihm einen Besen in die Hand drückten. Pohlmann dachte nach und sagte, sei ja auch nur 'ne Idee gewesen.

Nachdem er seinen Tee ausgetrunken hatte, suchte Pohlmann seine Hose und zog sich an. Danach brachen wir auf. Wir liefen den gleichen Weg zurück. Der Himmel war noch immer klar, aber es taute. Als ein Auto an uns vorbeifuhr, klatschte grauer Matsch auf den Bürgersteig. Vor der Turnhalle stapelten sich Bierkisten. Der Grill steckte im schwarzen Schnee. Mein Auto stand auf dem leeren Platz neben der Halle. Der Motor sprang gleich beim ersten Versuch an. Die Tanknadel erhob sich knapp über den Reservestrich. Im Radio liefen die Nachrichten. Der Sprecher sagte: »Die Lage in Borkendorf ist unverändert.«

Zu Hause ließ ich mich aufs Sofa fallen. Ich war müde, aber aufgeputscht. Nachts hatte ich nicht einschlafen können, weil ich dem Kamin nicht traute. Als die Asche erloschen war, lag ich wach, weil es nach Rauch stank. Jetzt pochte mein Herz. Ich zappte durch die Programme und blieb an einer Kochsendung hängen. Danach kamen schon wieder die Nachrichten. Erst zeigten sie Bilder aus Afghanistan, wo zwei deutsche Soldaten von einem Sprengsatz getötet worden waren, dann Borkendorf, wo am Ortseingangsschild im Dunkeln ein Eiszapfen hing.

Das Fernsehteam hatte eine Familie besucht. Sie blendeten den Vater ein, der versuchte, den alten Ofen anzuzünden. »Hamwer ja früher auch nicht anders gemacht«, sagte der Mann, aber der Ofen ging nicht an. Sie hatten auch die Turnhalle gefilmt. »Für viele Menschen ist das Notlager in der örtlichen Realschule die einzige Zufluchtsstätte«, sagte der Sprecher. Vor dem Eingang standen noch immer die Bierkisten. Ich schaltete den Fernseher aus.

Auf Facebook fand ich Bilder der Rodelschale, die Höffner in der Pressekonferenz angepriesen hatte. Ein Link darunter führte mich zu einem Artikel im Berliner Express. Der

Titel lautete: »*Der Hype um die Schneekatastrophe*«. Ich las, dass Harald Schmidt die Schneekugel und andere Borkendorf-Devotionalien in seiner Sendung gezeigt hatte. Danach hatten Tausende angerufen, um zu erfahren, wo die Souvenirs zu bekommen waren.

Ein Busreiseunternehmen hatte die Idee gehabt, »Reisen ins Mekka der Schneekatastrophe« anzubieten. Die Ausflüge endeten an einem eigens aufgebauten Glühweinstand vor dem Rathaus.

Der Busunternehmer wurde mit dem Satz zitiert: »Die Leute rennen uns die Bude ein.« Auch Höffner hatten sie angerufen. Er hatte gesagt: »Ich möchte mit Nachdruck darauf hinweisen, dass Borkendorf mehr zu bieten hat als die Schneekatastrophe.« Warum der Strom ausgefallen war, schien inzwischen egal zu sein. Am Montagmorgen meldete das Frühstücksfernsehen, Borkendorf sei wieder am Netz. Sie blendeten das Bild vom vereisten Ortseingangsschild ein. Diesmal bei Tag. Und sie zeigten ein Interview mit Höffner. Er stand vor seinem Rathaus und sagte, er hoffe, dass Borkendorf jetzt nicht gleich wieder in Vergessenheit gerate, die Stadt habe nämlich viel mehr zu bieten als die Schneekatastrophe. Dann endete das Interview. Die Moderatorin sagte: »Und jetzt zum Sport.«

DER ADVENTSKALENDER

Höffners Sekretärin schickte eine E-Mail mit zwei Fotos und einer Stellungnahme des Bürgermeisters. Sie schrieb, die Stellungnahme möge bitte ungekürzt veröffentlicht werden. Höffner teilte darin mit, die Tourismus-Offensive sei ein überraschend großer Erfolg geworden. Vierunddreißig zusätzliche Hotelbuchungen – fast ein Viertel mehr als in anderen Jahren. »*Ich bin zuversichtlich, dass unsere Stadt von diesem Image-Gewinn auch dauerhaft zehren wird*«, schrieb er. Seine Zuversicht zog er auch aus dem Erfolg der Borkendorf-Souvenirs. Die Rodelschale hatte sich nach ihrem Fernsehauftritt mehr als 10 000 Mal verkauft. Höffner sah darin den Beweis dafür, »*dass wir wieder mal alles richtig gemacht haben*«. Er kündigte die nächsten Produkte an. Ein Feuerzeug, einen Handwärmer, eine Butterbrotdose, jeweils bedruckt mit dem mittlerweile deutschlandweit bekannten Logo, und, darauf sei er ganz besonders stolz: einen Tischweihnachtsbaum mit einem Clou. Die Lichter flackerten, um den Stromausfall zu symbolisieren. Auf dem Foto, das an der Mail hing, war der Baum zu sehen.

Norbert sah das Foto auf meinem Bildschirm und sagte: »Zeig mal her. Kann man den bestellen?« Rita begann ebenfalls, sich für den Baum zu interessieren, las danach aber von dem Handwärmer und wollte dann doch lieber den.

»Wo soll das denn jetzt hin?«, fragte ich.

»Gib mal her. Ich quetsch das irgendwo dazwischen«, sagte Dalia.

»Das könn' wir aber nicht kürzen«, sagte Rita.

»Wieso?«

»Steht in der E-Mail.«

»So 'n Quatsch. Wir können das auch wegwerfen«, sagte Dalia.

»Dann gib's lieber mir. Ich habe auf der Sieben 'n Loch«, sagte Norbert.

»Und wo steht dann der Adventskalender?«, fragte Dalia.

»Haben wir denn einen?«, fragte Rita.

»Ja natürlich, wir wollten doch die Hausnummern …?«, sagte Dalia.

»Da war doch Brohmschulte gegen«, sagte Norbert.

»Nee, den hatten wir doch letztes Jahr«, sagte Carsten.

»Und worauf haben wir uns dann geeinigt?«, fragte Dalia.

»Ich glaub, auf gar nichts«, sagte Pohlmann.

»Dann machen wir halt keinen Adventskalender«, sagte ich.

»Auf keinen Fall. Wir haben immer 'n Adventskalender gemacht«, sagte Rita.

»Und was spricht dagegen, die Idee aus dem letzten Jahr noch mal zu nehmen?«, fragte ich.

»Nee, das geht nicht«, sagte Norbert.

»Warum nicht?«, fragte ich.

Da hätten sie schlechte Erfahrungen gemacht. Carsten erklärte das. Im Jahr davor hatten sie Hausnummern fotografiert. Zu jedem Dezembertag die passende Zahl. Unter das Bild hatte Norbert ein paar Sätze über die Menschen geschrieben, die in den Häusern wohnten. Die meisten hatten sich sogar mit aufs Bild gestellt. Eine Familie nicht. Dort hatte niemand die Tür geöffnet. Norbert hatte das Haus trotzdem fotografiert und in dem Text unter dem Bild gemutmaßt, die Familie sei wohl im Urlaub. Die Vermutung stimmte. Das hatte Norbert allerdings erst später erfahren –

als die Polizei anrief, weil Einbrecher das Haus leergeräumt hatten. Danach habe es ziemlichen Ärger gegeben, sagte Carsten. Viele Leute hätten die Zeitung abbestellt, unter anderem die Familie.

»Und was ist, wenn wir alle abwechselnd aufschreiben, was wir vor Weihnachten so erleben? In so kleinen Geschichten«, fragte Rita.

Norbert überlegte und sagte: »Joa.«

Karl winkte ab, hatte aber auch keine bessere Idee. Also einigten wir uns auf Ritas Vorschlag. Den Anfang machte Pohlmann. Er schrieb über die Schwierigkeiten bei der Auswahl von Weihnachtsgeschenken. Vier Wochen noch bis zum Fest. Er habe nicht eine einzige Idee, sagte er. Während er schrieb, änderte sich das. Er zählte auf, für wen er noch etwas brauchte und hatte immer auch gleich einen Einfall. Seine Mutter zum Beispiel habe auf dem Balkon ganz schäbige Gartenstühle. Ja, er werde ihr wohl neue Stühle kaufen. So stand es in der Zeitung. Am nächsten Morgen fragte Dalia, ob denn nicht die Gefahr bestehe, dass seine Mutter den Text lesen könnte. Natürlich bestand die Gefahr, aber daran hatte Pohlmann nicht gedacht. Das sei natürlich Mist, sagte er.

Rita machte den Fehler nicht. Auch sie schrieb über Geschenke, allerdings ohne das Ergebnis ihrer Überlegungen zu verraten. Das war nicht dumm, aber leider sterbenslangweilig. Schon nach wenigen Tagen zeigte sich, dass Menschen in der Vorweihnachtszeit gar nicht so unterschiedliche Probleme haben. Für den Adventskalender war das nicht ideal. Karl wies in einer Konferenz darauf hin. Die anderen nahmen es zur Kenntnis, aber es änderte nichts.

Pohlmann nutzte seinen zweiten Text, um den Lapsus aus dem ersten zu korrigieren.

In der letzten Woche hatte ich ankündigt, meiner Mutter Gartenstühle zu Weihnachten zu schenken. Jetzt bin ich mir gar nicht mehr so sicher. Ich habe nämlich noch eine andere Idee, aber die bleibt geheim. Dafür verrate ich Ihnen etwas anderes: Meinen Weihnachtsbaum schmücke ich dieses Jahr weiß. Der Weihnachtsbaumverkäufer hat gesagt: Weiß ist jetzt Trendfarbe. Nur einen weißen Weihnachtsstern für die Spitze konnte ich bislang noch nicht finden. Dann bleibt die Spitze in diesem Jahr eben wie immer rot. Ein bisschen Abwechslung kann ja auch nicht schaden.

In der Morgenkonferenz sagte Rita, sie habe über Pohlmanns Text sehr gelacht. Norbert sagte, er auch. »Ich glaub, das liegt mir einfach«, sagte Pohlmann. Er bot an, auch den nächsten Text zu schreiben. Karl sank schlaff in seinen Stuhl.

»Wer hat denn jetzt alles schon?«, fragte Brohmschulte.

»Karl hat noch nicht«, sagte Dalia.

»Karl will auch nicht«, sagte Karl.

»Aber jeder muss mal«, sagte Dalia.

Nach der Konferenz verließ Karl als Erster den Raum und ärgerte sich da wahrscheinlich gleich wieder. Vor der Tür stand Heini Rehers. Wir hatten seit Monaten nichts von ihm gehört.

»Ick häb noch mal die Termine vonne Laufsportgemeinschaft«, sagte Rehers, befeuchtete seinen Zeigefinger und zog einen Zettel aus einer Mappe. Karl nahm das Blatt, sah die Termine und wollte es wieder zurückgeben. Aber Rehers nahm es nicht zurück.

»Rehers? Dich gibt's auch noch?«, sagte Norbert. Rehers humpelte schräg hinter ihm die Treppe herunter. Norbert drehte sich um und frage: »Was ist denn mit dir los?«

»Bandscheibe«, sagte Rehers, »Klinik, Reha, dat war 'ne Scheiße. Zwölf Wochen. Dann komm ich nach Hause. Stromausfall. Ja nu, jetzt geht's wieder, aber der Rücken – dat is immer noch nich dat Wahre. Braucht eben alles seine Zeit.«

»Ja, Mensch, is ja gut, dass es dir besser geht«, sagte Norbert.

»Dat sach ich dir«, sagte Rehers. »Ich seh mal zu, dat ich euch jetzt dienstags wieder die Termine bring. Und mit der Weihnachtsfeier nächs' Jahr – müssen wer dann mal sehen.«

Norbert sah ihn an.

»Kinderheim is ja wohl schlecht«, sagte Rehers.

Norbert legte die Hand auf Rehers' Schulter und sagte: »Heini, dat regeln wir schon.«

»Nänä, da kümmer ich mich drum«, sagte Rehers.

Norbert sagte nichts. Er ließ Rehers stehen und setzte sich auf seinen Stuhl. Rehers nahm Platz auf seinem Sessel. Er erzählte irgendwas, aber keiner hörte hin. Als er gegen Mittag verschwunden war, sagte Rita: »Ist doch schön, dass der Heini wieder kommt.«

Dalia schrieb in den Adventskalender, der Trubel in der Vorweihnachtszeit sei nicht auszuhalten. Überall Menschen. Schlangen vor den Kassen. Alles ausverkauft. Fürchterlich. Rita griff das Thema am Tag darauf auf. Sie antwortete, Online-Shopping sei aber auch nichts, denn nirgendwo im Internet dufte es nach Zimt und Bratapfel. Und natürlich fehlten auch die Menschen, der Trubel, die Schlangen vor den Kassen. Wiederum einen Tag später schrieb Norbert, ihm sei Weihnachten zu kommerziell. Deswegen hätten sie sich zu Hause zum ersten Mal darauf geeinigt, ganz auf Geschenke zu verzichten. Im siebzehnten Text beschrieb

Carsten seine Erfahrungen mit genau dieser Übereinkunft. Auch in seiner Familie hatten sie das im Jahr zuvor versucht. Allerdings ohne Erfolg, wie sich Heiligabend herausstellte. Eine »Kleinigkeit« hatte doch jeder besorgt. Und die war dann auch mindestens genauso groß ausgefallen wie das Geschenk im Jahr davor. Für das bevorstehende Weihnachtsfest hatte Carstens Familie auf Abmachungen verzichtet.

– – – – – – – – –

Im Konferenzraum wehte nasser Schnee gegen das Fenster. Pohlmann starrte auf die Tischplatte. Rita gähnte. Brohmschulte las die Termine vor. Zwischendurch fiel ihm ein, dass ja noch nicht geklärt sei, wer sich um den Adventskalender für den nächsten Tag kümmert. Dalia hörte auf zu gähnen, sah mich an und sagte: »Von dir hab ich auch noch nichts gelesen, oder?«

»Dann wäre das zu morgen Ihre Aufgabe«, sagte Brohmschulte und ging über zum nächsten Punkt auf seiner Liste, dem dritten und letzten an diesem Tag. Die Borkendorfer Landfrauen luden zu einem Diskussionsabend ein. Das Thema lautete: Gott und die Welt. Brohmschulte las aus der Einladung vor. »Der Abend klingt aus bei einem gemütlichen Beisammensein. Auch für das laibliche Wohl ist gesorgt. Leiblich mit ›ai‹«, sagte er.

Karl lachte und sagte: »Dann geh ich da wohl hin.« Brohmschulte schrieb »Karl« hinter den Termin. Karl sagte, er habe das als Scherz gemeint. Brohmschulte sagte, er nicht.

Am Mittag ließ Brohmschulte durch Dalia fragen, ob noch irgendwer eine Idee für eine Seite-eins-Geschichte habe, die sich bis zum Abend machen ließ. Mit einem Stift zwischen den Fingern, als wolle sie ihn zerbrechen, schilderte Dalia das Problem. »Wir haben nichts«, sagte sie.

»Die Landfrauen sind auch nix?«, fragte Rita.

»Die sind überhaupt nix«, sagte Karl.

Dalia reichte die Frage zu Brohmschulte durch. Der sah es genauso wie Karl.

»Was haben wir denn letztes Jahr um die Zeit gemacht? Da war doch auch nicht mehr los«, sagte Carsten. Keiner konnte sich erinnern. Carsten sagte, er werde mal in den alten Zeitungsbänden blättern.

Pohlmann stand zwischen zwei Tischen, Zeigefinger auf dem Mund, als wolle er seine Nase ein Stück hochschieben, und sagte: »Wie wär's mit 'ner Umfrage? Wie die Leute so Weihnachten feiern?«

Dalia sah Röhrbein an, der schon ahnte, was jetzt kommen würde. Er reagierte schnell und fragte, ob nicht noch jemand mitkommen könne. »Dann sind wir schneller zurück«, sagte er. Das überzeugte Dalia. Als seinen Begleiter bestimmte sie mich.

Es nieselte, aber unter dem Vordach des Schreibwarengeschäfts war es wenigstens windstill. Im Schaufenster saßen zwei Stoffbären im Schnee aus Watte. Vor uns rollte ein Auto über die nasse Straße. Wir hatten einen guten Platz gefunden. Aber es kam niemand vorbei. Röhrbein zog sich den Schal über die Ohren und halb übers Kinn. Nach einigen Minuten näherte sich langsam eine Frau. Ihre Handtasche baumelte dicht über dem Boden. »Hallo, darf ich Sie ...«, sagte Röhrbein. Die Frau ging an uns vorbei.

Erwartungsvoll blickten wir einem Mann mit einer schweren Einkaufstüte entgegen. Als er uns sah, schleppte er sich und seine Tüte auf die andere Straßenseite. Eine Mutter mit zwei kleinen Kindern wich uns ebenfalls aus.

»Hallo, dürfen wir vielleicht ganz kurz …«, sagte Röhrbein. Die Frau tat, als würde sie uns nicht sehen. Die Kinder drehten sich um und winkten.

Der Nieselregen scheuchte die Leute an uns vorbei. Sie stemmten ihre Schirme in den Wind, um sich gegen den Regen und gegen uns zu schützen. Vielleicht sahen wir aus wie Spendensammler. Vielleicht irritierte sie die große Kamera. Vielleicht störte kurz vor Weihnachten aber einfach auch jeder, der Zeit beanspruchte. Ich legte die Kamera auf die Treppe vor dem Eingang. Ein Pärchen marschierte im Gleichschritt vorbei, ohne sich umzudrehen. Vielleicht war auch Röhrbein das Problem.

Ich stellte mich ein paar Meter weiter auf die Straße unter ein anderes Vordach. Hinter mir kam ein Mann in einem dunklen Mantel aus der Tür. Er schüttelte seinen Schirm aus, indem er ihn hastig öffnete und wieder schloss. Schneewasser spritzte auf meinen Block.

»Tschuldigung, ich komme von der Zeitung. Dürfte ich Sie was fragen?«, fragte ich.

»Ham Sie einen Presseausweis?«, fragte der Mann.

Ich klemmte meine Handschuhe zwischen die Knie, griff in meine Tasche, öffnete mein Portemonnaie und holte den Ausweis heraus.

»Geht auch ganz schnell. Mich interessiert nur, wie Sie Weihnachten feiern«, sagte ich.

»Ja, mit der Familie. Mit Baum. Mit Geschenken. Wir gehen in die Kirche.«

»Was gibt's denn zu essen?«

»Heringssalat mit Pellkartoffeln. Seit Jahren schon. Nach einem Rezept meiner Frau. Schmeckt ausgezeichnet. Ach, und wissen Sie: In diesem Jahr essen wir das zum fünfunddreißigsten Mal. Mein ältester Sohn wird in diesem Jahr nämlich fünfunddreißig. Als er geboren wurde, hat meine Frau das zum ersten Mal gemacht. Was Aufwändiges war ja nicht möglich mit dem Baby. Und dann sind wir dabei geblieben. Dieses Jahr kommt mein Sohn sogar zu Besuch. Er wohnt nämlich in Frankreich. Hat da 'ne Frau geheiratet. Und in diesem Jahr sind wir Großeltern geworden.«

»Oh, da gratulier ich aber ganz herzlich. Das ist ja toll. Verraten Sie mir jetzt noch Ihren Namen?«

»Das schreiben Sie doch nicht in die Zeitung?«

»Äh, ja, eigentlich, äh, hatte ich das vor.«

»Nee, da fragense mal jemand anders«, sagte der Mann öffnete seinen Schirm und eilte davon.

Ich steckte den Stift ein und sagte: »Scheiße.«

»Das gehört sich aber nicht, junger Mann«, sagte neben mir eine Frau mit Rollator. Ihr blasses Gesicht spiegelte sich im Schaufenster. Ich folgte ihrem Blick in die Winterlandschaft hinter der Scheibe, wo eine als Engel verkleidete Puppe auf einem Schlitten befestigt war. In ihrer Hand ein Bügeleisen. »Ist das nicht schön?«, sagte die Frau. Ich stimmte ihr zu. Sie sagte so einen Schlitten habe sie auch mal gehabt, für die Kinder. Aber die seien ja jetzt nicht mehr da. »Einer lebt in Hamburg, der andere in Berlin«, sagte die Frau. Der Älteste sei damals ja schon mit siebzehn ausgezogen. Der Jüngere habe noch eine Ausbildung hier gemacht. Die jungen Leute hätten ja heute ihr eigenes Leben. »Sie sind ja auch noch jung«, sagte sie.

Ich wusste nicht, was ich darauf antworten sollte. Aber die Gelegenheit, sie zu fragen, ob sie an einer Umfrage teilnehmen wolle, erschien mir ungünstig.

»Besuchen Sie auch Ihre Eltern hier?«, fragte die Frau.

»Nein, nein, ich bin beruflich in Borkendorf – auch nur noch zwei Tage«, sagte ich.

»Ach, Sie arbeiten auf dem Weihnachtsmarkt«, sagte die Frau.

»Bei der Zeitung«, sagte ich.

»Ahhhhh«, sagte die Frau.

Ihre rechte Hand glitt in ihre Manteltasche. Sie schien etwas zu suchen. Es sah aus, als wolle sie mir etwas geben. Dann zog sie ein Taschentuch heraus, schnäuzte hinein, knetete ihre Nase mit dem Tuch und gab es mir zum Glück nicht.

»Zwei Tage sindse nur noch da«, sagte die Frau.

»Ja, Freitag ist mein letzter Tag«, sagte ich und erklärte, es sei eine Schwangerschaftsvertretung gewesen. Die Frau sagte, ihre Schwiegertochter habe auch ein Kind, einen Sohn.

»Wie alt ist er denn?«, fragte ich. Die Frau überlegte und sagte: »Fünfzehn?«

Eine Nieselböe wehte mir ins Gesicht. Ich wischte das Wasser von meiner Wange, zog den Kragen hoch und sagte: »Ganz schönes Mistwetter.« Die Frau zeigte auf die Ladentür und sagte, wir könnten auch reingehen. »Ich muss leider schon weiter«, sagte ich, verabschiedete mich und hatte die Umfrage vergessen.

Schon von weitem sah ich Röhrbein. Er stand noch immer an der gleichen Stelle und schrieb etwas in seinen Block. Eine Frau mit Kinderwagen hielt seine Kamera. Dann gab sie ihm die Kamera zurück und schob den Kinderwagen weiter.

»Und wie läuft's?«, fragte ich.

»Gut, und bei dir?«, sagte Röhrbein.

»Na ja«, sagte ich.

Röhrbein blätterte die Seite seines Notizblockes zurück, um die Zitate zu zählen.

»Ich hab fünf«, sagte er.

Ich hatte keins, aber fünf reichten aus. Fotografieren lassen hatte sich nur einer. Allerdings auch nur, weil er per Zeitung noch jemanden grüßen wollte. Ein zweites Foto wäre nicht schlecht gewesen. Ein Fahrradfahrer fuhr im Schritttempo an uns vorbei und sah uns fragend an.

»Darf ich Sie fragen, wie Sie Weihnachten feiern?«, fragte Röhrbein.

»Gar nicht«, rief der Mann und fuhr davon.

Wir schlenderten über den Bürgersteig. Schräg über uns wurde der Himmel blau. Es sah aus, als hingen die Wolken heute nur über Borkendorf. Röhrbein wischte eine Strähne aus seiner Stirn. Die nassen Haare blieben auf seinem Kopf kleben.

»Wann bist du denn jetzt eigentlich weg?«, fragte er.

»Übermorgen«, sagte ich.

»Und? Froh?«

»Na ja, das hier bleibt mir jedenfalls ab übernächste Woche erspart«, sagte ich.

- - - - - - - - -

Dalia empfing uns mit der Nachricht, dass die Umfrage auf Seite eins jetzt doch noch etwas größer geworden sei. Es sei ja sonst nichts da.

»Wir hätten fünf Zitate«, sagte Röhrbein.

»Wie – fünf? Und was habt ihr denn die ganze Zeit gemacht?«, fragte Dalia.

»Vergeblich Leute angesprochen«, sagte ich.

Karl sagte, bei so 'ner Quatschumfrage mache es ja wirklich keinen Unterschied, ob man nun Leute frage oder sich selbst was einfallen lasse. In die Diskussion hinein rief Silke: »Hermann Noltenhans ist dran.«

»Sag ihm, ist grad schlecht«, rief Dalia.

»Er sagt, es ist wichtig«, rief Silke und stellte durch.

»Was ist los?«, fragte Dalia, hörte zu und sagte: »Nein, haben wir nicht.« Sie hörte wieder zu und plötzlich änderte sich ihre Tonlage. »Doch natürlich, auf jeden Fall«, sagte sie, »das machen wir.« Dann gab sie den Hörer an mich und sagte: »Hier, klär das mal.«

»Ja, Hermann, was ist denn los?«, fragte ich.

»Hab ich doch alles erklärt«, sagte er. Das Telefon knisterte. Noltenhans war kaum zu verstehen. Er stand irgendwo an einer Landstraße. »Die Kuh ist, glaub ich, tot«, sagte er.

»Welche Kuh?«

»Die hier auf der Straße liegt.«

»Wo bist du denn überhaupt?«

»An der B402.«

»Und was machst du da?«

»Ich bin hier vorbeigefahren. Und da lag die Kuh auf ’er Straße. Da ist ’n Auto gegen gefahren. Dat is doch ’ne schöne Geschichte.«

»Und wo ist das Auto?«

»Dat steht hier im Graben.«

»Ist denn jemand verletzt?«

»Da sitzt so ’ne Olle drin. Die is ’n bisschen neben der Spur. Aber verletzt nich.«

»Hast du die Polizei gerufen?«

»Nee, mach ich jetz aber.«

»Dann mach das und bring ’n Foto mit.«

Als ich auflegte, hatte Dalia die erste Seite schon umgebaut. Der für die Umfrage gedachte Text war jetzt nur noch halb so groß. In den Platzhalter für das Bild hatte sie »*Tote Kuh*« geschrieben. Nach ein paar Minuten rief wieder Noltenhans an. Er schnaufte.

»Was gibt's?«, fragte ich.

»Die Kuh hat mir 'ne Beule ins Auto getreten.«

»Ich dachte, die ist tot?«

»Nee, die Olle. Die ist total durchgedreht.

»Was ist denn passiert?«

»Ich wollte die fotografieren. Dat is Sachbeschädigung. Ich hab der gesagt, dat kommt in die Zeitung. Da könnt ihr auch wat draus machen. Die zeig ich an.«

Im Hintergrund hörte ich ein dumpfes Trommeln.

»Was ist das?«

»Die olle Kuh will die Bilder haben. HÖREN SIE AUF!«

Im Hintergrund schrie die Frau – was, konnte ich nicht verstehen. Noltenhans schrie ebenfalls. »DAS KOMMT ALLES IN DIE ZEITUNG«, rief er. Dann brach die Verbindung ab. Ich versuchte, ihn zurückzurufen. Aber das Handy war aus.

»Kommt der jetzt rein?«, fragte Dalia.

»Jaja, der kommt gleich«, sagte ich.

Nach anderthalb Stunden war ich nicht mehr ganz so sicher. Noltenhans war noch immer nicht zu erreichen. Dalia sagte, die Umfrage werde jetzt vielleicht doch wieder etwas größer.

»Wenn ihr Zitate braucht, ich schreib euch noch 'n paar«, sagte Karl.

Draußen knallte eine Autotür. Hermann Noltenhans kam hereingestürmt. In seiner Hand eine Plastiktüte. Er war wütend. »Das ist 'n Skandal«, rief er und warf die Tüte auf den Tisch.

»Hast du die Bilder?«, fragte Dalia.

Noltenhans griff mit der Hand in die Tüte, zog eine Speicherkarte heraus, knallte sie auf den Tisch und schimpfte: »Gelöscht. Alles gelöscht.«

»Von der Frau?«

»Von den Bullen. Ein Skandal ist das. Das ist Zensur.«

»Und jetzt gibt's keine Bilder?«

»Nee, alle weg. Könnt ihr schreiben. Alle gelöscht.«

Dalia bat Norbert, zu versuchen, die Bilder von der Speicherkarte zu retten. »Jetzt beruhig dich erst mal und schreib«, sagte sie.

Noltenhans legte seinen Parka über den Stuhl und brabbelte irgendwas vor sich hin. Schmelzender Schnee tropfte aus seinen Haaren. Nach ein paar Minuten hatte er sich etwas beruhigt und begann zu tippen.

»Ist der Adventskalender fertig?«, fragte Dalia.

»Jaja, sofort«, sagte ich.

»Also, ich könnt sonst auch noch was schreiben«, sagte Pohlmann.

Ich hatte nichts dagegen. Er sagte, ihm sei was ganz Lustiges passiert. Das stimmte zwar nicht, trotzdem war ich froh, die Aufgabe losgeworden zu sein. Eine halbe Stunde später hatte Pohlmann den Text geschrieben. Er lehnte sich zurück und sah zufrieden auf den Bildschirm.

»Willst mal lesen?«, fragte er und rollte mit seinem Stuhl zur Seite. Ich las.

Vorgestern hatte ich Pech. Beim Staubsaugen hab ich mit dem Kabel den Weihnachtsbaum umgerissen. Das war vielleicht ärgerlich. Die Glasscheibe vom Wohnzimmerschrank ist zersplittert. Dann bin ich auch noch auf den roten Weihnachtsstern getreten. Was für ein Schlamassel. Erst dachte ich: Das war's dann wohl. Dann fiel mir auf: Ohne Stern sieht der Baum aber auch gar nicht schlecht aus. So ist dann doch alles noch gut ausgegangen. Na ja, bis auf die Glasscheibe.

»Und?«, fragte Pohlmann.

»Ja, äh, witzig«, sagte ich.

Dalia wurde ungeduldig. Sie fragte Hermann Noltenhans, wie weit er denn jetzt sei. Noltenhans ließ seinen Finger auf die Entertaste fallen und sagte: »Gleich fertig.« Carsten sah über seine Schulter auf den Bildschirm und sagte: »Hermann, ich glaube, es sollte um die Kuh gehen.« Noltenhans war empört. »Aber das ist skandalös. Das müsst ihr bringen«, rief er und schlug mit der Faust auf den nassen Tisch. Dalia sagte, sie wolle einen Text über den Unfall. Alles andere interessiere sie nicht. Noltenhans hockte mit verschränkten Armen vor ihr und schwieg.

Inzwischen war es Norbert gelungen, die Bilder von der Speicherkarte wiederherzustellen. Er drückte eine Taste. Ein Balken baute sich langsam auf. Dann erschien das erste Foto. »Da hamwer 's doch«, sagte er. In Umrissen war die tote Kuh zu erkennen – wenn man wusste, dass es sich um eine tote Kuh handelte. Das nächste Bild zeigte eine mit Wassertropfen benetzte Scheibe und einen weißen Fleck vom Blitzlicht.

»Gibt's nur ein Bild von der Kuh?«, fragte Norbert.

»Ich dachte, ich mach besser eins von der Frau. Die saß ja noch im Auto«, sagte er.

Und als er erzählte, wie er das Objektiv von außen gegen das beschlagene Seitenfenster gehalten hatte und die Frau das von innen beobachten musste, verstand ich sehr gut, dass sie die Fassung verloren hatte.

Die ausgedruckte erste Lokalseite lag auf Dalias Schreibtisch. Norbert sah auf das Foto von der Kuh und sagte: »Hätte auch ein Wolkenbruch sein können.« Carsten klemmte sein Kinn zwischen Daumen und Zeigefinger, überlegte und las die Überschrift laut vor: »›Frau überfährt Kuh mit Auto‹

... Kuh mit Auto – klingt irgendwie komisch.« Dalia fand, das sei ja wohl ganz eindeutig. Noltenhans sagte, er würde ja das Foto von der Frau nehmen.

ABSCHIED AUS BORKENDORF

Dass mein letzter Tag angebrochen war, ließ Brohmschulte in der Morgenkonferenz unerwähnt. Ich unterstellte ihm keine Absicht. Röhrbein sagte ebenfalls nichts. Es war alles wie immer. Rita sah abwechselnd auf die ersten Seiten beider Zeitungen und sagte: »Die Kuh haben wir alleine.« Der Borkendorfer Anzeiger hatte herausgefunden, dass die Stadt einen neuen Busbahnhof bekommen sollte. Norbert sagte: »Kann man machen, muss man aber nicht.«

Brohmschulte stellte die üblichen Fragen. Ob es Ideen gebe. Worüber man denn schreiben könne.

»Über den Busbahnhof?«, sagte Pohlmann.

»Wenn, dann aber klein«, sagte Rita.

Kurz bevor die Konferenz endete, sagte ich, es sei ja mein letzter Tag. Deswegen werde es abends Sekt und Bier geben. Ich würde mich freuen, wenn einige blieben. Rita sagte mit der Begründung ab, sie habe leider keine Zeit. Bocklund entschuldigte sich ebenfalls, sagte aber, wir könnten gern schon vorher ein Bier trinken.

»Wieso ist denn heute Ihr letzter Tag?«, fragte Brohmschulte.

»Ich hab noch Urlaub.«

»Und wer kommt dann ab Januar?«

»Keine Ahnung. Das müssten Sie doch wissen.«

Brohmschulte senkte seinen Kopf, sah auf seine Terminliste, schien da aber auch keine Antwort auf die Frage zu finden. Er fragte, wer denn den letzten Text für den Adventskalender schreibe.

Dalia sagte: »Du.«

Brohmschulte strich seine Papiere zusammen und sagte: »Na gut, dann legen wir mal los.«

Auf dem Weg die Treppe herunter sagte Norbert, er könne noch Getränke von zu Hause holen – bei seinem fünfzigsten Geburtstag sei 'ne Menge übergeblieben. Ich war mir sicher, mich zu erinnern, dass er mir neulich erzählt hatte, er sei jetzt zweiundfünzig, beruhigte mich aber mit dem Gedanken, dass Alkohol so schnell nicht schlecht wird. »Das wär super«, sagte ich. Norbert fuhr nach Hause und kam anderthalb Stunden später mit einer Tüte voller angebrochener Schnapsflaschen zurück. Die Tüte stellte er neben den Kühlschrank.

In der Mittagspause besorgte ich Bier und Sekt. Carsten und Pohlmann begleiteten mich zum Supermarkt. Es war kalt, aber trocken. Vor dem Eingang zum Laden bot Carsten mir eine Zigarette an.

»Lass mal lieber«, sagte ich. An meinem letzten Tag wollte ich auch nicht mehr anfangen. Carsten blies den Rauch in den Eingang des Supermarkts. Die Schiebetür schloss sich und zerschnitt die Wolke.

»Meinste, ich sollte auch aus Borkendorf weg?«, fragte er.

»Warum denn?«, fragte ich.

»Warum? Du kennst die Stadt doch jetzt. In 'n paar Wochen ist wieder Karneval. Dann geht die Scheiße von vorne los. Dann das Schützenfest mit den gleichen Säufern. Die scheiß Vereine mit ihren Versammlungen. Die kack Texte von Hermann Noltenhans. Live-Ticker darüber, dass nichts passiert. Das muss doch irgendwann aufhören.«

»Der Live-Ticker neulich wurde aber richtig gut geklickt«, sagte Pohlmann.

»Und wo willste hin?«, fragte ich.

»Keine Ahnung. Aber ich frag mich, ob ich noch hier sein will.«

»Also ich fänd's schade«, sagte Pohlmann.

»War's denn früher so anders hier?«

»Ich weiß nicht. Vielleicht war ich anders. Vielleicht war die Aussicht 'ne andere. Wer liest die Zeitung denn noch?«

»Ich«, sagte Pohlmann.

»Pohlmann, jetzt hör mal auf dazwischenzulabern. Ich mein das ernst. Alte Leute lesen die Zeitung. Wir machen ein Seniorenblatt. Und das war garantiert nicht immer so.«

»Aber glaubste, dass die ganzen Leute, die Pohlmanns Live-Ticker angeklickt haben, auch alle alt waren?«

»Genau«, sagte Pohlmann.

»Ich red von der Zeitung«, sagte Carsten.

»Aber das Internet wird immer wichtiger«, sagte Pohlmann.

»Ich weiß auch nich. Ich hab da jedenfalls so meine Zweifel, ob das hier noch das Richtige ist.«

»Ach komm, wir sind ja auch noch da«, sagte Pohlmann.

Carsten warf seine Zigarette in das Beet neben dem Eingang. In der Getränkeabteilung luden wir zwei Kisten Bier auf den Wagen und steckten kopfüber Sekt zwischen die Flaschen.

»Fünf? Ist das nich zu viel?«, fragte ich.

»Wart mal ab«, sagte Carsten.

»Ist doch das letzte Mal, dass wir zusammen feiern«, sagte Pohlmann.

»Red doch nicht so 'n Unsinn«, sagte Carsten.

»Vielleicht erzählste uns ja heute Abend, dass du doch noch bleibst. Dann brauchen wir ja was zum Anstoßen«, sagte Pohlmann.

»Das kann ich dir schon jetzt versprechen, dass das nicht passieren wird«, sagte ich.

»Wer weiß? Vielleicht haben sie deine alte Stelle ja längst gestrichen«, sagte Pohlmann.

»Ach Pohlmann, das ist doch Quatsch«, sagte Carsten.

»Wieso? Kann doch sein?«, sagte Pohlmann.

»Ich glaub aber, selbst dann würd ich's mir noch mal gut überlegen«, sagte ich.

- - - - - - - - - -

Am Nachmittag fand ich beim Aufräumen den USB-Stick, den Johannes Schulze Wichtrup auf sein Buch geklebt hatte. In meiner Schublade lagen Helgas CD, ein Hefter mit Leserbriefen von Lackmann, Post-its mit unerledigten Arbeitsaufträgen, ein Kirmes-Bummelpass und Höllermanns Visitenkarten. Ich warf alles in den Papierkorb. Pohlmann holte Helgas CD wieder heraus. Könne man ja vielleicht noch mal gebrauchen, sagte er.

Ich war so beschäftigt, dass ich vergaß, was mir abends noch bevorstand. Es fiel mir erst wieder ein, als Brohmschulte seine Bürotür öffnete und rief, ich möge doch mal bitte zu ihm kommen. Der Raum war wie immer verqualmt, aber Brohmschulte rauchte nicht. Er saß mir zugewandt, seine Hände ruhten auf seinen Beinen. »Setzen Sie sich«, sagte er. Ich schloss die Tür, räumte einen Hocker frei und setzte mich. Brohmschulte sah mich an, als habe er vergessen, was er sagen wollte.

»Und, wie fühlen Sie sich – an Ihrem letzten Tag?«, fragte er.

»Och, eigentlich ganz normal«, sagte ich. Ganz stimmte das nicht, aber die Antwort schien Brohmschulte gar nicht zu interessieren.

»Dorkov wird Sie gleich anrufen«, sagte er.

Ich glaubte zu ahnen, worauf das Gespräch hinauslaufen

würde und sagte: »Herr Brohmschulte, wenn's darum geht, ob ich Karin Steffens noch ein Jahr vertrete, kann ich Ihnen die Antwort schon jetzt geben.«

»Nein, nein, machen Sie sich keine Sorgen«, sagte er.

»Was will Dorkov denn?«, fragte ich.

Brohmschulte drehte sich auf seinem Stuhl halb um die eigene Achse, griff blind nach seinen Zigaretten und nuschelte, das könne er mir leider nicht sagen, da müsse ich abwarten. Ich wartete darauf, dass er sich wieder zu mir umdrehte, aber das passierte nicht. Er schwieg. Als ich aufstand und gehen wollte, wandte er sich doch noch einmal mir zu, um sich zu bedanken. Das Wort »Danke« hatte ich ihn nie sagen hören. Er verwendete es allerdings auch diesmal nicht. »Ich weiß Ihren Einsatz hier zu schätzen«, sagte er.

Ich nickte, ging hinaus, drückte die Tür von außen zu und fragte mich, ob er mich tatsächlich hereingerufen hatte, um mir das zu sagen. Ich konnte es mir nicht vorstellen, hatte aber auch keine Idee, was er sonst gewollt haben könnte. Ich versuchte, nicht mehr daran zu denken.

Irgendwann am Abend, es war schon dunkel, stand Rita vor meinem Schreibtisch. Ihre Jacke hatte sie schon angezogen. Sie sagte, sie wolle sich verabschieden. Ich stand auf. Der Tisch zwischen uns verhinderte, dass wir uns umarmen konnten. Also gaben wir uns die Hand.

»Tja, dann. Mach's mal gut«, sagte sie.

»War schön mit euch«, sagte ich.

»Ja, mit dir auch. Ich werd dann mal«, sagte sie.

»Komm Rita, aber 'n Sektchen trinkste doch noch mit. Ist doch auch Weihnachten«, sagte Norbert.

»Also eigentlich wollt ich …«

»Ach, los«, sagte Norbert.

Carsten brachte aus der Küche Wassergläser. Karl öffnete den Sekt und verteilte ihn auf die Gläser. Um meinen Schreibtisch herum bildete sich ein kleiner Kreis. Sogar Brohmschulte stellte sich dazu. In unseren Händen hielten wir die Gläser.

»Friedbert, würdest du …«, sagte Dalia.

Brohmschulte räusperte sich. »Ich will keine langen Reden halten«, sagte er, »aber ich will doch ein paar Worte sagen. Ralf, ich glaube, Sie haben sich hier in Borkendorf ganz gut eingelebt. Wir hätten Sie gern noch etwas länger hier behalten. Aber bevor Sie gehen, wollen wir Ihnen noch ein kleines Geschenk machen.« Brohmschulte sah Dalia an, die mit den Schultern zuckte und den Blick an Silke weitergab. Silke hastete zu ihrem Schreibtisch, holte eine Tüte und gab sie Dalia. Dalia streifte die Tüte ab. Zum Vorschein kam ein Geschenk von der Größe einer Zigarrenkiste.

»Das ist für dich«, sagte sie und gab es mir.

»Vielen Dank. Das wär aber echt nicht nötig gewesen«, sagte ich.

»Das hab ich auch gesagt«, sagte Karl.

»Nu' pack schon aus«, sagte Norbert.

Ich hielt das Päckchen in die Höhe, sagte noch einmal: »Vielen, vielen Dank!«. Dann riss ich das Papier vorsichtig an der Seite auf, entblätterte das Geschenk und hatte einen Karton mit Sichtfenster in der Hand. Darin lag eine silberne Flasche. Sie hatten mir einen Flachmann geschenkt.

»Das wird Sie hoffentlich an uns erinnern«, sagte Brohmschulte.

Es dauerte einen Moment, bis ich verstand, dass er die Gravur meinte. Auf der Flasche stand in verschnörkelten Buchstaben: »*Borkendorf*«.

»Ja, das wird es. Ganz bestimmt«, sagte ich.

Norbert bat mich, ihm den Flachmann zu geben. Er schraubte ihn auf und befüllte ihn mit Schnaps aus seinem Fundus, trank selbst daraus und sah mich an. Sein Blick sagte mir: Es funktioniert.

Wir prosteten uns mit Sekt zu. Wir tranken auf Weihnachten, auf die Redaktion und als Franjo hereinkam, mit dem keiner mehr gerechnet hatte, auch auf ihn. Er hatte ein gerahmtes Bild unter dem Arm, das er mir zum Abschied überreichte. Es war bei unserem Besuch in Helgas Wohnung entstanden, und es zeigte mich und Helga auf ihrem Balkon. Sie breitete ihre Arme aus. Ihre Hände ragten auf beiden Seiten aus dem Bild. Dazwischen stand ich. Es sah aus, als wolle sie mich umarmen oder zerquetschen – je nachdem. Franjo und ich klopften uns gegenseitig auf den Rücken. Viel zu reden gab es nicht, aber immerhin viel zu trinken. Auch Franjo musste den Flachmann ausprobieren. Befehl von Norbert. Weiter ging es mit Bier. Es bildeten sich Grüppchen. Pohlmann, Rita und Norbert. Carsten, Röhrbein und Franjo. Vor der Küchentür diskutierten Dalia, Brohmschulte und Karl. Brohmschulte sah auf den Boden, aus dem Fenster und wieder auf den Boden. Als sich unsere Blicke trafen, prostete er mir zu.

Kurz darauf verabschiedete Brohmschulte sich als Erster. Beim Herausgehen hob er eine Hand über seinen Kopf und wünschte allen frohe Weihnachten. Rita schaute auf die Uhr und sagte, sie müsse jetzt auch langsam los, blieb aber sitzen. Günter Bocklund schien vergessen zu haben, dass er eigentlich keine Zeit hatte. Er verteilte Wunderkerzen, die er in seiner Schublade gefunden hatte. Und als Karl gerade ein ganzes Bündel angezündet hatte, klingelte mein Telefon. Auf dem Display stand Dorkovs Nummer. Als ich das Gespräch entgegennahm, lachte Norbert im

Hintergrund so laut, dass Dorkov fragte: »Was ist denn da bei Ihnen los?«

»Ach, wir ham hier nur 'ne kleine, äh, wir stoßen auf Weihnachten an. Und ist ja mein letzter Tag«, sagte ich.

»Jaja, ich weiß. Deshalb ruf ich ja an. Wie geht's Ihnen denn – nach einem Jahr Borkendorf?«

»Eigentlich ganz gut.«

»Das ist schön«, sagte Dorkov.

Die Gespräche um mich herum stockten. Ich nahm das Schnurlostelefon, ging in die Küche und stellte mich hinter die Tür, um nicht gehört zu werden. Aber das hatte nur zur Folge, dass es draußen noch stiller wurde.

»Ich habe gehört, Sie haben sich in Borkendorf gut eingelebt«, sagte Dorkov.

»Ach ja, irgendwie schon. Sind ja alle sehr nett hier.«

»Sehr gut.«

»Aber ich bin auch ganz froh, dass ich jetzt wieder zurück kann.«

Einen Moment lang war es still. Dorkov schwieg. Dann sagte er: »Herr Heimann, ich bin ganz offen, wir wollen Ihnen ein Angebot machen.«

»Herr Dorkov, das ist sehr nett von Ihnen. Aber ich glaube, ich kann Ihnen schon jetzt sagen: Wenn es mit Borkendorf zu tun hat, muss ich ablehnen.«

»Hören Sie es sich erst mal an. Sie wissen ja, wir haben in Borkendorf das Problem mit der Kollegin Steffens. Es ist ja so, dass Karin Steffens mindestens ein weiteres Jahr fehlen wird.«

»Herr Dorkov, ich …«

Dorkov redete einfach weiter. »Wissen Sie«, sagte er, »als ich damals in den Verlag kam, da war ich noch Volontär. Eine meiner ersten Stationen war Borkendorf. Und wissen

Sie, wer damals schon Redaktionsleiter war? Friedbert Brohmschulte.«

»Ach, Sie waren auch hier? Das wusste ich gar nicht.«

»Das überrascht mich. Hat Brohmschulte das nie erzählt?«

»Sie kennen ihn ja. So viel erzählt er nicht.«

Dorkov lachte. Es klang wie trockener Husten. »Das stimmt«, sagte er, »das war damals nicht anders. So viel hat sich wohl nicht verändert. Und dann saß er in seinem Büro und rauchte eine nach der anderen. Man hörte nichts. Man sah immer nur den Rauch aus seinem Büro ziehen.«

Ich fragte mich, was das sollte. Warum erzählte er mir das? Erst als er erwähnte, dass Brohmschulte in diesem Jahr vierundsechzig geworden sei, verstand ich. Er würde bald in den Ruhestand gehen. Wollte Dorkov mich damit locken? Ein neuer Chef, dann wäre alles nicht mehr so schlimm? Wahrscheinlich hatte er gar nicht verstanden, wofür mich das Problem lag. Ich wollte ihm gerade erklären, dass es nicht an Brohmschulte lag, da sagte er: »Und wir könnten uns vorstellen, dass Sie sein Nachfolger werden.«

Ich hörte dem Satz nach. Was hatte er gesagt? Vielleicht hatte er auch getrunken? Ich sah gegen die weiße Küchenwand und war mir nicht sicher, ob ich ihn vielleicht missverstanden hatte. »Herr Heimann, könnten Sie sich das auch vorstellen?«, fragte er.

»Herr Dorkov?«

»Ja?«

»Kann ich Sie später noch mal anrufen?«

»Sicher«, sagte Dorkov.

Ich drückte das Gespräch weg, ging zurück in die Redaktion und wurde dort schon erwartet.

»Und, was sagt er?«, fragte Dalia.

»Wartet mal 'nen Moment«, sagte ich.

»Na komm, jetzt sag. Was ist los? Hamse dich zwangsversetzt?«, sagte Karl.

»So schlimm ist's jetzt hier auch nicht, oder?«, sagte Pohlmann.

»Wirklich?«, fragte Carsten.

»Hat er dir gedroht oder was?«, fragte Dalia.

»Das kannste dir nicht gefallen lassen«, sagte Rita.

»Moment, Moment. Jetzt wartet doch mal. Niemand hat mich zwangsversetzt«, sagte ich.

»Du kommst freiwillig. Hab ich doch gesagt«, sagte Pohlmann.

»Nein, ich komm auch nicht freiwillig«, sagte ich.

»Na, jetzt mach's nicht so spannend. Sag schon, was los ist«, sagte Karl.

»Ich weiß nicht, ob ich Dorkov richtig verstanden hab, aber er hat gesagt, dass er sich vorstellen könne, dass ich Brohmschultes Nachfolger werde.«

Carsten sprang sofort auf und rief:»Waaaas? Das ist jetzt nicht wahr. Kein Scheiß?«

Dalia freute sich nicht ganz so sehr. Sie sagte nichts.

»Haste dich schon entschieden?«, fragte Röhrbein.

»So 'n Angebot krisse nich zwei Mal«, sagte Norbert. Er holte frisches Bier aus dem Kühlschrank. Während er die Flasche öffnete, riet er mir, sofort zuzusagen. Ich trank einen Schluck, das Bier schmeckte nach Plastik. Pohlmann fragte, ob ich dann in Brohmschultes Büro ziehen würde.

»Pohlmann, ich weiß es nicht«, sagte ich.

Bocklund spekulierte, ob Brohmschulte überhaupt noch mal wiederkommen würde. Karl hielt es für möglich, dass sie Brohmschulte jetzt degradierten. Sie sinnierten über die Gründe. Einig waren sie sich darin, dass das alles kein gutes Zeichen war. Ich saß auf meinem Schreibtisch, und ich weiß nicht, wie viel Zeit noch verging. Aber ich weiß noch, dass Röhrbein irgendwann sagte: »In fünf Minuten kommt unser Taxi.« – dass wir dann alles so stehen und liegen ließen, wie es war, und Dalia das Licht ausknipste. Das Thermometer vor der Tür zeigte minus acht Grad. Der Mond leuchtete über den Dorfdächern. Das Taxi ließ auf sich warten. Norbert sagte: »Ich geh dann mal. Zu Fuß bin ich eh schneller.« Ich versuchte, ihn zu umarmen, obwohl das eigentlich nicht möglich war.

»Wir sehen uns dann hoffentlich bald«, sagte er.

»Auf jeden Fall hören wir uns«, sagte ich.

Carsten schüttelte zwei Zigaretten aus einer Schachtel auf seine Hand.

»Jetzt eine?«, fragte er.

»Nee, lass mal«, sagte ich.

»Bald wirste eh wieder rauchen müssen.«

NACHWORT

Wer Borkendorf im Internet sucht, stößt auf erstaunlich viele Bilder von Hunden, Grabsteinen, Stadtwappen und Zügen. Man findet eine Modezeitschrift, ein Nachhilfeinstitut und ein paar Texte über die Siedlung Borkendorf in Pommern. Das Borkendorf, um das es hier geht, ist weder im Internet noch auf einer Landkarte zu finden. Trotzdem existiert es – in vielen kleinen Städten im Nordwesten Deutschlands und wahrscheinlich auch anderswo. Die Figuren in dieser Geschichte stellen keine realen Personen dar, aber in ihnen finden sich viele Eigenschaften von Menschen, die es gab oder gibt. Was sie erleben, ist entweder irgendwann so oder ähnlich passiert, oder es wird sich wahrscheinlich zwangsläufig irgendwann so oder ähnlich ereignen.

DANKE

– – – – –

Wenn Daniel Wichmann nicht noch mal angerufen hätte, wäre der Text hier jetzt gar nicht nötig, denn dieses Buch würde es dann nicht geben, seine E-Mail mit der Idee für diese Geschichte läge noch immer in meinem Spam-Ordner, und wahrscheinlich wüsste ich bis heute nicht, dass es ihn überhaupt gibt. Das wäre sehr schade, nicht nur wegen des Buchs. Die vielen Stunden, in denen er Entwürfe gelesen, Fragen beantwortet, zugehört, mir widersprochen und vor allem mit mir Bier getrunken hat, waren unschätzbar. Ebenso unersetzlich war Anne Möllmanns Unterstützung, die so viel getan hat, dass ich es hier nicht aufzählen kann. Sie müsste dieses Buch eigentlich am meisten hassen, tut es aber nicht, wofür ich ihr sehr dankbar bin. Meinen Eltern danke ich für alles. Meinem Sohn Leo dafür, dass er all die Wochenenden so klaglos auf mich verzichtet hat. Nora Gantenbrink, ohne die ich oft aufgeschmissen wäre und die ihren Badminton-Schläger, die Inline-Skates und den ganzen anderen Kram in meinem Keller langsam mal abholen könnte, danke ich vor allem für den Tipp mit dem Streichen (alles ging nicht) und dafür, dass sie mich vor vielen noch schlechteren Ideen bewahrt hat. Ganz außerordentlichen Dank fürs Lektorat an Karin Herber-Schlapp. Und Jean-Marie Tronquet, über das Foto habe ich mich sehr gefreut. Für all die anderen Hilfen, Hinweise und Ideen herzlichen Dank an: Burkhard Beintken, Stefan Bergmann, Christian Bödding, Ulrich Breulmann, Hyun-Ho Cha, Helmut Etzkorn, Martin Fahlburch, Marc Geschonke, Jörg Gierse, Tobias

Großekemper, Michael Hagel (Hi!), Detlef Held, Henner Henning, Christiane Hildebrand-Stubbe, Andreas Jankowiak, Manuel Jennen, Christoph Klemp, Annette Kessen, Oliver Koch, Svenja Kroh, Gerald Meier-Tasche, Caterina Metje, Tim Muke, Sabine Müller, Niclas Naumann, Volker Petersen, Thomas Rellmann, Frank Reinker, Timo Schmidt, Thomas Thiel, Christoph Ueberfeld, Maren Volkmann, Marion Wiefel und Heiner Witte (alphabethische Ordnung. Pech.).

Bernd Gieseking
Finne dich selbst!
Mit den Eltern auf dem Rücksitz
ins Land der Rentiere
Band 18814

Finnland. Da denkt jeder an Seen, Sauna, Mücken und El-
che. Und eine verteufelt schwere Sprache. Aber wer sind die
Menschen dort? Verschrobene Einzelgänger? Trinkfest und
sangestüchtig? Bernd Gieseking bekommt einen Crashkurs.
Weil sein Bruder sich in eine Finnin verliebt hat und seine
Eltern ihn in seiner neuen Heimat besuchen wollen, bricht
er zu einer Familienreise mit seinen alten Eltern auf und
fährt von Ostwestfalen nach Lahti und zurück – 3.800 km
purer Lesespaß.

»Ich mache in meinem langen Leben
zunehmend die Erfahrung, dass man von
Bernd Gieseking unbesehen alles lesen kann.«
Harry Rowohlt

Fischer Taschenbuch Verlag

fi 18814 / 1

Die Männerschule
111 Kurse für das schwächelnde Geschlecht
von Gemüse grillen bis Komplimente erfinden
Band 19791

Ob Anfänger, Wiedereinsteiger oder Hochbegabte – mit der
»Männerschule« werden Männer zu perfekten Beifahrern
und erstklassigen Liebhabern, sie lernen die Sprache der
Blumen und der Schwiegermutter, Gemüse grillen und leben
ohne Fernbedienung. So viel Spaß hatten Frauen mit den
Schwächen ihrer Männer noch nie!

Melden Sie Ihren Mann an. Jetzt.

Das gesamte Programm finden Sie unter
www.fischerverlage.de

Benni-Mama
Große Ärsche auf kleinen Stühlen
Eine Kindergartenmutter packt aus
Band 19716

»Elternabend oder Darmspiegelung? Vor die Wahl gestellt, würde ich lieber zum Arzt gehen!« Benni-Mama weiß, wovon sie spricht: Intrigen und Korruption, Mobbing und Machtspiele kommen nicht nur unter Managern vor. Wo Jungs- und Mädchenmütter, Erzieher der alten Schule und Kuschelpädagogen sich auf kleinen Stühlen zum Elternabend treffen, um einen Laternenumzug zu organisieren oder den Speiseplan zu erörtern, fliegen die Fetzen. Wo Eltern sich so richtig austoben – aus dem Alltag einer unerschrockenen Kindergarten-Mutter.

»Die einzig vernünftigen Menschen
in einem Kindergarten sind die Kinder.«

Das gesamte Programm finden Sie unter
www.fischerverlage.de